SCHNITT

Namen deutscher Friseursalons

Reinildis Hartmann

Barbara Maurmann

Haare und Frisuren in der Literatur

MENGE

hablau

Haar-Alphabet

Haaransatz Haarband Haarbürste *Haard* Haarfarbe
Haarfestiger Haarformer *Haargarnteppich* Haargel
Haarglanz Haarkamm Haarklammer Haarkranz Haarkur
Haarling Haarmilch Haarnadel Haarnetz Haaröl
Haarpflegemittel Haarreif Haarschopf Haarshampoo
Haarspange Haarspitzenfluid Haarspray Haarspülung
Haarstrang Haarstyling Haarteil Haartrockner
Haarverlängerung Haarwasser Haarwild *Haarzopf*[1]

... da sträuben sich einem die Haare ...

Vorwort

Haare sind wichtig: Ein Satz, der keinen Zweifel duldet. Seitdem der Homo sapiens in jahrtausendelanger Entwicklung seines Fellkleides verlustig ging, erwuchs ihm gleichzeitig die schöne Möglichkeit, aus den vergleichsweise dürftigen Resten das Beste zu machen. Behilflich sind ihm dabei die Haarkünstler.

Die Natur gab dem Menschen die Haare, die Kultur schenkte ihm die Frisur – und die Friseure.

„Haare kehren das Innerste des Menschen nach außen, sind Seismographen für seine Gesundheit, Erotik, Lebensenergie, gesellschaftlichen Status und Macht."[2] Da das Haar, indem es – von Ausnahmen einmal abgesehen – ständig nachwächst, die Lebenskraft des Menschen anzeigt, gar als Sitz des Lebens verstanden wurde, kam ihm bei allen Völkern sorgfältige Pflege und seit Beginn der

Kulturgeschichte kunstvolle Ordnung zu. Das menschliche Haupthaar erhielt die Bedeutung eines Symbolträgers, seine Länge oder Kürze sind von ersichtlicher Signifikanz, machen die Würde, den sozialen Status seines Trägers offenkundig. Die Frisur als die mit Bedacht gewählte Ordnung des Haars verweist auf den gesellschaftlichen Rang, das Ansehen von Amt und Beruf, auch auf religiöse Riten – und ganz allgemein auf die Wandlungsfähigkeit nach den jeweilig modischen Strömungen.

Die Haartracht schafft Identität, demonstriert Gruppenzugehörigkeit und politisches oder religiöses Bekenntnis. Beispiele lassen sich unschwer an den Haaren herbeiziehen. Das lange Haar zum Exempel war für die Germanen das weithin sichtbare Zeichen der Freien, die Frankenkönige trugen es als Ausdruck ihrer königlichen Macht, Jahrhunderte später entsannen sich die Freiheitskämpfer des 19. Jahrhunderts der ‚altdeutschen' Haartracht. In ihrer Nachfolge lassen auch die Herren des 20. und 21. Jahrhunderts das lange Haar im Winde wehen, der Freiheit und dem Abenteuer verschworen. Andererseits bekennen sich die Repräsentanten absoluter Coolness zum kurz geschorenen Haar, während doch Kahlköpfigkeit über lange Zeiten als Symptom männlicher Schwäche galt und schamhaft unter Perücken verborgen blieb.

Nun ja, die Zeiten ändern sich und mit ihnen die Haartrachten. Mädchen, früher brav gescheitelt, zupfen keck an den Ponyfransen und werfen die Mähne zurück – und schon liegt es bei den Männern, ihr Glück beim Schopf zu packen. So sieht es auch Peter Bichsel, als Mann und als Schriftsteller.[3]

Die dem schottischen Philosophen David Hume (1711-1776) zugeschriebene, vermutlich aber beträchtlich ältere Weisheit, Schönheit sei keine Qualität an sich, sondern entstehe im Kopf des Betrachters, lässt sich – und zwar ohne jegliche Haarspalterei – dahingehend erweitern, dass sich Schönheit auch auf dem Kopf entfaltet, möglicherweise damit inneres und äußeres Bild perfekt zusammenstimmen. Die hervorragende Bedeutung der Frisuren, von Kopf- und Barttracht lässt sich an der Anzahl der Friseurbetriebe, an der Vielfalt der Pflegemittel und, bisher übersehen, an der Variationsbreite literarischer Konzeptionen ermitteln. Damit liegt sie also vor, die S c h n i t t m e n g e in des Wortes mehrfacher Bedeutung. Denn auch fiktive Menschen haben etwas auf dem Kopf, sicher nicht vom Zufall und nur bedingt von der Mode gesteuert, sondern durch den schöpferischen Impetus des Schriftstellers gezupft und gestriegelt. Seine Aufgabe ist es, Wörter wie Haare gleichermaßen kunstvoll anzuordnen. Da ist es zur Poesie von Figaro & Co. gar nicht so weit. Haarfein bis haarsträubend, so weit reicht die Palette der Namen deutscher Frisiersalons.

„Bei euch sind sogar die Haare auf dem Kopf alle gezählt", heißt es im Evangelium (Mt 10,30).

Wenn es auch menschliche, sogar wissenschaftlich fundierte Schätzwerte[a] gibt, bleibt die präzise Kenntnis der jeweiligen Haarfülle ein göttliches Privileg. Im Umkehrschluss nehmen wir die menschliche Begrenztheit für die Lücken der nachfolgenden Untersuchungen in Anspruch. Beabsichtigt sind sie nicht, doch unausweichlich. So wie Haare wachsen und wieder ausfallen, um den Nachfolgern Platz zu machen, öffnen und schließen Friseurbetriebe, nachgerade ein natürlicher Prozess. In ähnlicher Weise versagt sich die Flut literarischer Erfindungen mit und ohne Haarwuchs der vollständigen Beherrschung, auch wenn vieles eingedämmt und zur geordneten Übersicht gebracht werden konnte.

Dennoch – oder gerade deshalb – wünschen wir unseren Leserinnen und Lesern eine interessante Lektüre, schließlich erfreut doch nichts mehr, als das Gelesene mit eigenen Erkenntnissen anreichern zu können.

REINILDIS HARTMANN   BARBARA MAURMANN

Namen deutscher Friseursalons

Haare und Frisuren in der Literatur

Reinildis Hartmann

NAMEN DEUTSCHER FRISEURSALONS

Einführung

Früher war alles ganz einfach: Da hießen Friseurläden nach ihrem Besitzer. In der Hauptstraße gab es den „Salon Pätzoldt" und ein paar Straßen weiter den „Salon Krause", letzterer besonders von männlichen Kunden favorisiert. Bevor Geschäfte und Namen über Generationen weitergegeben werden konnten, empfahlen sich „Gerd's Salon" und „Moni's Frisierstube", mit dem mondänen angelsächsischen Apostroph angereichert, der in der deutschen Sprache natürlich absolut überflüssig, aber inzwischen sogar durch die Dudenredaktion sanktioniert ist. Und dann kamen die neuen Namen …

Christiane, klug, dynamisch, aufgeschlossen, war eine der ersten. Bereits um 1990, als sie in einer westfälischen Kreisstadt ihren Salon eröffnete, nahm sie die Hilfe einer Freundin aus der Marketing-Werbung in Anspruch. Der Betrieb, das war von Anfang an klar, sollte nicht ihren Namen führen, da doch Arbeit im Team intendiert war; der gesuchte Begriff sollte vielmehr weiterreichende Identifikation begünstigen. Die beiden jungen Frauen zermarterten sich also den Kopf – und dann war die Lösung nur folgerichtig: Der neue Salon würde den Namen „Kopfarbeit" tragen, wegweisend für die Arbeit am Kopf der Kundinnen mit dem Kopf der Friseurinnen. Christiane, über die die Kolleginnen in der Berufsschulausbildung ehrfürchtig geraunt hatten: „Die hat den Abi!", machte sich zu Beginn noch Sorgen, ob der Name wohl verstanden würde, doch zeigte sich schnell, dass die Köpfe von Handwerk und Kundschaft auf das Beste zusammenpassten.

In der Nachbarschaft war das bereits sechs Jahre zuvor gelungen. Wenn man schon Meyer heißt, so die Überlegung der Kollegin, müsste sich für den neu eröffneten Betrieb etwas Originelleres finden lassen. Damit war die „Haarspitze" geboren, und dieser Name kündet seitdem von dem bevorzugten Arbeitsfeld, zugleich aber auch vom Anspruch der Saloninhaberin, hier mit ihrem Team ‚spitzenmäßige' Arbeit zu verrichten.

Seit der Jahrtausendwende treibt die Kreativität des Friseurgewerbes die schönsten Blüten – „Orchidee" und „Kaktusblüte" beispielsweise, und sicherlich bereiten auch „Nägel mit Köpfen" und „Headhunter" keine Verständnisprobleme. Für Salons wie „Narziss", „Medusa" oder gar „Haarpyie" sind hingegen akademische Weihen durchaus von Nutzen. Die Kenntnis von Fremdsprachen, das Latinum eingeschlossen, und die Bereitschaft zum kreativen Umgang mit ihnen sind ohnedies die Bedingung für eine fundierte Entscheidung zwischen „Feel good" und „Belli capelli". Auf dem weiten Feld der Mythen, Märchen und Marotten sind der Phantasie so gut wie keine Grenzen gesetzt – eine Quelle der Freude sicherlich –, und wer nach getaner Tat mit seinem „Stahlschnitt" nicht so recht zufrieden ist, kann sich wenigstens mit dem Namen des gewählten Salons trösten. Schließlich ist doch zu vermuten, dass er sich, dem Leitwort „Nomen est omen!" zufolge, mit Bedacht für den „Hoffrisör" oder „Hexes Salon" entschieden hatte.

Wie die wenigen Beispiele erahnen lassen, stellt die Sprache dem Friseurgewerbe ein nahezu unerschöpfliches Repertoire zur Verfügung. Da werden die Strähnchen aus dem Duden geschnitten, Redensarten auftoupiert und so manches gegen die gängige Orthografie gestylt. Die originären Wortbereiche, Metaphern und pointierte Komposita, Doppel-, wenn nicht gar Zweideutigkeiten eröffnen breite Möglichkeiten. Nun können sich die Friseure gleichzeitig als Haar- und Wortkünstler etablieren. Die deutschsprachigen Wortfelder um Haar, Kopf und Schnitt fordern geradezu dazu auf, mit ihnen „Kre-haar-tiv" umzugehen. Der eng verwandten englischen Sprache lässt sich ebenfalls viel Schönes entlocken, während andere Sprachen mit eher begrenzten Möglichkeiten sich bescheiden zurückhalten und doch ihr Bestes geben, um „fine e forte" Schnitt und Salon „La façon" zu geben.

„Die Namenserfindungen der Friseure sind tatsächlich eine Kunstform für sich", hat schon Bastian Sick erkannt[1], während sich Wiglaf Droste „Im Sparadies der Friseure" satirisch-sprachkritisch aufhielt[2]. Im Internet kursieren, mehr oder weniger gepflegt, teilweise auch bebildert, Listen von Friseurbetrieben mit phantasievollen Namen[3]. Hier soll nun der Versuch unternommen werden, die neue „Kunstform" ausführlicher unter die Lupe zu nehmen – mal „Säuberlich", mal „Indiskret", hoffentlich aber so „Okay", dass sich die verzweifelte Frage „Geht's noch?" nicht schon nach der Lektüre der ersten Seiten einstellt.

„Der kleine Frisör" und „Die Baderin"

„Frisurenmacher" – Zur Herkunft des Friseur-Begriffs

‚Friseur' ist eindeutig kein deutsches Wort. Seit langen Zeiten gab es Schneider und Schuhmacher und weitere Handwerker zuhauf, aber für die Menschen, die im deutschen Sprachraum das Geschäft des Haar- und Bartschneidens betrieben, fehlte es, nachdem Bader und Barbiere ihre vorrangige Stellung eingebüßt hatten, an einer adäquaten Berufsbezeichnung.

Im 17. Jahrhundert gewannen die aus Frankreich übernommenen Praktiken der Haargestaltung an Einfluss. Da schien es angemessen, für den geschickten Haarkünstler auch ein entsprechendes Wort zu finden, von französischem Klang und somit ein Merkzeichen sprachlichen Adels.

Entwickelt wurde es auf dem Umweg über das Niederländische. Aus frz. *friser* ‚kräuseln' hatte sich ndl. *friseren* gebildet. Dabei galt das französische Verb zunächst für das „Zurechtmachen der Perücken, wobei deren Locken wieder frisch eingedreht wurden"[1], nahm aber im kleinen sprachlichen Grenzverkehr bald die erweiterte Bedeutung für die ‚Frisurenmacher' an.

Die Ableitungen ‚Frisur', ‚Friseur' sind seit dem 18. Jahrhundert belegt, keine echten Lehnwörter, sondern französierende Bildungen, zweifellos das Ergebnis von echter Kopfarbeit.

In Frankreich arbeiten hingegen *coiffeur* und *coiffeuse*. Erhalten ist das Verb *friser* ‚in Locken legen, wellen'. Im sprachlichen und handwerklichen Umkreis existiert *la frisette*, das ‚Löckchen', während die „Locke" als *la boucle* zu finden ist.

Mit frz. *frise* und dem dt. ‚Fries' für den ornamentalen oder figürlichen Zierstreifen sind sich die Sprachen dann wieder nahe. Die Verwandtschaft von Wandschmuck und Kopfzier wirkt zugegebenermaßen an den Haaren herbeigezogen, ist es aber keineswegs.

Frz. *frise* ‚krause Verzierung' ist aus mlat. *frisium* ‚Franse, Zipfel' abgeleitet, welches wiederum auf fränk. *frisi* ‚Krause' zurückgeht.[2] So prägte die Stammestracht der Friesen, das wallende Lockenhaar, Entstehung und Entwicklung eines Worts, das im gültigen Sprachgebrauch nun in die kunsthistorische Terminologie gehört.

Die weiteren Berührungen im einschlägigen Vokabular finden dann eher auf dem Teller statt. Das französische Adjektiv *frisé* ‚lockig' erscheint als Wortbestand in *chou frisé* ‚Wirsing', während es sich andererseits für den auf deutschen Märkten angebotenen ‚Friséesalat' mit seinen kraus gefiederten Blättern behauptet.

Von hier ist es dann nicht mehr weit zum „Kopfsalat" – in natura und als Salonname.

„Die Haarmeister" – Zur Geschichte des Friseurberufs

„Allemal sind Zauberer, sind geschäftige Verführer am Werk, wo sanft Hand angelegt, mit allen Wässerchen gewaschen, gestriegelt und geschniegelt, getönt und gefönt, gekämmt und gebürstet wird."[3] Diese Zauberer sind die Friseure. Ihrem offensichtlich segensreichen Handwerk gehen sie bereits seit Jahrtausenden nach.

Wir tragen Haare – sie sind das körperlich Unvermeidbare. Umgekehrt gilt: Die Haare tragen uns – sie sind das modisch-kulturell Unverzichtbare. Das Haar verrät oder überspielt den Körper, zugleich tendiert es in der Frisur, im Styling zum willkürlich gestaltbaren Artefakt. Dabei betont der Begriff ‚Artefakt', dass Frisuren etwas möglicher-, wenn auch nicht notwendigerweise Künstlerisches, jedenfalls aber etwas Gemachtes in mehr oder weniger charakteristischer Form von meist nicht zu unterschätzender Dauer sind. Zugleich kaschiert der Begriff ‚Artefakt' aber, dass wir Frisuren auch mit uns herum tragen, dass sie uns begleiten und Echo unserer Bewegungen, wohl auch Zeichen unserer Einstellungen werden. Mit der an prominenter Stelle des Körpers plazierten Frisur kann man eben nicht ‚nicht bedeuten'; nolens volens wirkt sie als eine Fahne, die wir nicht ablegen können, als ein Banner, unter das uns stellen (oder gestellt werden) und dessen Botschaft wir vor Anderen performativ mit- und weiterentwickeln.

CHRISTIAN JANECKE, HAAR TRAGEN. KÖLN (BÖHLAU) 2004, S. 4

Der Ursprung des Friseurbetriebs liegt in **Ägypten**, wo schon um 5000 v. Chr. die „Haarmacher" als die wichtigsten Höflinge der ägyptischen Königshäuser galten. Urkunden um 2600 v. Chr. deklarieren sie als hoch spezialisierte Hofbeamte, zuständig für Bart- und Haarschnitt und die Pflege der Perücken. Dass sie auch den Titel „Vertrauter des Königs" führten, überrascht nicht, übten sie doch ihr Amt in unmittelbarer Nähe zu Kopf und Hals des Potentaten aus.

Eine kleine Statuette, etwa 2000 v. Chr. entstanden, zeigt den Friseur bei der Arbeit, und hundert Jahre später beschreibt eine Sentenz das teilweise auch ambulant betriebene Gewerbe: „Der Barbier rasiert noch am späten Abend. Er ist aber schon früh auf, rufend und seine Schale in der Armbeuge haltend. Er begibt sich von Straße zu Straße, um den zu suchen, den er rasiere. Er schwächt seine Kräfte, um seinen Leib zu füllen, wie die Biene, die gemäß ihrer Arbeit isst."[4]

Auch die **Griechen** vertrauten sich den Haarmachern an, die das lange Haar in Locken legten und mittels Salben zum Duften brachten. „Schön gelockt", hieß die Devise, von der Statuen, Münz- und Vasenbilder noch heute künden.

Die **Römerzeit** entwickelte Cäsarenschnitt und Philosophenbart. Fasziniert vom Blondhaar der Germaninnen, griff man zu Laugenseife oder Goldstaub, um den begehrten Farbton zu erreichen. Ein Langzeiterfolg war freilich nur durch die Perücken aus dem Blondhaar der germanischen Sklavinnen zu erreichen. Dass die männlichen Germanen ihr Haupthaar mit mineralischen Stoffen färbten, damit der anschließend weithin sichtbare Rotton zu einem furchterregenden Aussehen führe, löste allerdings keine vergleichbare Modewelle aus.

‚In‘ waren hingegen seit dem dritten vorchristlichen Jahrhundert die römischen Barbierstuben, in denen man sich traf, um nach dem Bartstutzen Neuigkeiten auszutauschen, Freundschaften zu pflegen und Geschäfte abzuwickeln. Aus dieser Zeit stammt der Ruf des Barbiers, schwatzhaft zu sein, gleichzeitig aber auch die recht überzeugende Entschuldigung, dass er nur so der Sensationslust seiner Kunden entgegenkommen konnte.[5]

Im **Mittelalter** gewinnen Bader und Barbiere an Bedeutung – mit einigermaßen deutlich abgetrennten Aufgabenbereichen: Der Bader verabreicht, seinem Titel zufolge, Bäder, widmet sich aber innerhalb der Badestuben wohl auch dem Bart- und Haarscheren. Barbiere verfügen noch nicht über etablierte ‚Salons‘, sondern arbeiten dort, wo man ihrer Hilfe bedarf. Beide aber üben die ‚niedere Wundmedizin‘ aus, wozu der Aderlass gehört, desgleichen das Zähneziehen und Einrichten von Brüchen. Heutige Friseure werden es kaum bedauern, dass ihr Aufgabenfeld im Laufe der Zeit ein wenig eingeschränkt wurde …

Dafür erhielt es feste Konturen, auf die man im Mittelalter noch verzichtete. Barbiere wie Bader genossen kein besonderes Ansehen, wurden, wenn es sich so fügte, der Trunksucht und der üblen Nachrede bezichtigt. Da half es auch nicht, dass die wenig geschätzten Handwerker, um den steigenden Ansprüchen zu genügen, Lateinkenntnisse nachweisen mussten und sich wie die – in höherem Ansehen stehenden – Ärzte in Notzeiten gleichfalls an die Schutzheiligen Kosmas und Damian wenden konnten.

Im **Spätmittelalter** sind Bader und Barbiere in zwei verschiedenen Zünften organisiert, die aber beide zu den so genannten ‚unehrlichen‘ Gewerben zählen, wohl dadurch zu erklären, dass das muntere

Treiben in den öffentlichen Badestuben nicht eben im Konsens mit den herrschenden Konventionen stand. Immerhin waren die Bademägde in ihren tief dekolletierten, transparenten Hemdchen sehr geschätzt.

Gegen Ende des 15. Jahrhunderts bereitet die Syphilis dem munteren Badetreiben ein jähes Ende. Die Badestuben werden als Orte der Ansteckung erkannt, dann gefürchtet, schließlich gemieden. Damit endet die mittelalterliche Badekultur.

Wünschen Euer Hochwohlgeboren das Haar nach italienischer Art, kurz und rund sowie gewellt mit dem Lockenstab geschnitten, so daß man dem Halbmond im Nebel gleicht? Oder nach der spanischen Mode, bei der die Haare über den Ohren lang und herabhängende Strähnen gelockt sind, wie bei einer altmodischen Perücke? Oder wünscht Ihr eine spanische Frisur mit einer schlichten Locke über den Schultern, an der Ihr eine Schleife von der Geliebten tragen könnt? Der englische Schnitt ist minderwertig, und Gentlemen pflegen ihn zu verachten. Das Neueste vom Neuen ist elegant. Äußert nur ein Wort, und meine Scheren sind sogleich bereit, Euren Wunsch auszuführen.

ROBERT GREENE, QUIP FOR AN UPSTART COURTIER (1592). IN: NINA BOLT, HAARE, S. 46

Aber nur wenig später beginnt der Aufstieg des verdächtigen Gewerbes. Laut Beschluss des Augsburger Reichstags werden 1548 Barbier- und Baderhandwerk für ‚ehrlich‘ erklärt. Nun entstehen Gewerbeordnungen mit Hygienevorschriften: ein Neubeginn für die Haar- und Körperpflege, die damit erstmalig der Zunftordnung und der öffentlichen Kontrolle unterliegt – gerade rechtzeitig für die anstehende Entwicklung. In der **Spätrenaissance** des ausgehenden 16. Jahrhunderts kommt der Haar- und Barttracht nämlich nun eine besondere Bedeutung zu.

Noch verlangen die Zunftordnungen von den Barbieren und Chirurgen – so die neue Berufsbezeichnung – Grundkenntnisse in der lateinischen Sprache, die Lektüre von Fachliteratur und den Besuch anatomischer Demonstrationen; die im Gewerbe Tätigen müssen Salben anrühren und Pflaster auflegen. Erst im späten 18. Jahrhundert verlieren die Barbiere das Recht auf die Ausübung medizinischer Tätigkeiten. Diese Degradierung nehmen sie dankbar hin, denn jetzt können sie sich endgültig auf Haar- und Bartpflege und die Perückenherstellung konzentrieren, eindeutig eine neue Chance.

Das Zeitalter des **Barocks** hält für den Haarmacher ungewöhnliche Aufgaben bereit. Perücken hatten zwar schon die Ägypter geschätzt, die sie je nach Bedarf und Anlass dem eigenen Haar überstülpten, jetzt aber laufen die Perückenmacher zu nie gekannter Hochform auf. Die unentbehrlichen Haarsammler im Schlepptau, beglücken sie nach immerhin vierjähriger Lehrzeit ihre Kundschaft mit prächtigen Kunstwerken. Die barocke Dekadenz bevorzugt Allonge- und Zopfperücken, während die Haarwäsche gerade in den ‚besseren Kreisen‘ radikale Ablehnung erfährt.

Setz dir Perücken auf
von hundert Locken,
setz deinen Fuß
auf ellenhohe Socken,
du bleibst doch immer,
was du bist.

JOHANN WOLFGANG GOETHE, FAUST. ERSTER TEIL, V. 1806-1809.
HG. V. ERICH TRUNZ (JUBILÄUMSAUSG.) MÜNCHEN 1999, S. 60

Im **Rokoko** steht für Frisuren wie für Friseure, nun auch endlich im Besitz dieser Berufsbezeichnung, ein nie gekannter Höhenflug an. Zeitgenössische Fayencen offenbaren den Friseurbesuch als ein „galantes Abenteuer": „Der Coiffeur, auf allen Sprossen seiner Leiter tänzelnd, absolviert es so verwegen wie verschwiegen, indem er, vor den Augen des aufmerksamen Galans, das Haar der

Dame ausdauernd wäscht und inbrünstig bürstet. Sie lässt sich schmeicheln, und ihr Herr, geduldig auf der Wartebank, fühlt sich geschmeichelt."[6]

Die Friseure haben die Aufgabe, für besondere Gelegenheiten – und derer gab es an den absolutistischen Höfen wahrlich genug – spezielle Kreationen zu gestalten, je höher, desto besser. In den absurden Hochfrisuren, von wippenden Federn gekrönt, lassen sich allerlei Figürchen und ganze Blumengärten unterbringen. Dafür müssen es die Damen in Kauf nehmen, im Sitzen zu schlafen und geduldig zu warten, bis die Diener die Türen ausgehängt haben, damit die turmhohen Frisuren keinen Schaden nehmen.

1772 erscheint das Modejournal „L'éloge des coiffures adressé aux dames" mit 3744 Frisuren in 39 Bänden, dann sind die schönen Zeiten vorbei. In der Französischen Revolution geht es „zurück zur Natur", die alten Zöpfe werden abgeschnitten, die Perücken weggeräumt. Coiffeure wie Kundschaft des **Empire** orientieren sich an den klassischen Porträtbüsten. Neue Anordnungen beschwören die „höchstmögliche Reinlichkeit" und verpflichten den Friseur, „daß er alle Stadtneuigkeiten

wissen muß: es ist für den Kunden angenehm, gleich beim frühen Morgen von den Vorfällen seines Orts unterrichtet zu seyn"[7]; dabei ist Diskretion natürlich höchstes Gebot.

Das **Biedermeier** liebt Korkenzieherlocken und Knoten und die neu erschienenen Anleitungsbücher empfehlen dem Friseur, die Haartracht der Gesichtsform anzupassen. Ab 1860 beginnt die Aufhebung der Zünfte, danach herrscht Gewerbefreiheit. Nun endlich erfreuen sich die Haarmacher eines selbständigen Friseurgewerbes ohne Prüfungszwang. Sie betreiben Friseursalons, sind aber auch noch zu Hausbesuchen bereit. Und wenn auch Anleitungen zum ‚Selbstversuch‘ auf den Markt kommen, besteht kein Mangel an Arbeit. Der neue ‚Geldadel‘ mit seinem Repräsentations-Bedürfnis setzt neue Kreativität in Gang. Andererseits befördert die zunehmende Berufstätigkeit der Frauen vor allem in den Städten den Trend zu praktischen Frisuren.

Damit ist das **20. Jahrhundert** erreicht und mit ihm die Vielfalt an modischen Entwicklungen auf allen Gebieten: Kaum zu glauben, dass davon der Kopf verschont sein könnte!

Schaufrisieren im „Salon der Haarschönheit" |
Weiden/Oberpfalz, 1957

… Denn was mag zärtlicher, was mag verführerischer und verfänglicher zu sein als die Hand, die an der Schläfe Locken dreht? Ohne Zweifel ein Akt von ausgesuchter Intimität, dieser männliche Griff ins weibliche Haar – und so fest manchmal, so fürsorglich fast immer, dass er gern als erotisches Signal, als symbolische Tat verstanden wird: dem intimen Umgang mit Ferse und Wadenbein vergleichbar, der zu Großmutters Zeiten allein dem eigenen Gatten gestattet war, zur Not auch dem Medikus und widerstrebend nur noch dem Schuhmacher. Weshalb man vor dem einen den Hut zog und den anderen, auf offener Straße, mit der gleichen Verachtung strafte wie die Bader und Barbiere …

FRANZ JOSEF GÖRTZ, KLEINE VORBEMERKUNG. IN: KIM BAGUS /
F. J. GÖRTZ, GLATZE, ZOPF UND DAUERWELLE. LEIPZIG 1996, S. 9

Alles ist im Fluss, die Intervalle nach dem jeweiligen Modediktat werden immer kürzer, vor allem die Jugend setzt Trends. Dem Friseur obliegt nun die individuelle Betreuung. Da es keine obligatorische Gesellschaftsfrisur mehr gibt, die Frisur aber doch ein Spiegelbild der gesellschaftlichen Stellung ihres Trägers bleibt, wächst ihm die Rolle eines „Sozialarbeiters" zu, der seinen Kunden zur Selbstverwirklichung verhilft, gleichzeitig aber mit dem Mainstream kokettiert – ein „Garant für die Austarierung einer verträglichen Mitte zwischen Revolte und fachmännischer friseurtechnischer Gestaltung"[8].

Aus der Vielzahl derer, die sich solchermaßen bemühen, die völlig autonom und professionell mit Kamm, Schere und dem unendlichen Vorrat an Pflegemitteln hantieren, ragen als Trendsetter die Genies hervor. Ihre Namen sind bekannt, über Jahre, manchmal über Jahrzehnte.

Einer von ihnen war Alexandre, Friseur zu Paris, beobachtet in der Ausübung seines Berufs, der ihm Berufung war:

„Ich habe einen großen Namen, sagt Alexandre. Ich trage die Last einer gewaltigen Verantwortung auf meinen Schultern … Die Aufgabe ist unerschöpflich. Es geht darum, die Persönlichkeit einer Frau zu erkennen: so wie sich selbst nicht kennt – so wie sie sich selbst nicht zu kennen wagt."

Die alte Dame sitzt kerzengerade in dem schwarzen Ledersessel. Ihr Haar ist auf Lockenwickler gedreht, die so exakt wie die Lockenrollen auf der Perücke eines englischen Lordrichters nebeneinandersitzen. Aber nun tritt von hinten ein liebevoll blickender Herr im schwarzen Anzug heran und zieht die Papilloten heraus, fast ohne das Haar zu berühren; und das Haar dankt ihm diese Geschicklichkeit und bleibt in festen Rollen auf dem Kopf der Dame stehen, als sei es aus weißem gesponnenem Glas. Auch dieser Zustand ist schön; auch dieser könnte ewig dauern. Um so erschreckender, daß der Herr im schwarzen Anzug nun die Hände gegen sein eigenes Werk erhebt. Er spreizt die Finger über dem ehrwürdigen Haupt und fährt in die makellose Ordnung hinein. Er gräbt in den Locken, er zerrauft und strählt sie, er fährt durch das feine Haar wie durch eine Pferdemähne. Die Matrone sitzt da mit gesträubtem Haar, als habe sie im Spiegel ein Gespenst gesehen, aber ihr Blick verrät kein Entsetzen: Mit halbgeschlossenen Augen scheint sie die Berührung der Fingerspitzen auf ihrer Kopfhaut zu genießen."[9]

Womit bewiesen wäre: Sie sind eben doch Zauberer, die Friseure …

„Zum Haareraufen!" – Redensartliches

Wenn von „haarigen Zeiten" die Rede ist – eigentlich reicht schon das Adjektiv „haarig" –, weiß man, dass die Lage ernst ist, und das gilt nicht etwa nur für den anstehenden Friseurbesuch. Da wurde ein Haar in der Suppe gefunden und schon sträuben sich einem die Haare, denn alle liegen sich bereits in denselben, aber wenn dann, nach vielen Haarspaltereien, doch niemandem ernsthaft ein Haar gekrümmt wurde, ist die Freude groß: Noch einmal ungeschoren davongekommen!

Dass Haare für den Menschen eine große Bedeutung haben, lässt sich auch an den Redensarten nachweisen, die häufig seit Jahrhunderten im Gebrauch sind. Sie besitzen in jeder Sprache einen großen Stellenwert, und die deutsche hält nach Kräften mit. Redensarten werden ohne Schwierigkeiten verstanden; ihre Aussage wurde von Generation zu Generation transportiert, während ihre Herkunftsgeschichte mehr und mehr im Dunkel verschwindet. Vermutlich besitzt auch nicht jede Redensart einen spektakulären Ursprung. Immer aber verdeutlicht sie einen Vorgang oder eine Anschauung durch ein Bild – das Haar in der Suppe, die zu Berge stehenden Haare, das gespaltene, gekrümmte oder ausgeraufte Haar –, das sich jedem aus dem Zusammenhang sofort erschließt. Bisweilen an den Haaren herbeigezogen, ergibt sich der Sinn der Aussage nämlich nur durch den Kontext: Das unterscheidet die Redensart vom Sprichwort.

„Er hat Haare!", mag es in gewissen Situationen bewundernd heißen: eine Reminiszenz an den biblischen Simson. **Altes und Neues Testament** stellen zahlreiche Aussagen über Besitz und Verlust des Haares bereit, die in den Redensarten weiterwirken.

Die Einwohner Israels trugen, so auch als freie und rechtschaffene Menschen ausgewiesen, langes Haar, das sie, wenn sie sich Gott weihten, nicht scheren durften: „Solange das Nasiräergelübde in Kraft ist, soll auch kein Schermesser sein Haupt berühren, bis die Zeit abgelaufen ist, für die er sich dem Herrn als Nasiräer geweiht hat. Er ist heilig, er muss sein Haar ganz frei wachsen lassen." (Num 6,5)

Simson, berühmt-berüchtigter Held der israelitischen Frühzeit (um 1200 v. Chr.), war solchermaßen von Geburt an gottgeweiht und büßte, als das Geheimnis seiner übermenschlichen Kräfte verraten und seine Lockenpracht abgeschnitten war, auch seine Stärke ein (Richt 16,13-19). Die Redensart

„Wer einem die Haare schneiden will, dem muss man sich nicht in den Schoß legen", spielt auf die Rolle der heimtückischen Delila in dieser Geschichte an. Die Auslieferung an Kamm und Schere erfordert nun einmal Vertrauen; Intimität und Liebe, zumal wenn sie unaufrichtig ist, müssen nicht unbedingt im Spiel sein.

Im Allgemeinen galt in der jüdischen Antike Kahlköpfigkeit als Schande[10]; freiwillig trennte man sich nur in Zeiten der Trauer von Haupthaar und Bart: „Jedes Haupt ist kahlgeschoren und jeder Bart abgeschnitten, an allen Händen sind Trauermale und um die Hüften Trauerkleider." (Jer 48,37) In der Vision des Endgerichts tritt deshalb der göttliche Haarschneider auf: „An jenem Tag wird der Herr mit dem Messer, das er jenseits des Eufrat gekauft hat, euch den Kopf kahlscheren und die Schamhaare abrasieren; auch den Bart schneidet er ab." (Jes 7,20) Gottes Schermesser ist in diesem Fall der assyrische König, der Verlust der Haare zeigt Knechtschaft, Schande und vorzeitigen Tod an. Wenn allerdings die Leviten „sich an ihrem ganzen Körper mit einem Schermesser die Haare schneiden, ihre Kleider waschen und sich reinigen" (Num 8,7), bekunden sie damit ihre Ehrfurcht gegenüber Gott.

Nur wer noch im Besitz seiner Haare ist, kann in besonderer Bedrängnis erleben, dass sie sich aufstellen. So berichtet Elifas dem gepeinigten Hiob von einem nächtlichen Traum: „Ein Geist schwebt an meinem Gesicht vorüber, die Haare meines Leibes sträuben sich." (Hiob 4,15)

Von großer Prägekraft für spätere Redensarten sind die biblischen Aussagen über die unermessliche Anzahl der Haare und ihre jederzeitliche Gefährdung. „Zahlreicher sind [meine Sünden] als die Haare auf meinem Kopf", heißt es in den Psalmen (Ps 40,13), aber auch: „Zahlreicher als die Haare auf meinem Kopf sind die, die mich grundlos hassen" (Ps 69,5). Dass den Menschen kein Haar gekrümmt werde, ist ursprünglich die Zusage Gottes an sein Volk: „Ihr werdet um meines Namens willen von allen gehasst werden. Und doch wird euch kein Haar gekrümmt werden." (Lc 21,17f.)[11] „Bei euch aber sind sogar die Haare auf dem Kopf alle gezählt", lautet an anderer Stelle (Mt 10,30) die Mahnung zur Furchtlosigkeit.[12]

Bisweilen geht es auch um die menschliche Begrenztheit. In seiner Bergpredigt schärft Jesus seinen Zuhörern ein: „Auch bei deinem Haupt sollst du nicht schwören; denn du kannst kein einziges Haar weiß oder schwarz machen." (Mt 5,36)

Eine Passage aus dem ersten Brief des Paulus an die Korinther hat zwar nicht für eine langlebige Redensart, aber doch für so viel Furore gesorgt, dass sie hier nicht vernachlässigt werden soll. Als Nasiräer hatte Paulus sein Haar wachsen lassen müssen, dann endete die Zeit des Gelübdes und er ließ sich „den Kopf kahlscheren" (Apg 18,18). Fortan entwickelte er offensichtlich das Idealbild von kurzhaarigem Mann und langhaariger Frau, eine Anschauung, der, vor allem im Bezug auf die männliche Haartracht, im Verlauf der Geschichte nicht immer Rechnung getragen wurde.

„Wenn ein Mann betet oder prophetisch redet und dabei sein Haupt bedeckt hat, entehrt er sein Haupt. Eine Frau aber entehrt ihr Haupt, wenn sie betet oder prophetisch redet und dabei ihr Haupt nicht verhüllt. Sie unterscheidet sich dann in keiner Weise von einer Geschorenen. Wenn eine Frau kein Kopftuch trägt, soll sie sich doch gleich die Haare abschneiden lassen. Ist es aber für eine Frau eine Schande, sich die Haare abschneiden oder sich kahlscheren zu lassen, dann soll sie sich auch ver-

hüllen ... Lehrt euch nicht schon die Natur, dass es für den Mann eine Schande, für die Frau aber eine Ehre ist, lange Haare zu tragen? Denn der Frau ist das Haar als Hülle gegeben." (1 Kor 11,4-6.14f.)

Alles Behaartsein ist tierisch.
Die Rasur
ist das Zeichen
höherer Zivilisation.

ARTHUR SCHOPENHAUER

Soweit die Bibel mit ihren zuweilen doch recht haarigen Lehrsätzen und Ereignissen. Manchmal liefert uns auch die **Geschichte** den Anlass für eine Redensart. Cicero berichtet von Damokles, der bei einem Gastmahl Macht und Reichtum seines Herrschers Dionysius' des Älteren, Tyrann von Syrakus, allzu überschwänglich gepriesen hatte. Da befestigte Dionysius ein scharfes Schwert an einem Pferdehaar und ließ es über dem Kopf des Höflings baumeln, um ihm die Gefährdung von Glanz und

Glück drastisch aufzuzeigen. Seitdem hängt so manches an einem Haar, nicht nur das viel zitierte Damoklesschwert[13].

Andere Redensarten gehen auf die mittelalterliche **Rechtsprechung** zurück. Die stabreimende Zwillingsformel „mit Haut und Haar", erstmalig im Sachsenspiegel, dem im 13. Jahrhundert von Eike von Repgow verfassten ältesten Rechtsbuch des deutschen Mittelalters, belegt, erinnert an einen Rechtsbrauch bei kleineren Vergehen[14]. Das Haar wurde abgeschnitten, die Haut geprügelt oder mit der Rute ausgepeitscht, insgesamt eine schändliche, zumeist öffentliche Prozedur. Sie trug dem Delinquenten zeitweiligen Ehrverlust und den Zuschauern die heilsame Abschreckung ein. Da die Formel aber auch auf die Bedrohung des Lebens anspielt, trifft die heutige Bedeutung – „vollständig, ganz und gar" – durchaus den überlieferten Sinn.

„Das ist doch wohl zum Haare ausraufen!" Wer dies voller Verzweiflung ausruft, ist bereit, in bedrängter Lage die eigene Haarpracht zu zerstören. Sollte er jedoch bei einem anderen Hand anlegen, ließe sich ein Gesetz aus dem Wurster Landrecht von 1563 anwenden: „Wäre da einer, der dem andern mit der Hand ins Haar griffe, so sind die vier Finger jeder fünf Schillinge und vier Pfennige. Ist man mit beiden Händen im Haar gewesen, so ist die andere Hand auch so viel, wie vorgeschrieben steht. Der Daumen wird beim Haarziehen nicht gerechnet."[15] Das ist doch wohl haarscharf kalkuliert …

Neben der präzisen Rechtsprechung konnte sich der alte **Volksglauben** lange behaupten. Im Fokus der furchtsamen Bevölkerung stand der Werwolf, der Mensch in Wolfsgestalt, der des Nachts sein Unwesen trieb. Starke Behaarung ist immer wieder ausgewiesenes Merkmal der Männlichkeit. Da gehörte es sich für den Werwolf, dass er nebst dem üppigen Fell auch Haare zwischen den Zähnen trug, um die Opfer gehörig zu beeindrucken[16]. Mit der abgeleiteten Redensart sind die traditionellen Geschlechterrollen konterkariert. Wenn heutzutage eine Frau „Haare auf den Zähnen" hat, folgt sie eben nicht dem weiblichen Klischee von Sanftheit und Anmut, sondern steht im Ruf, besonders streitbar zu sein.

Wird die Phrase, was seltener geschieht, für einen Mann in Anspruch genommen, schwingt die Bewunderung von Erfahrung und Kenntnissen mit, erwachsen möglicherweise aus der Vorstellung eines couragierten Soldaten mit einem gewaltigen Schnurrbart[17]. Die spanische Variante „Haare auf dem Herzen haben" meint Hartherzigkeit, die französische Formel „Haare in der Hand haben" weist auf Faulheit hin: Andere Sprachen, andere Bedeutungsakzente.

Redensarten, so zeigt es sich im täglichen Leben, sind ein Fundus zur Selbstbedienung für alle Menschen. Mit ihrer Popularität haben sie auch Eingang in die **Literatur** und in philosophische Lehrbücher gefunden.

Geht es „um Haaresbreite" – nur für diese redensartliche Verwendung ist das Wort reserviert –, ist eine winzige Kleinigkeit in einem umso größeren, häufig unangenehmen Zusammenhang gemeint. „Geriuwet ez dich eins hâres breit, / sô hân ich mîn arbeit / unde dû den lîp verlorn", beschwört der „arme Heinrich" eine hilfsbereite Frau[18]. Der große Philosoph Immanuel Kant hingegen beruft sich sogar auf den „dreißigsten theil einer haaresbreit" und weiß seinen Beweis „so auf eine haaresspitze gestellt"[19].

Als ihr Geliebter aus dem Adelsstand sie bittet, gepflückte Blumen mit einem Haar zu umwickeln, verweigert ihm die hellsichtige Lene, Protagonistin in Theodor Fontanes „Irrungen, Wirrungen", den Wunsch. „ ‚Weil das Sprichwort sagt: Haar bindet. Und wenn ich es um den Strauß binde, so bist du mitgebunden!' " Die Entwicklung gibt ihr Recht. Botho heiratet pflichtgemäß die vermögende Käthe, und indem er sich nur widerwillig von seinen Erinnerungen verabschiedet, wirft er den Strauß samt „Haarfädchen" ins Feuer: „ ‚Ob ich frei bin? ... Will ich's denn? Ich will es nicht. Alles Asche. Und doch gebunden.' "[20] So stark kann ein einziges Haar sein.

Im „Simplicissimus"-Roman von Grimmelshausen aus der Zeit des Dreißigjährigen Krieges erlebt der junge Simplicius so manches, was ihm die Haare zu Berge stehen lässt: „Ich ... merkte gleich, daß es ein gespenst war, denn meine haar regten sich meinem bedunken nach auf dem kopf, als wollten sie lebendig werden, oder als wann mir ein haufen würm darauf herum kröchen."[21] Zu seinen unangenehmen Erfahrungen gehört auch das seitdem gern zitierte „Haar in der Suppe": „Es gibt Köch, die so säuisch mit den Speisen umgehen, daß man zuweilen so viel Haar in der Suppe findet, als hätten zwei junge Bären darin gerauft. Pfui!" [22]

Nun gut, die Übertreibung gibt der Redensart erst den richtigen Reiz. Womit wir beim „Lügenbaron" Münchhausen wären. In einem seiner Abenteuer fällt er mit seinem Pferd „bis an den Hals in den Morast. Hier hätte ich unfehlbar umkommen müssen, wenn nicht die Stärke meines eigenen Armes mich an meinem eigenen Haarzopfe, samt dem Pferde, welches ich fest zwischen meine Knie schloss, wieder herausgezogen hätte." [23] Wie gut, dass der Freiherr mit der richtigen Haartracht ausgestattet war, als Glatzkopf wäre er nicht so „ungeschoren" davongekommen – die Formel hätte für einen blanken Schädel ohnedies nur sprachliche Relevanz.

Immerhin proklamieren Anekdote wie Redensart dafür, sich in diffizilen Situationen an den eigenen Haaren aus dem Sumpf zu ziehen, wie auch immer. Wer die passenden „Zauberworte" kennt, hat das Privileg, sein Leben haargenau nach ihnen einrichten zu können. Möge er damit der Gefahr entgehen, dass ihm unversehens ein Haar gekrümmt werde.

Gut bekannt und alltagstauglich:

haarig
haargenau
haarscharf
    um ein Haar
    um Haaresbreite

sich aufs Haar gleichen
sich in den Haaren liegen
das Haar in der Suppe finden
das Haar in der Suppe suchen
Haare auf den Zähnen haben

an einem Haar hängen
die Haare raufen
jemandem (k)ein Haar krümmen
kein gutes Haar an jemandem lassen
jemandem die Haare vom Kopf fressen
    die Haare stehen zu Berge
    da sträuben sich einem die Haare
    sich keine grauen Haare wachsen lassen
    sich an den eigenen Haaren aus dem Sumpf ziehen

    Haare lassen
    Haare spalten [24]

mit Haut und Haar

Skulpturengruppe |
Bückeburg, Schlosspark

Weniger bekannt und umso schöner[25]:

Kraus Haar, kraus Sinn.
Lang Haar, kurzer Sinn.
Langes Haar, kurzer Verstand.
    Rot Haar und spitz Kinn, da sitzt der Teu-
fel drin.
    Wer blonde Haare hat, will sie auch noch
gekräuselt haben.

Haar, was die Natur gekraust, macht der beste
Kamm nicht glatt.
Jedes Haar wächst in die eigene Richtung.
Was in Haaren steckt,
    kann man wohl abschneiden,
    aber es wächst doch wieder über Nacht.

Die Haare sind die Verräter der Jahre.
Falsche Haare machen alte Schädel nicht jung.
    Wer wenig Haare hat, der pflegt sie wohl.
    Wo kein Haar, was will man kämmen?

Haar und Schaden wachsen alle Tag.
Haar und Unglück wachsen über Nacht.
Es ist besser, einige Haare als das ganze Leder zu
lassen.

In der „Kopfkultur-Lounge"

„Wir sind die Frisöre" – Konventionell und trotzdem schön …

Natürlich gibt es weiterhin Friseursalons, die den Namen ihres Eigentümers tragen, gerne auch den Vornamen, wobei für den zweiten Fall weibliche Vornamen überwiegen. „Bärbel's Haartreff" und „Heidi's Frisurenteam", zumeist mit dem angelsächsischen Apostroph versehen, aber auch „Michaels Herrensalon" (ohne Apostroph!), wären hundertfach durch weitere Beispiele zu ergänzen. Vor allem in Großstädten nimmt der Trend zur vermeintlich schlichten Bezeichnung wieder zu.

So ganz einfach ist die Angelegenheit nämlich nicht. In „Evis Frisierstüberl" wird sicherlich die Namensträgerin mit Kamm und Schere bei der Sache sein. Für „Evas Paradies" steht hingegen in Frage, ob es nur um den Namen der Besitzerin oder nicht eher um paradiesische Verführung geht – auch mit Kamm und Schere, nicht etwa mit dem Apfel. „Der kleine Frisör" und „Der kleine Coiffeur" punkten mit Bescheidenheit, so wie sich auch das „Friseurlädchen", ungeachtet des Diminutivs, neben dem

„Friseurladen" behauptet. Verstöße gegen die allgemein gültige Orthografie verhelfen dem „FriSir" und dem „Freeseur" zum Duft der weiten Welt. Ähnliches gilt für „Die Frisörs", denen sich wohl manches, nicht nur die Haare, gegen die gängige Grammatik sträubte. Der „Flitzör" hingegen verspricht volles Engagement im mobilen Einsatz.

In Berlin existiert neben dem „Hauptstadtschnitt" der „Dorffriseur", letzterer zugegebenermaßen in Kladow und damit ‚janz weit draußen' tätig. Auch sonst erweist man mit Vergnügen dem Ort des Geschehens die gebührende Reverenz, Dialektfärbung kommt bisweilen hinzu.

Der „Frisör Korrekt" huldigt dem Prinzip der Gerechtigkeit – Damen und Herren zahlen die gleichen Preise, die Angestellten arbeiten zu guten Konditionen – und legt im Übrigen Wert darauf, weder Stylist noch Art-Director, sondern ganz einfach „Frisör"[1] zu heißen. Manchmal ist weniger

BEISPIELANGABEN, DEZENT GEORDNET[2]

DER Frisör | Dortmund
Der kleine Frisör | Plön
Der kleine Coiffeur | Berlin
Wir sind die Frisöre | Plön

Frisurenmacher | Frankfurt/M.
Frisurenteam | Köln
Frisurentreff | Frankfurt/M.
Frisurenkunst | Paderborn
Frisurenharmonie | Bielefeld
Frisurentempel | Berlin
Friseurtick | Berlin

Die Frisörs | Berlin
FriSir | Bremen
Freeseur | Leipzig
Flitzör. Der mobile Friseur |
Augsburg

Friseursalon | natürlich überall
Friseurladen | Köln
Friseurlädchen | Köln
Friseurmeisterei | Köln
frisierbar | Dortmund / Essen

Friseur Chic | Gelsenkirchen
Frisör Korrekt | Essen
Friseur-mit-Zeit | Hamburg

Hoffrisör | Frankfurt/M.
Klosterfrisöre | München
Dorffriseur | Berlin
Lieblingsfrisör | Hamburg
Traumfriseur | München
Lila Frisöre | München

Der Salon | Gelsenkirchen
Salon Kaiser | Frankfurt/M.
Salonfähig | Bochum / Essen
Salon der Schönheit | Bremen

Cologne Hair | Köln
Finkenwerder Frisurendiele |
Hamburg
Hertener Haarstudio | Herten
Holter Haarmoden |
Schloss Holte
Oberräder Frisierstubb |
Frankfurt/M.
Potsdamer Haargalerie |
Potsdam
deine heimat kollektiv |
Frankfurt/M.

eben mehr, kennt man ja. Die „Friseure-mit-Zeit" lassen im Namen ihres Salons das Spezifikum ihres Arbeitseinsatzes wirken.

Apropos Salon: Selbstverständlich tritt auch die konventionelle Bezeichnung des „Friseurladens" weiterhin auf. Und besonders schön ist es, dass „Die Baderin" mit dem Namen ihres Salons auf die lange Geschichte des Handwerks zurückweist. „die barbiere" unterstützen sie dabei.

Frisierstubb | Frankfurt/M.

Carina's Haarhütte | Halberstadt

Christas Haarstübchen | Dortmund

Bärbel's Haartreff | Dortmund

Bettinas Haarschmiede | Leipzig

Ella's Frisurenstübchen | Paderborn

Evis Frisierstüberl | München

Heidi's Frisurenteam | Bremen

Konstanze's Haarschneyderey | Paderborn

Moni's Haarideen | Paderborn

Nelly's Haardesign | Duisburg

Sabines Frisurentreff | Bielefeld

Michaels Herrensalon | Duisburg

Oliver's Hair | Düsseldorf u.ö.

Oliver's Talentatelier | Essen

Coiffeur H. | Recklinghausen

Meister O. | Recklinghausen

Die Baderin | Berlin

Der Barbier | Oberhausen

die barbiere | Dortmund

Der Altstadtbarbier | Lübeck

„Kre-haar-tiv" – Wortfeld Haar

Beim Friseur geht es um Haare, eine naheliegende Erkenntnis mit weit reichenden Folgen. Gemeint sind die verbalen Schöpfungen, die von der „Haar-Akademie" bis zum „Zauberhaar" ganze „Haarwelten" erschließen.

Haarmann | Borken

Nomen est omen: Da gibt es den Friseursalon „Haarmann". Die Eigentümerin betreibt ihn in der vierten Generation, der Urahn zog gegen Ende des 19. Jahrhunderts noch mit dem hölzernen Utensilienkoffer über die Dörfer, um den Bauern Bart und Haupthaar zu schneiden und die Zähne zu ziehen. Der Verdienst war karg, so dass die Eröffnung der

eigenen „Frisierstube" im Jahre 1900 die schönsten Hoffnungen weckte. Im Nachbarraum entstand bald darauf die „Haararbeitsstube", wo der emsige Mitarbeiter aus abgeschnittenen Strähnen und ausgekämmtem Haar den „Falschen Wilhelm" kreierte, unentbehrliches Kunst-Stück für die, denen die Natur die eigene Haarfülle versagt hatte. Zwischen den Weltkriegen kosteten Haarschneiden und Ondulieren jeweils 0,80 RM, für eine Rasur waren 0,15 RM zu bezahlen. Dennoch blieb genug für den Bau eines schmucken Hauses übrig, das im Zweiten Weltkrieg arge Schäden erlitt. Da war wieder die ambulante Tätigkeit gefragt, nun mit dem Fahrrad, in dessen Taschen sich auf dem Rückweg nebst dem notwendigen Arbeitszeug die gegen Schnitt und Rasur eingehandelten Lebensmittel befanden, damals kostbarer als jegliche Bezahlung in fester Münze. Dann begann der Wiederaufbau.

Die Nachfahrin, seit ihrer Kindheit von Großeltern, Eltern, Onkel und Tante im Friseurkittel umgeben, brauchte sich um ihre Berufswahl keine Gedanken zu machen. Den schönen Namen allerdings musste sie sich mit der Heirat erst aneignen. An dem Auserwählten gefiel ihr zunächst der Beruf – auch ein Friseur, versteht sich –, dann der Name und schließlich der ganze durchaus ansehnliche ‚Rest'. Inzwischen führen die Kinder die Erfolgsgeschichte standesgemäß fort, und auch die übernächste Generation steht bereits mit Kamm und Schere in den Startlöchern.[3]

In den Namen vieler Salons feiern die aus alten Zeiten überkommenen Redensarten fröhliche Urständ. Da geht es „Haarig" zu, „Haarklein", „Haarscharf" und „Haarsträubend" und natürlich auch mit „Haut und Haar". „Haarige Zeiten" kommen vor und „Haarige Angelegenheiten". Bisweilen ist es günstiger, den Ursprung der zugrunde liegenden Redensart nicht so genau zu kennen; für die Sprichwort-Variante „Haare machen Leute" zu „Kleider machen Leute", gut bekannt aus Gottfried Kellers wunderbarer Novelle, sind Komplikationen intellektueller Art hingegen auszuschließen.

Komposita, die meisten mit dem Bestimmungswort „Haar-", vergleichsweise wenige mit dem Grundwort „-haar", addieren sich zu einem Wort-Schatz voller Überraschungen.

Zunächst einmal treffen sich „Haarschneider" und „Haarschneiderin" in der „Haarschneiderei", um dortselbst der „Haarlust" und dem „Haarvergnügen" zu frönen. Die „Haarfee" widmet sich mit Inbrunst und goldenem Kamm dem „Haarzauber", der ihr, sofern die Kundin mit „Engels-" oder „Wunderhaar" den Salon verlässt, wohl auch gelungen ist. „Haarträume" führen zum „Traumhaar", und auf der „Haarbühne" geben die „Haarkünstler" ihr Bestes, kein Wunder, haben sie doch ihr Handwerk auf der „HaarAkademie" gelernt.

Die Orte des Geschehens sind freilich vielfältig, das Spektrum reicht von der „Haarhütte" bis zum „Haartempel", auf dem Weg liegen „Haarbar", „Haarresidenz" und „Haartheater". Eine weitere Station auf der bunten „Haarmeile" ist das „Haarkontor", selbstverständlich in Hamburg ansässig. In der „Haarschmiede" wird vermutlich der „Stahlschnitt" produziert, eine schon etwas bizarre Vorstellung. Noch problematischer wird es dann wohl, wenn der „HaarExpress" die „Haarklinik" ansteuert, eine Adresse für Härtefälle. Aber keine Angst, hier nehmen sich „Die Haarfetischisten" und „Die Haarhelden" ihrer Kundschaft an.

Haareschön | Bückeburg

Lass dir mal die Haare schneiden,
den Friseur sollst du nicht meiden,
keine Birne ist ihm einerlei.

Waschen, schneiden, legen, föhnen,
lass dich doch von ihm verwöhnen
und das Neueste hörst du nebenbei.

Und trittst du aus der Tür,
sagt jeder gleich zu dir:

> Du hast die Haare schön,
> du hast die Haare schön,
> du hast, du hast die Haare schön.

Lass dir deinen Kopf massieren
und dein nasses Haar frottieren,
lass dich tönen, er hat alles da.

Lass dich einfach schön frisieren
und zum Schluss noch parfümieren
und danach fühlst du dich wunderbar.

Und trinkst du dann ein Bier,
sagt der Wirt auch gleich zu dir:

> Du hast die Haare schön,
> du hast die Haare schön,
> du hast, du hast die Haare schön.

TIM TOUPET, DER SINGENDE FRISÖR

Nur selten geschieht es, dass „Der Haarjäger" seiner „Haargier" allzu offensiv nachgeht und in aller Öffentlichkeit „Haarklau" betreibt. In der „behaarten Oase" waltet doch eigentlich über allem ein guter „Haarstern".

Womit wir bei den Wortspielen wären, die unter Umgehung orthografischer Grundregeln das Letzte aus dem Haar hervorholen.

Dazu reicht es zunächst einmal, zuvor harmlosen Wörtern den Doppelvokal und damit den „Haarwert" zu verpassen. Das erschließt vielen Salons die Möglichkeit, mit dem Versprechen von „Haarmonie" zu werben. Wenn dann die Salon-Chefin auf den Vornamen Monika hört, liegt die Variante „Haarmoni" nahe: Nein, das ist kein Schreibfehler, sieht nur so aus! Verbreitet sind auch „Chaarisma" und „Krehaartiv", und die „Haarpiraten" greifen, damit ihrer Kernkompetenz folgend, zur „Haarpune".

Zuweilen öffnet eine gewisse Bildung auch die Tür zum passenden Friseursalon. Mit dem „Haarlekin" dürfte niemand Schwierigkeiten haben, aber die Damen „Mata Haari" – die exzentrische Nackt-tänzerin Mata Hari war die bekannteste Spionin aller Zeiten, 1917 hingerichtet – und „O'Haara" – die „vom Winde verwehte" Südstaatenschönheit Scarlett (Roman von Margaret Mitchell, 1936 erschienen) – zählt nicht jeder zu seinem Bekanntenkreis. Noch höhere Anforderungen stellt die „Haarpyie", die an den weiblichen Unheilsdämon mit Flügeln und Vogelkrallen aus der griechischen Mythologie erinnert. Wie gut, dass uns das „Haarakiri" bislang erspart blieb …

Aber da gibt es noch „Haarpunzel" oder die „Haareszeiten", für deren Wortschöpfung ein kleiner Konsonantenaustausch vorgenommen werden musste. Über „Haartiste" und „Haartistic" muss man etwas länger nachdenken, und bei „H 2 O" hilft am besten die Artikulation. Das ist wahre „Kopfarbeit"!

Wer jedoch auf die Schnelle einen Friseur benötigt und nicht erst im Lexikon nachschauen möchte, wird auch fündig. Er kann „Haare & Co" ansteuern, auf „Alles für Haare" seine Hoffnung setzen oder sich im Bedarfsfall auch gleich für „Haare ab!" entscheiden. Alles hat seine Zeit, auch die „Haarzeit".

BESTIMMUNGSWORT „HAAR" – IN ALPHABETISCHER REIHENFOLGE

HaarAkademie | Frankfurt/M.
Haaratelier | Haltern

Haarbar | Berlin
Haarbühne | Köln

Haarconcept | Oberhausen
Haarcult | Dortmund

Haardesign (Nelly's) | Duisburg
Haardynamik | Dorsten

Haareffekt | Köln
Haarerlebnis |
Frankfurt/M. / Herne
Haarexpress | Paderborn

Haarfabrik | Berlin / Münster
Haarfee | Augsburg / Berlin
Haarfein | Bielefeld
Die Haarfetischisten |
Frankfurt/M.
Haarforum | Oberhausen
Haarfreunde | München

Haargalerie |
Oberhausen / Potsdam
Haargefühl | Dortmund
Haargenau |
Dortmund / Haltern u.ö.
Exakt & haargenau | München
Haargenau und schnittig |
Berlin
Haargier | Duisburg

HaarHaus | Essen
Die Haarhelden | Hamburg
Haarhexe | Gelsenkirchen
Haarhütte (Carina's) |
Halberstadt

Die Haarinsel | München

Der Haarjäger | Berlin
Haarjongleur | Berlin

Die Haarkenner | Bochum
Haarkiste | Bielefeld / Leipzig
Haarklau | Dortmund
Haarklein | Berlin
Haarklinik | Köln
Haarkontakt | Dortmund
Haarkontor | Hamburg
Haarkünstler | Hamburg
Die Haarkünstler | Hamburg
Haarkunst (Haus der) |
München / Paderborn

Haarlack | Potsdam

Haarladen (Mayke's) | Datteln

Haarlinie | Berlin

Haarlust | Köln

Haarmacher | Berlin

Haarmeile | Berlin

Die Haarmeister | München

Haarmen | Bremen

Haarmoden |
Castrop-Rauxel u.ö.

Haarnetz | Augsburg

Haaroase | Berlin / Düsseldorf

Haarparadies |
Dortmund / Hamburg

Eine Haarphilosophie |
Potsdam

Haarpiraten | Berlin

Haarpracht | Essen / Köln u.ö.

Haarpraxis | Potsdam

Der Haarprofi | Bochum

HaarPunkt | Düsseldorf

HaarQuelle | Bielefeld

Haarraum | Limburg

Haarresidenz | Paderborn

HaarRevolution | Düsseldorf

Haarscharf |
Recklinghausen / Witten u.ö.

Haarschmiede | Berlin / Leipzig

Haarschneider | Augsburg

Haarschneiderei | Paderborn

Die Haarschneiderin |
Augsburg

Haarschopf | Gelsenkirchen

HaarSHOPf | Hamburg

Haar-Society | Bielefeld

Haarspiel | Berlin

Haarspielereien | Berlin

Haarspitze |
Borken / Gelsenkirchen u.ö.

Haarstadt | Berlin

Haarstark | Dortmund

Die Haarstation | München

Haarstern | Quedlinburg

Haarsträhne | Bremen

Haarsträubend |
Hamm / Witten u.ö.

Haarsträubend gut | Münster

Haarstübchen (Christas) | Dortmund

Haarstudio | Herne u.ö.

Haarteam | Oberhausen

Haartempel | Kassel

Haartheater | Essen

Haar Tick | Berlin

Haarträume | Berlin

Haartraum | Dortmund

Haartreff | Berlin

Haarvergnügen | Augsburg

Haarvision | Köln

Haarwelt (Sinas kreative) | Recklinghausen

Haarwerk | Dortmund / Recklinghausen u.ö.

Haarwerke | Augsburg

Haarwerkstatt | Dortmund / Köln u.ö.

Haarwert | Berlin

Haarzauber | Frankfurt/M. / Mölln u.ö.

Haarzauberei | Hamburg

Haarzeit | Hamburg

Haarphilosophie | Potsdam

GRUNDWORT „-HAAR"

Engelshaar | Köln

Engel-Haarwelt | Berlin

Frauenhaar | München

Samthaar | Frankfurt/M.

Traumhaar | Frankfurt/M.

Wunderhaar | Eutin

Zauberhaar | Hamburg

HAARIGE WENDUNGEN

Haarig! | Berlin

Haarfein, Haargenau | w.o.

Haarscharf, Haarsträubend | w.o.

Haarige Angelegenheiten | Waltrop

Für haarige Angelegenheiten | Köln

Haarige Zeiten | Bremen / Dortmund

Haut & Haar | Recklinghausen

Haare, Haut und Seele | München

Sister's Haut und Haar | Halberstadt

Haare machen Leute | Köln

Behaarte Oase | Recklinghausen

Haarige Angelegenheiten | Waltrop

plan.Haar

Öffnungszeiten:
Dienstag bis Samstag
10:00 bis 18:00

Telefon: 0451 76964

plan. Haar | Lübeck

KREHAARTIVE WORTSCHÖPFUNGEN, NICHT SO GANZ DUDEN-KONFORM

Haarmonie |
Frankfurt/M. / Herten u.ö.

HaarMoni | München

Chaarisma |
Dortmund / Frankfurt/M. u.ö.

Chaarismar | Waltrop

Cre-haar-tiv |
Dortmund / Frankfurt/M. u.ö.

Krehaartiv | Leipzig

Matahaari | Duisburg

Mata Haari | Berlin / München

Mata HAARi | Hamburg

O'Haara | Augsburg

OhaarA | Hamburg

Haarpyie | Berlin

Haarem | Köln / München

Haarlem | Hamburg

Haarwai | Berlin

Haarpune | Düsseldorf

Sahaara | Düsseldorf

Haarlekin | Herten / Leipzig u.ö.

Philhaarmonie | Köln

Haareszeiten |
Bremen / Frankfurt/M. u.ö.

Vier Haareszeiten | Dortmund

Haarpunzel |
Bremen / Hamburg u.ö.

Haartiste | Düsseldorf

Haartistic | Düsseldorf

Fhaarenheit 44 | Wernigerode

H 2 0 | Münster

Haar 2 0 | München

Haarsträubend | Witten

EINFACH GEHT'S AUCH

Haar & Co | Berlin
Haar und Mehr | Bottrop
Für Haare | Herten
Alles für Haare | Frankfurt/M.
Haarig! | Berlin
Apropos Haare |
Bielefeld / Hamburg
1 Raum für Haare | Hamburg
plan.Haar | Lübeck

Schöne Haare | Hamburg
Das schöne Haar | München
Haareschön | Bückeburg
Haar in Haar | München
Haar im Trend | Gelsenkirchen
Haar Aktuell | Gelsenkirchen
Spaß am Haar | Marl
Haare ab! | Berlin

VERSPRECHEN

Faszination Haare …
angenehm anders | Dortmund
Wir machen Haare nach
Ihrem Kopf | Herten
Haare, die begeistern |
München
Lebe dein Haargefühl voll aus |
Herten

Kopfgeist | Berlin

„Kopfsache" – Wortfeld Kopf

„Köpfe machen Leute", weiß, in Abwandlung der bereits zitierten Gottfried-Keller-Sentenz, ein Haarkünstler. Eine Erkenntnis, die verpflichtet.

„Die Botschaft der Haare wird heute zumeist bewußt gewählt. Der Friseur ist der Interpret, der den Kopf gestaltet."[4] Den Kopf des Kunden wohlgemerkt, wobei er aber auch den eigenen nicht vernachlässigen darf. Ein kopfloser Friseur, nicht auszudenken!

Wer seinen eigenen Kopf einsetzt, um anderen Köpfen den „Edelschliff" zu verleihen, hat es zumindest mit der Namensgebung seines Salons nicht allzu schwer. „Kopfarbeit" im doppelten Sinne wird da betrieben – warum sollte man das nicht am Ladenschild mit ehrlichem Stolz verkünden! Hier entstehen „Frisuren mit Kopf", teilt es den Passanten mit, die sich sodann mit den schönsten Erwartungen in die „Kopfkultur-Lounge" begeben. Und schon wird ihnen der richtige „Kopfschmuck" verpasst, da macht der kundige Friseur eben „Nägel mit Köpfen".

Die Sprache stellt ihm außer dieser Redensart, deren Einsatz man eher im Baumarkt erwarten könnte, einige Komposita zur Verfügung, vorrangig wird das Bestimmungswort „Kopf" wirksam. Wenn das Nomen, in den Plural gesetzt, mit einem Adjektiv autoupiert wird, bleibt zuweilen offen,

Prinzipiell ist das Kopfhaar nicht wichtiger als die übrige Behaarung des Menschen. Aber es ist gut sichtbar, jedenfalls auf Sichtbarkeit hin bezogen, denn auch eine Glatze firmiert noch unter der Hinsicht der ‚Frisur'; und auch das unter einer Kopfbedeckung verborgene Haar bleibt noch ex negativo an Sichtbarkeit gekoppelt. Das Kopfhaar bekrönt und umgibt das Haupt, im Besonderen das Gesicht des Menschen und hat großen Anteil an dessen äußerer Erscheinung.

CHRISTIAN JANECKE, HAAR TRAGEN. KÖLN (BÖHLAU) 2004, S. 8

welche Köpfe denn nun gemeint sind. Gehören die „Kreativen Köpfe" den Friseuren, die „Schönen Köpfe" der Kundschaft – oder ist es umgekehrt oder vielleicht sogar egal?

Sei's drum, der „Herr der Köpfe" ist in jedem Fall der Mann mit dem Föhn. Aber der „Querkopf"? Ist das der eigenwillige Haarkünstler, der allzu inspiriert mit dem Farbspray umgeht, oder der Kunde mit den drei Wirbeln am Hinterkopf, bei dem allenfalls noch der „Querschnitt" hilft? Im schlimmsten Fall geht es entschieden um „Kopf und Kragen", und der tapfere Herrenfriseur namens „Kopfgeld" weiß am Abend beim Anblick seiner Kasse, dass er sich deren Inhalt redlich verdient hat.

Und was ist mit dem „Kopfsalat"? Das wohl vertraute Kompositum hat den Einsatzort geändert, ist vom Gemüsemarkt in den Friseurladen gewechselt. Die Rundform gab dem Salat seinen Namen (lat. *Lactuca sativa var. capitata*) und nun hat er ihn wieder an den Kopf zurückgegeben. Das Wortspiel assoziiert ein fröhlich-frisches Lockenchaos, grün muss es ja nicht unbedingt sein.

Den Kopf bereitwillig hinhalten und den Kopf in vollem Bewusstsein der Verantwortung anstrengen: „Alles Kopfsache" eben! Besser und knapper ließe sich die komplexe Interaktion kaum formulieren.

Eine Möglichkeit gibt es noch: Die deutsche Sprache stellt dem Allerweltswort „Kopf" das etwas antiquiert-stilisierte Synonym „Haupt" zur Seite – und schon kommen wir zur „Hauptsache Haar".

Kopfkulter | Borken

Kopfende
Kopfgeld
Kopfhaar
Kopfhaut
Kopfjäger
Kopfkissen
Kopflaus
Kopfputz
Kopfsalat
Kopfschmerz
Kopfschmuck
Kopfstand
Kopfstütze
Kopftuch
Kopfweide
Holzkopf

Lockenkopf

Dummkopf

Kopfarbeit | Essen

BEISPIELANGABEN, LOCKER GEGLIEDERT

Kopfarbeit |
Essen / Paderborn u.ö.

Kopfart | Lübeck

Kopfgeld | Bremen

Kopfgeist | Berlin

Kopfkultur | Borken

Kopfkultur-Lounge | Hamburg

Kopfsache |
Münster / Lübeck u.ö.

Alles Kopfsache | Herten

Reine Kopfsache | Leipzig

Kopfputz | Augsburg / Hamm

Kopfschmuck | Berlin

Kopfsalat |
Bochum / Dortmund u.ö.

Frisuren mit Kopf | Essen

Gute Köpfe | Hamburg

Junge Köpfe | Münster

Neue Köpfe | Dortmund

Schöne Köpfe | Köln

Kreative Köpfe | Gelsenkirchen

Meisterköpfe | Hamburg

Querkopf | Berlin / Bremen

Holz's Köpfe | Hamburg

Nägel mit Köpfen |
Frankfurt/M.

Herr der Köpfe | Duisburg

Köpfe machen Leute | Potsdam

Kopf & Kragen | Leipzig

Hauptsache |
Dortmund / Münster

HauptSache | Berlin

Hauptsache Haar | Bottrop

Köpfe machen Leute |
Potsdam

„Schnittstelle" – Wortfeld Schnitt

„Der Schnitt" – des Friseurs ureigenes Aufgabenfeld. Waschen, föhnen, kämmen, das geht auch mal in Eigenregie. Die Sache mit der Schere hingegen könnte im mehrfachen Wortsinn ins Auge gehen, da bedarf es des kundigen Haarschneiders.

Es gab Zeiten, da war seine Kompetenz weniger gefragt. Die Germanen beispielsweise trugen mit Stolz das lange Haar der Freien, wenn sie denn zu ihnen zählten; den Knechten und Sklaven wurde das Haar geschoren – ein Unterscheidungsmerkmal, schon auf weite Sicht erkennbar. Es ging auf die frühen Dynastien über: Die Prinzen der Frankenkönige blieben ‚ungeschoren' – hier dürfte die Redensart ihren Ursprung haben. Die königlichen Locken dienten dem sichtbaren Ausdruck der Macht, und alle anderen demonstrierten mit kurz geschnittenem Haar ihre Untergebenheit. Noch Karl der Große trug schulterlanges Haar, während sein Sohn dem neuen Trend folgte und als Karl der Kahle in die Geschichte einging.

Es gab Zeiten, da war es eine Strafe, das Haar geschnitten zu bekommen, und sie sind noch gar nicht so lange her. In Kriegs- und Besatzungszeiten wurde Frauen erbarmungslos das Haar geschoren, wenn sie sich mit dem Feind ‚eingelassen' und somit moralische und sexuelle Normen überschritten hatten. Wenn in dunkler Vergangenheit der Verlust des Haares die Einbuße von Macht angezeigt hatte, ging es danach um den jedem sichtbaren Ehrverlust, der ‚Spießrutenlauf' durch die Stadt gehörte gewöhnlich dazu. Die Rasur aller Körperhaare in den nationalsozialistischen Konzentrationslagern stellte das Extremum einer solchen Demütigung dar, das Haareschneiden wurde dem Programm einer hemmungslosen Menschenzerstörung nutzbar gemacht.

Der „alten Tradition totaler Institutionen und totalitärer Regimes"[5] war lange Zeit auch das Militär unterworfen. Das kurz geschnittene Haar der Soldaten war Zeichen der strengen sozialen Kontrolle einerseits, des absoluten Gehorsams als grundlegender Norm andererseits. Der Militärfriseur hatte zweifellos viel zu tun, ohne jedoch auch nur im Ansatz der Friseurkunst genügen zu können. Indem er immer wieder den Soldaten das nachgewachsene Haar kürzte, nahm er, selbst im Dienst der Institution stehend, Übergriffe auf die Autonomie seiner ‚Opfer' vor, statt ihrer Individualität dienlich zu sein.

Die Zeiten haben sich geändert, glücklicherweise. Männer bekennen sich mit voller Absicht zur Kahlköpfigkeit, Frauen tragen kurzes oder langes Haar, ganz nach Lust und Laune, typgerecht und modebewusst. Im Laufe der Geschichte ist eben ganz schön viel abgeschnitten worden: die alten Zöpfe der Rokoko-Zeit, die puritanischen Knoten des 19. Jahrhunderts, die niedlichen Affenschaukeln der 50er Jahre. Heute kann, um den, freilich noch bezopften, Alten Fritz zu zitieren, jeder nach seiner Fasson selig werden – warum dann nicht mit einem richtig schicken Fassonschnitt!

Nun gut, der Fassonschnitt im engeren Sinne gehört wohl auch der Vergangenheit an. Immer aber bedarf es eines Schnitts mit Fasson und Schick, und da der „Abschnitt" in mehr oder weniger regelmäßigen Intervallen erfolgt, heißt der zugehörige Salon konsequenterweise „Zeitabschnitt". Diejenigen, die in bequemen Sesseln geduldig auf ihren Aufruf warten, sind dann die „Abschnittsgefährten", wie die ‚Lebensabschnittsgefährten' Partner auf Zeit.

Schnittstelle | Essen

Abschnitt
Haarschnitt

Schnittmuster
Schnittstelle
Schnittpunkt

Trockenschnitt
Scherenschnitt

Schnittware
Schnittwunde

Schnitt-Lauch

Schnittweise | Berlin

Der „Schnitt" allein ist durchaus lebens- und wer-
befähig. Wird dem Nomen als Grundwort eine
Präposition vorangestellt, entstehen neben dem
schon erwähnten „Abschnitt" „Anschnitt" und „Mit-
schnitt", in Kombination mit einem Adverb kommt
es zum „Querschnitt", das Ergebnis desselben erfüllt möglicherweise nicht die Erwartungen der
Kundschaft, es sei denn, sie besteht aus Querden-
kern. Die genannten Wörter sind aus anderen Ver-
wendungsbereichen gut bekannt, während die
Komposita mit Adjektiv oder Nomen einige Überraschungen bieten.

„Eckschnitt" und „Schrägschnitt" weisen sicherlich auf das spezifische Repertoire ihrer Salons hin,
auch „Stahlschnitt" und „Scherenschnitt" führen
zu einschlägigen Assoziationen, während der „Kai-

serschnitt" den harmlosen Kunden einige Rätsel aufgibt, vor allem, wenn es sich um Männer handelt. Dagegen stellen die „Berliner Schnitte" und die Hamburger „Kiezschnitte" keine gehobenen intellektuellen Ansprüche, sind aber sicherlich zu einem exquisiten „Starschnitt" fähig.

Darum geht es zum Beispiel auch den „Schnittschwestern". Sobald sich der „Schnitt" zum Bestimmungswort mausert, ist der „Schneideweg" zur „Schnittstelle" eröffnet, zum „Schnittraum" und zur „Schnittzone". Dass dort dann „Schnittweise" die Strähnchen zu Boden rieseln, versteht sich von selbst. „Schnitt für Schnitt" verfertigt der Fachmann „Gute Schnitte", und wenn dann die Angelegenheit zu Ende gebracht ist, lässt das Spiegelbild nur ein Urteil zu: „Einfach schnittig"!

Das dem ‚Schnitt' zugrundeliegende Verb „schneiden" hat ebenfalls seine pointenreichen Spuren hinterlassen. Verbalen Minimalismus betreibt die „Schneiderei", an Einfallsreichtum übertroffen von der „Änderungsschneiderei" – Irrtum nicht ausgeschlossen. Auch die Benennung „Die Preisschneider" dürfte zu Überlegungen Anlass geben, im Zweifelsfall hilft aber sicher ein Blick auf die Preis-

tabelle. Und was verrät uns der Name „Zweischneidig"? Er klingt schon ein bisschen bedrohlich, möglicherweise ist aber eher der „Haarschneider" in Gefahr als das vermeintliche Opfer.

Im Kontrast dazu stehen Wörter mit heimeliger Dialektfärbung. Man muss die „Schnibblstubb" gar nicht kennen, der Salonname allein verheißt

Gemütlichkeit. Vor dem geistigen Auge erscheint der Friseur im Silberhaar, legt dem Kunden gemächlich den Frisiermantel um – geblümt, versteht sich – und dazu tickt leise die Kuckucksuhr …

Solche Beschaulichkeit lässt „Der Kapper" nicht zu, laut Duden dürfte es ihn übrigens gar nicht geben. Existenzberechtigung hat eigentlich nur das aus dem Niederländischen entlehnte Verb. Ndl. *cappen* ‚abschneiden, zerschneiden, zerhacken', und zwar von Zweigen, Ästen oder Ähnlichem, ist auf mlat. *cappare* bzw. germ. *kapp-* ‚spalten' zurückzuführen. Das abgeleitete Nomen ist ein etwas skurriler Neologismus. Belegt sind im bäuerlichen Sprachgebrauch die Wendung ‚der Hahn kappt die Henne' – Erläuterung wohl überflüssig – und ‚das Kappen' als das Kastrieren der zur Mast bestimmten Junghähne.[6]

Den sensiblen Geschäftsinhabern werden bei der Namenswahl solche Szenarien wohl nicht vor Augen gestanden haben. Deshalb zum Schluss noch eine versöhnliche, besonders schöne Botschaft am Ladenschild: „Komm heim Haare schneiden".

SCHNITT-MUSTER, IN STUFEN GELEGT

Der Schnitt	Duisburg	Schnitt für Schnitt	München	Abschnitt	Frankfurt/M. / Hamburg u.ö.	Eckschnitt	Berlin
der schnitt	Berlin	Schnitt & Mehr	Hamburg	Neuer Abschnitt	Dortmund	Edelschnitt	Augsburg
Der Haarschnitt	München	Schnitt & Form	Bielefeld	Zeitabschnitt	Frankfurt/M.	Extraschnitt	Münster
Capillusschnitt	Paderborn	Schnitt und Farbe	Köln	Abschnittsgefährten	München	Fairschnitt	Berlin
		Schnitt und Welle	München	Anschnitt	Essen	Feinschnitt	Düsseldorf / Köln u.ö.
		Gute Schnitte	Berlin	Mitschnitt	Berlin / Hamburg	feinschnitt	Berlin / Bielefeld
		Einfach schnittig	Hamburg	Querschnitt	Bremen / Hamm u.ö.	Kaiserschnitt	Berlin / Köln u.ö.
						Scherenschnitt	Essen / München u.ö.

Schrägschnitt | Hamburg
Stahlschnitt | Berlin
Starschnitt | Bottrop / Herne u.ö.
Wohlschnitt | Hamburg

Berliner Schnitte | Berlin
Der Hauptstadtschnitt | Berlin
Kiezschnitte | Hamburg

Schnittkante | Berlin
Schnittpunkt |
Dortmund / Potsdam u.ö.
Schnittraum |
Hamburg / München
Schnittschwestern | Essen
Schnittstelle |
Essen / Frankfurt/M. u.ö.
schnitt-echt | Berlin
Schnittkult | Münster
Schnittkultur | Potsdam
Schnittweise | Berlin
Schnittwerk |
Duisburg / München u.ö.
Schnittzone | Berlin
Die Schnitt-Talente |
Düsseldorf / Köln

Schneiderei | München
Haarschneiderei |
Berlin / Wismar u.ö.
Änderungsschneiderei | Berlin
Haarschneider |
Augsburg / Dortmund
Freischneider | Berlin
Die Preisschneider | Essen
Schneidewerk |
Essen / München
Zweischneidig | Düsseldorf

Der Kapper | Duisburg
Haarkapper | Berlin

Die Schnibblstubb |
Frankfurt/M.
Schnippelstube | Leipzig

Bei uns schneiden Sie gut ab |
Schwerin
Komm heim Haare schneiden |
Berlin

SCHNITT
PUNKT

Inhaber
MIKE WITTICH

Telefon (0331) 200 99 55
Schnittpunkt GmbH

Coiffeur
SCHNITT
PUNKT
ZEIT FÜR QUALITÄT

Schnittpunkt | Potsdam

„Hair. Beauty. Fashion"

More than words – Neue Namen braucht das Land

Da hat ein Mensch eine ihm noch fremde Stadt, beispielsweise eine Ruhr-Metropole mittlerer Größe, erreicht, und als er das Bahnhofsgebäude verlässt, erfasst sein suchender Blick als erstes die „Easy-Apotheke", direkt daneben liegt die „Back-Factory". Er nimmt die links abgehende Querstraße und sieht an der nächsten Ecke einen „Happy-Shop", ihm zur Seite das „Happy Hair". Der Mensch kommt ins Grübeln: Ist das nicht ein Kiosk, im Ruhrgebiet auch zärtlich „Büdchen" genannt, und sollte der Friseursalon nicht eher „Lisas Haarmoden" heißen? Sekundenlang erfasst ihn Panik – vielleicht hat er sich verfahren, einen falschen Zug erwischt, ist auf mysteriöse Weise in Großbritannien gelandet? Die Sorge ist unbegründet, nur kein Stress, cool bleiben: Herzlich willkommen im Land der unbegrenzten sprachlichen Möglichkeiten!

Eigentlich gibt es für die meisten Dinge und Sachverhalte ein deutsches Wort – eigentlich für die meisten: eine folgenschwere Einschränkung. Der Vorbehalt ist Anlass, andere Sprache für eventuelle Lücken zu bemühen, an vorderer Stelle das der deutschen Sprache eng verwandte und dennoch mit vielen neuen Nuancen aufwartende Englisch.

Auch wenn wir glückliche Kühe und Eier von glücklichen Hühnern schätzen, würde es so schnell niemandem einfallen, von „glücklichen Haaren" zu sprechen. Der Übergriff ins Englische aber setzt Assoziationen frei. Da gibt es doch das *Happy-End*, bestimmt nicht nur für Film und Roman reserviert, sondern auch für das bisweilen so stra-

> *In der Kunst ist das Beste gut genug.*
>
> JOH. WOLFG. GOETHE

pazierte Haupthaar vonnöten, im besonders glücklichen Fall auch die *Happy hour*: Sie gilt im Allgemeinen für verbilligte Getränke, ist aber eventuell auch für den preisgünstigen Haarschnitt geeignet. Also auf in die „Hairlounge"!

Die englische Sprache ist unzweifelhaft die lingua franca der Gegenwart:

„Das britische Empire mag tot sein – aber das Empire des Englischen ist lebendiger als je. Wenn Briten, die ihrem verflossenen Weltreich nachtrauern, sich ein wenig aufmuntern wollen, brauchen sie nur die Entwicklung im globalen Sprachenmarkt zu studieren, um Hoffnung für die Zukunft zu schöpfen. Die englische Sprache ist auf dem Weg nach oben: Keine andere Sprache der Welt kann ihr, auf absehbare Zeit, das Wasser reichen."[1]

Seit mehr als einem halben Jahrhundert halten angloamerikanische Wörter und Wendungen zuhauf Einzug in die deutsche Sprache, versprechen den *Modern style* und den *touch* des Originellen für das Althergebrachte; nützlich sind sie eben auch, inzwischen, im Zeitalter der Globalisierung, überdies unentbehrlich. „Das Amerikanische – das ist

spätestens seit Ende des Zweiten Weltkriegs die dominierende (populäre) Weltkultur. Das ist Fitneß, Kleidung, Hamburger, Comics, Literatur, Fernsehen, Football, Datenautobahn, *political correctness*, das ist Coca Cola, Intel, Hip Hop, Marlboro … , das ist die Projektion von Freiheit und Abenteuer, von Optimismus und märchenhaftem Aufstieg – man muß nur zugreifen."[2]

Auch deutsche Friseure haben dies mit Freude getan. Kein Groll über Babylon: *Thank God for this language!*

Die solchermaßen angereicherte Sprache ist das „Spiegelbild des gegenwärtigen Denkens und Handelns in unserer konsumorientierten und medienbestimmten Hochleistungsgesellschaft"[3]. Neue Moden und neue Produkte bedürfen neuer Namen, und da ist die englische Sprache „mit ihrer Fähigkeit zu knappen, griffigen, oftmals witzig klingenden Wörtern in idealer Weise befähigt, komplexe Zusammenhänge auf den berühmten Punkt zu bringen"[4]. Die Salonbetreiber von „Open Hair" und „Sexy Scissors" haben das nachhaltig verstanden, und auch ihre Kunden sollten keine größeren Probleme mehr haben.

Mittlerweile sind die Klagen über den „Wust aus Technik-, *Lifestyle-* und Englischhuberei"[5], über das schwindende Bewusstsein für die doch weiterhin uneingeschränkt gültigen Normen der deutschen Sprache, nämlich weitestgehend verstummt.

Der Sprachwissenschaftler Dieter E. Zimmer, lange Zeit wirksamer Kritiker der angloamerikanischen Einflüsse auf die deutsche Sprache in ihren lexikalischen, grammatischen, phonetischen und orthografischen Sektoren, warnt inzwischen vor einer „illusionären Vorstellung von sprachrassiger Reinheit": „Wir sollten endlich einsehen, dass wir ein Einwanderungsland sind und schon immer waren. Aber die Fremdwörter müssen sich – grammatisch – integrieren lassen ... willkommen sind die neuen fremden Wörter und Wendungen dort, wo sie ausdrücken, wofür Deutsch bisher gar keinen Ausdruck hatte ..., wo sie eine semantische Nuance hereinbringen ..., wo sie der Sprache eine gewisse globale Beweglichkeit verleihen."[6] Sicherlich gilt aber auch für die Anglifizierung des Deutschen, dass Integration ein gegenseitiger Prozess ist.

Apropos Integration: Im Grunde müsste die deutsche Sprache sich längst des Sprachschatzes von türkischen, spanischen, griechischen, italienischen Migranten bemächtigt haben. Das gilt allenfalls für die intensiv geschätzten Leckerbissen ihrer Herkunftsländer, für Pizza und Pasta, Döner und Gyros. Das Englische jedoch dominiert die Kommunikation ohne jegliche Konkurrenz, auch wenn Gelegenheiten zum Meinungsaustausch mit ‚echten' Engländern oder Amerikanern eher selten sind.

Der Schriftsteller Peter Bichsel macht darauf aufmerksam, dass zu Zeiten der Weltmacht England noch das Französische die Weltsprache war. „Erst die Amerikaner haben ihre Sprache allen zur Verfügung gestellt ... Sicher ist jede Sprache brauchbar. Aber das Englische hat den Charme der Brauchbarkeit, es drängt sich auf zum Brauchen und Verbrauchen ... Die Amerikaner sind keine Sprachbewahrer, vor allem auch deshalb ist ihre Sprache prädestiniert zur Weltsprache. Ihre dauernde Veränderungsfähigkeit macht sie lebendig und befähigt sie auch, sich mit anderen Sprachen zu vermischen, Englisch ist eine Sprache, die sich zur Verfügung stellt. Eigentlich ist sie schon da, bevor man sie benützt. Und ihre Benützung ist selbstverständlich. Das Englische versucht, der Sprache unserer Gegend wieder Leben einzuhauchen."[7]

Und genau dies geschieht, ungebremst und unaufhaltsam. Eine kaum noch bewusste innere Anglifizierung des Deutschen – und anderer Sprachen – favorisiert die unveränderte Übernahme aus dem Angloamerikanischen. Daneben entstehen Hybridbildungen als Verschmelzung von Elementen aus dem Englischen und dem Deutschen, das beliebte Denglisch eben, das in alle Bereiche des Alltags Einzug gehalten hat. Es konfrontiert den Kenner mit Äußerungen, die sich dem gelernten sprachlichen Schema entziehen. Aber Sprachkritik ermüdet auf die Dauer, also genießt er seinen Latte macchiato und liefert sich willig dem „Hair-Pirat" aus; was kann schon geschehen, wenn über allem der „Sunnymoon" erstrahlt!

Dass der kreativen Wortpanscherei Wendungen entsprießen, die sich allenfalls am Rande der grammatischen Legalität bewegen, stört kaum noch jemanden, die englische Sprache kommt uns ohnedies mit großer Toleranz entgegen. Sie begünstigt

Friseurgespräche sind der unwiderlegbare Beweis dafür, dass die Köpfe der Haare wegen da sind.

KARL KRAUS

bislang unbekannte Komposita, die Imitation angloamerikanischer Kettenwörter, den inflationären Umgang mit dem Apostroph, das freie Spiel mit dem Wortschatz einer eigentlich ‚fremden' Sprache. Wenn deren Regeln weniger bekannt sind als die der eigenen, fördert dies nur noch den Spieltrieb. Fehlersuchen beim Blick auf die englischsprachigen Namen deutscher Friseurgeschäfte? *Oh no, that's just splitting hairs …*

So steht neben dem „Haartempel" der „Hairdome" und gleich daneben die „Cutedrale", immer wieder ein Grund zum Staunen, dass Sprache so etwas möglich macht. „Manche Begriffe sind von banaler Alltäglichkeit, andere wieder abstruse Unikate"[8], könnte der kritische Einwand lauten. *Variatio delectat*, hat das Lateinische, die vormalige Mutter europäischer Sprachen, die auch dem Deutschen

unübersehbar viele Lehn- und Fremdwörter ver-
erbte, behauptet. Genießen wir also die uns darge-
botene Vielfalt, die Varianten und Variationen mit
all ihrem „Glamour".

Die originellen Namen der Frisiersalons sind definitiv ein deutsches Phänomen. Fülle und sprachliche Variabilität vor allem auch der englischen
Bezeichnungen übertreffen bei weitem das Angebot
im sprachlichen *native country*. Das Londoner
„Hair by Fairy" ist, zumal es das von Feenhand
verwöhnte Haar so ausdrucksvoll präsentiert, deshalb besonders erwähnenswert.

SALONS IN GB, EIN REPRÄSENTATIVER „QUERSCHNITT"

Hair Salon	Intrigue Hair Salon
Hair house	Harbour hair
Hair Design	Angel's Hair
Hairlines	Magic fingers
Art of hair	Hair by Fairy
Style Studio	Classic hair cut
Creative hair	The cutting room
Golden Hair Salon	

"Hairfactory" – Wortfeld *hair*

Dt. 'Haar' und engl. *hair* sind einander so verwandt, wie es bei den dadurch bezeichneten Sachen generell üblich ist: ähnlich, aber nicht identisch.

Die Chancen bei der Namenswahl für die sich ansonsten der deutschen Sprache bedienenden Friseure erfahren damit eine beträchtliche Zuwachsrate. Mit *hair* lässt sich zunächst einmal genauso umgehen wie mit 'Haar': Kombinationen mit vorangestellten Adjektiven bieten sich an, auch Wortgruppen mit mehreren Nomen. Danach beginnt das beliebte und immer wieder ergiebige Spiel mit den Komposita, *hair* tritt wie im Deutschen als Grund- oder als Bestimmungswort auf und führt zu den schönsten Ausdrücken, die die Favoriten der deutschen Sprache vor Neid erblassen lassen. Manches lässt sich eben besser, vor allem auch hemmungsloser in der 'Fremdsprache' artikulieren. Orthografisch sind Groß- und Kleinschreibung, Zusammen- und Getrenntschreibung möglich.

Mit „Lady's Hairsalon" fängt es ganz harmlos an, dann schärft das „Hair-Look-Team" seine Scheren, und schon geht es los: „Hair by Hair" oder auch „Hair to Hair" – „Hair total", *you know*. Verhei-

Bel Hair | Lübeck

ßungen im Doppel- oder auch Dreierpack werben um Kunden: „Hair & Flair", „Hair & Soul", „Hair. Beauty. Fashion", jawohl, mit feinem Gespür und ganzer Seele, und um die Schönheit geht es sowieso.

Als Ort des Geschehens bietet sich, ganz bescheiden, die „Hair Box" an, mit größeren Ausmaßen punkten „Hairloft", „Hair Inn", „Hair Palace" mit dem jederzeit willfährigen „Hairbutler", und schließlich ist die „Hair Republic" erreicht, quasi die Vorstufe zum „Planet Hair". Im „Hair-Port"

arbeitet der „Hair-Pirat", endlich vor Anker gegangen und nun dem ehrlichen Handwerk zugeneigt. Dazu nutzt er „Hairspray" und „Hairtie", knüpft Bänder in wilde Locken und besprüht sie mit wind- und wettererprobtem Duftnebel. Genau genommen ist *tie* die Krawatte, die Zusätze *black tie* oder *white tie* auf britischen Einladungskarten diktieren die gewünschte Art der Abendgarderobe – sei's drum, *anything goes*, möglicherweise hatte der Namensgeber ohnedies nur die Ladenkette ähnlichen Namens im Kopf.

Die Kollegin jedenfalls ist die „Hairqueen" und dann gibt es noch die „Hairfriends". In besonders kitzligen Ausnahmesituationen rückt die „Hair Police" an, vielleicht haben wieder die „hairkiller" zugeschlagen … „Hair raising", haarsträubend, *indeed.*

Mysteriös bleibt, was beim „hairdinner" geschieht: Werden hier wirklich Haare verspeist, dem Kunden also, um der Redensart Genüge zu tun, vom Kopf gefressen – und wenn ja, lässt sich dann ein neuer Kopfschmuck im „Hair Outlet" erstehen? Wer fragt, wird schlau, wer sich traut, erlebt sein „Hair Adventure", abenteuerlich wird es bestimmt. Aber

nicht weitersagen: Der Kenner genießt und schweigt, „Hairsecrets", die Geheimnisse rund ums Haar, Fülle, Farbe und sonstige Flausen wollen bewahrt sein.

Bekommt *hair* ein schmückendes Adjektiv vorangestellt, befindet sich das schon erwähnte „Happy hair" bald in bester Gesellschaft. Da locken „Open Hair" und „Crazy Hair", „Magic Hair" und „Sexy Hair", „Blue Hair" und „Pink Hair"; einer Übersetzung bedarf es in keinem dieser Fälle. „Fairhair" eröffnet hingegen ein breites Bedeutungsspektrum: ‚ehrlich' kann es sein, was hier wohl weniger gemeint ist, ‚schön' auch, ‚hübsch', ‚sauber', vor allem aber auch ‚blond'.

Mit einem weiteren Nomen, auch als Kompositum mit dem Grundwort -*hair*, werben „Fantasy Hairs", „Temptation Hair" – eine wahre Versuchung – und „Soulhair". „Hairdream's" erhält sein Pendant mit „Dreamhair", der „Hair artist" kümmert sich um „arthair" und würde die schlichte Übersetzung mit ‚Kunsthaar' wohl als Beleidigung empfinden. Recht hat er, Namenserfindung und Namensverständnis erfordern gleichermaßen sprachliche Sensibilität, angereichert mit einem Spritzer Phantasie. Unter

Hairpirat | Dorsten

Hair raising | Quedlinburg

Hairdreams | Bochum

dieser Voraussetzung erfreuen dann nicht nur „Cult-hair" und „haircult", sondern vor allem „Graffiti Hair" und „Changehair". Das pralle bunte Leben erwartet hier den Kunden, und er antwortet mit der Bereitschaft, die Frisur, wenn auch nicht das Haar zu wechseln.

Die Komposita mit ‚Haar-/-haar' oder *hair-/-hair* sind in der deutschen wie in der englischen Sprache möglich und wurden, wie die Beispielsammlungen zeigen, gern und vielfältig genutzt. Weitere Möglichkeiten ergeben sich durch die phonetische Verwandtschaft des englischen Nomens *hair* mit dem deutschen Präfix oder Adverb ‚her-/-her', bisweilen steht sogar das Nomen ‚Herr' zur Disposition.

Die Besitzerin des Salons „Hairmanns" hat den eigenen Namen genommen und durch einfachen Vokalaustausch den besonderen *sound* erzielt, kleine Ursache, große Wirkung. „Comhair" lautet die Einladung der Kollegin, und ihr Kollege wiederum kontert mit einem herzlichen „Haireinspaziert". Der Salon verspricht „Atmosphair", vielleicht darf es sogar „Spektacoolhair" sein – die Namen sind es ohnedies, weisen sie doch als griechisch- bzw. lateinischstämmige Fremdwörter zusätzliche englische Nuancen semantischer und phonetischer Art auf – Musterbeispiele gelungener sprachlicher Integration aus allen Himmelsrichtungen.

Nach dem Friseurbesuch ist es geboten, das „Vorher Nachhair" abzuschätzen, das Spiegelbild votiert für „Hairliche Zeiten".

In Kassel befindet sich der „Hairkules" – kein Wunder, schließlich ist die Herkulesstatue das weithin sichtbare Wahrzeichen der Stadt. In München residiert unter weißblauem Himmel der „Hairgott", und der Herr über den Wolken freut sich darob. So „Crehairtiv" hat er sich seine Welt gewünscht.

Aber noch nicht genug der Wortspielereien. *Hair* ‚Haar' klingt wie *air* ‚Luft', daraus lässt sich etwas machen. Der „Hairport-Friseur am Flughafen" verdient seinen Namen mit Fug und Recht. „Hairbase" und „Hairforce", Luftstützpunkt und Luftwaffe im ‚wirklichen' Leben, demonstrieren nun den friedlichen Umgang mit Kamm und Schere. Die „Hair-Lines" hingegen schätzen den festen Boden und das „Open Hair" erweckt den Eindruck, die Kundschaft im Freien bearbeiten zu wollen. Schließlich endet die „Hair-O-Mania" im „Madison Hair Garden", der Variante zum Londoner Madison Square Garden, so weit weg und doch so nah, *isn't it marvellous*?

UND NUN GEORDNET, HAIR BY HAIR

Hair Adventure | Dorsten
Hair Affair | Hamburg / München
hair artist | Herten
Hair artistic | Hamburg
Hair Box | Frankfurt/M. / Köln
Hairbutler | Essen
Haircat | Heidelberg u.ö.
HairConnection | Berlin
Hair Contrast | München
haircult | Bottrop
Hair Cut | Herne
Hairdesign | Essen / Haltern u.ö.
Nico's Hairdesign. The power
of hair | Dortmund
hairdinner | Essen
hair divine | Hamburg
Hairdome | Hamburg / Hamm
Hairdream's |
Bochum / Dortmund u.ö.
Hair Express |
Duisburg / Hamm u.ö.

Hairfactory | Duisburg / Essen
Hair Fit | München
Hairflair | Lübeck
hair free | Lübeck
Hairfree | München
Hairfriends | Recklinghausen
Hair Glamour | Lübeck
hairjoy | Lübeck
hairkiller |
Frankfurt/M. / Gelsenkirchen u.ö.
Hair Lady | Duisburg
Hairlight | Frankfurt/M.
Hairloft | Berlin
Hairlounge | Bielefeld
Hair Magic | Bottrop / Duisburg
Hairmasters | Frankfurt/M.
Hairmax | München
Hair Inn | Hamburg
Hair Outlet | Frankfurt/M.
Hair Palace | Frankfurt/M.
hair-passion | Frankfurt/M.

Hair people | München
Hair-Pirat | Dorsten
Hair Police | Hamburg
Hair Point | Herne
Hair Port | Essen / Hamburg
Hair power | Münster
Hairqueen | Bremen
Hair raising | Quedlinburg
Hair Republic | Köln
Hairsecrets | Hamburg
Hairsense | Augsburg
Hair Spirit | München
Hairspray | Köln
Hair Style | Duisburg
Hair-Technology | Köln
Hairtie | Berlin
Hairtime | Düsseldorf / Hamburg
Hair Touch | München
Hair Trend | Hamburg
hairvision |
Gelsenkirchen / Schwerin
Hairway | Hamburg
Hairworks | Essen

New Hair | Augsburg
Top Hair | Herne
Bel-hair | Plön
Belle hair | Frankfurt/M.
Perfect Hair | Oberhausen
Perfectly Hair | Frankfurt/M.
Classic Hair | Berlin
Happy hair | Hamm u.ö.
Fairhair | Essen
Future Hair Design |
Frankfurt/M.
Living Hair | Hamburg
Natural Hair | Oberhausen
Open Hair |
Bremen/ Duisburg u.ö.
Crazy Hair | Prerow / München
Crazy Hair Work | Duisburg
Hip-Hair | Kassel
Rocking Hair | Hamburg
Magic Hair | München
Sexy Hair | Dortmund
Funny Hair | Berlin
Nice Hair | München
Young Hair | Ratingen
Healthy-Hair | Bielefeld
Hair royal | Mülheim

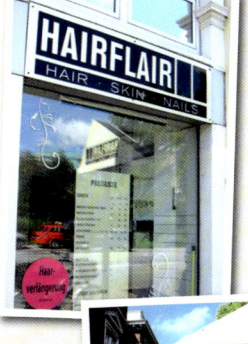

Hairflair | Lübeck

Atmosfhair | Ratingen

Black Hair Salon | Frankfurt/M.
Blue hair | München
Pink Hair | Düsseldorf
Graffiti Hair | Halberstadt

Fun Hair | Berlin
Dreamhair | Kassel
Kult-Hair | Frankfurt/M.
Fantasy Hairs | Bottrop
Planet Hair | Halberstadt / Kassel
Temptation Hair | Köln
Soulhair Haircutter | München
arthair | Frankfurt/M.

velvet hair | München
Trendhair | München
Culthair | Münster
Havana-Hair | München
Changehair | München

Hair & Flair |
Dorsten / Frankfurt/M.
Hair & Soul | München
hair and soul | Essen
Haircut, style and more | Essen
Hair & Beauty Palace | Duisburg
Beauty Hair Shop | Hamm u.ö.

Hair. Beauty. Fashion |
Travemünde
Hair-Look-Team | Herten
Lady's Hairsalon | Datteln
Mainhattan Hair Styles |
Frankfurt/M.
Jewels Art of Hair | Essen
Diamond of Hair | Hamburg
World of Hair | München
Hair by Hair | Waltrop
Hair to Hair | Hamburg
Hair 4 You | Gelsenkirchen /
Münster

art of hair | Paderborn
Pro Hair | Frankfurt/M.
Time for Hair | Frankfurt/M.
New Men's Hair | Oberhausen
All about hair | München
my hair club | Berlin
Viva la Hair | Bremen

GEPFLEGTE WORTSPIELE

Hairmanns | Recklinghausen

Hairport – Friseur am
Flughafen | Bremen

Hairbase | München

Hairforce | Berlin

Hairline |
Gelsenkirchen / Münster

Hair-Lines | Köln

Open Hair | Bremen / Duisburg

Element Hair | Duisburg

Schau Hair | Düsseldorf

Hin & Hair |
Berlin / Oer-Erkenschwick

Comhair | Lüdinghausen

Vorhair – Nachhair | Potsdam

Vorher Nachhair | Bochum

Drumhairum | Bielefeld

Haireinspaziert |
Bielefeld / Düsseldorf u.ö.

Hairlich |
Dortmund / Düsseldorf u.ö.

Hairliche Zeiten |
Oer-Erkenschwick

Hairkules | Kassel

Hair Gott | München

Spektacoolhair | Leipzig

Atmosphair | Potsdam

AtmosfHair | Ratingen

Hair-O-Mania | Köln

Madison Hair Garden |
Wernigerode

Crehairtiv | Bielefeld

Madison Hair Garden |
Wernigerode

"Headhunter" – Wortfeld *head*

Jeder setzt seinen eigenen Kopf durch. Was so im alltäglichen Leben gilt, hat seine Richtigkeit auch unter sprachlichem Aspekt. Lat. *caput*, dt. ‚Kopf', engl. *head*, frz. *tête*; das sind schon deutliche Unterschiede.

Kundschaft, die auf eine lange Tradition zurückweist. *Small talk* begleitet unabdingbar die handwerklichen Verrichtungen. Ein Betrieb, in dem man stumm nebeneinandersitzt und allenfalls das schwache Geräusch des Föhns die Stille durchbricht –

Schönheit ist Ewigkeit,
die sich in einem Spiegel anblickt.

KAHIL GIBRAN

Ahd. *kopf* bedeutete allerdings ursprünglich ‚Becher, Trinkschale', womit die Verwandtschaft zu mlat. *cuppa* ‚Becher' und zu engl. *cup* ‚Tasse' naheliegt.[9] Engl. *head* führt hingegen ein Eigenleben. Dies hat offenbar zur Folge, dass die diesbezüglichen Benennungen von Friseurgeschäften vergleichsweise selten sind, vermutlich fürchtet man den geringen Bekanntheitsgrad des Worts.

Immerhin korrespondieren mit den „Guten Köpfen" die „Talking Heads", vielleicht ein Hinweis auf die gute Kommunikation zwischen Friseur und

einfach undenkbar! Erwartungsfroh richtet sich die Aufmerksamkeit auf die „Head Rocker", die werden schon Stimmung in den „headzoo" – ‚Kopfzoo'? – bringen. Sollte die Szene allzu turbulent geraten, waren unter Umständen die „Headfighter" am Werk.

Um „Kopfgeld" ging es bereits im Bereich der deutschsprachigen Namen, nun machen sich die zugehörigen Jäger an die Arbeit, auch „Headwork" genannt. „Headhunter", ‚Kopfjäger' eben, heißen jedoch „Leute, die vielversprechende (Füh-

HEAD FACTOR®

rungs-)kräfte aus Konkurrenzunternehmen abwerben. Ein entscheidender Fortschritt in der menschlichen Zivilisation. Der Erlegte behält seinen Kopf – wenigstens äußerlich."[10]

Das gilt auch für den tapferen Kunden, der seinen Kopf hingehalten hat. Anderenfalls wäre am nächsten Tag eine „Headline" fällig, eine ‚Schlagzeile' nämlich. *Don't be afraid*, alles wird gut.

"Cut and smile" – Wortfeld *cut*

„Barneys Blick trifft im Spiegel auf den seines Kunden, und er tut sein Bestes, sich nicht anmerken zu lassen, was er bereits weiß, der Kunde jedoch erst noch begreifen muss. Manchmal kann der erste Haarschnitt des Tages katastrophal sein. Ein ungestümes Bemühen, Gutes zu tun, das in einem totalen Desaster endet. Es fängt nicht so an, aber irgendwo wird es zu einer Geschichte des Grauens … Während er darauf achtet, den Blick seines Kunden zu meiden, erwägt er die beiden Optionen, die ein Frisör unter diesen Umständen hat. Eins – weiterschneiden, bis alles gerettet ist und das Haar einigermaßen gleichmäßig aussieht. Zwei – das Haar gründlich nass machen und dann vorgeben, dass der Fön nicht funktioniert, sodass das volle Ausmaß der Verheerung sich dem Kunden erst enthüllt, wenn er an seinem Schreibtisch sitzt, sein Haar getrocknet ist und seine Kollegen einen Mordsspaß haben. Ein Mann, der unter diesen Umständen einen Posten bekleidet, der das Tragen einer Kopfbedeckung erfordert, kann sich glücklich schätzen."[11]

Jede Branche kennt ihre schwarzen Schafe. Der Herrenfriseur Barney Thomson, Protagonist eines englischen Kriminalromans, arbeitet talent- und erfolglos in Glasgow, jederzeit bemüht und jederzeit besessen von einem sehr berechtigten „Widerwillen gegen Ohren"[12]. Die Kunden meiden ihn, aber „ein paar haben sich widerwillig Barneys zitternden Händen ausgeliefert, wofür sie eine Frisur bekommen, die sich bei ihrem eigenen Anblick im Spiegel jedes Mal erschreckt"[13].

Immerhin geschieht der erste Mord – die Tatwaffe ist eine Schere – nicht beim Haareschneiden, sondern beim abendlichen Aufräumen und ist eigentlich ein Unfall. Der zweite Mord, nun ja, eigentlich wieder ein Unfall, wird durch einen Besen ausgelöst. Damit sind die vorab so geschickt agierenden Kollegen aus dem Weg geräumt und Barney erlebt zu seiner Überraschung einen formidablen Karrieresprung. „Furcht und Schrecken" haben die Läuterung gebracht, eine Katharsis (Kat-haar-sis?) der besonderen Art, aus dem ‚Cutter' ist der ‚Coiffeur' geworden.

Das Universal-Wörterbuch der englischen Sprache enthält das Nomen *cut* ‚Schnitt' sowie das gleichlautende Verb *to cut* ‚schneiden', jedoch keinen *cutter*. Den kennt hingegen, abgeleitet vom Englischen, das deutsche Wörterbuch als „Schnittmeister bei Film und Rundfunk"[14], während der aktuell eher weniger getragene ‚Cut' ein „Herrenschoßrock mit vorn stark abgerundeten Schößen"[15] ist, mit ganzem Namen ‚Cutaway' geheißen, was darauf verweist, dass das edle Kleidungsstück einiges an textiler Quantität einbüßen musste.

Zum ‚Cut' dann also der neue Schnitt, der *cut*. Der Bedeutungsspielraum umgreift auch ‚Hieb, Stich, Schnittwunde': Hier wäre wohl der Bogen zu Mr. Barney zu schlagen, gewiss aber nicht zum „Herzblut-Cutter"; denn der versteht sich mit großer Wahrscheinlichkeit nicht als ‚Herzschnittmacher', sondern geht seiner Arbeit mit Herzblut, und zwar dem eigenen, nach. „Cutter", „Cutting Crew" und „Cutman" – sie alle sind liebenswürdige Friseure, unvergleichlich der rabiaten Romanfigur mit den zwei linken Händen. Letzterer, nach dem Vorbild der bekannten Comicfigur, „rettet die Welt vor schlechten Frisuren". Wie der „Cut Club Eleven" – fast alle Dienstleistungen kosten 11,00 Euro – begnügt er sich deshalb mit solidarisch günstigen Preisen.

Dabei ist das zugrundeliegende Wort durchaus auffällig. In seiner extremen Kürze, mit hartem An- und Auslaut und dem dunklen Vokal in der Mitte hat es etwas Explosives, deutlicher noch als die deutsche Parallele ‚Schnitt'. Wenn dann ein Frisiersalon den schneidigen Namen „Cut ab" trägt, führt

Cutman | Potsdam

Cut Club | Ratingen

Doch genug der düsteren Phantasien. Sobald dem Nomen *cut* ein Adjektiv oder ein Bestimmungswort geschenkt wird, erstrahlt die Szenerie im Glanz der Harmlosigkeit – wenn wir einmal vom „Mad Cut", dem ,verrückten Schnitt' absehen. „Wild Cut's", jawohl, mit Apostroph, werden angefertigt, und wer es behutsamer mag, präferiert den „Golden Cut" oder den „Simple Cut". Nebenbei empfiehlt sich der „Show Cut", und „Mirror Cut" meint zweifellos, dass der Schnitt vor dem Spiegel vor sich geht, ohne dass dieser zu Scherben zerfällt. Dafür bürgt „Miss Cutty" mit ihrem guten Namen!

Großen Zuspruchs erfreuen sich auch die Doppelformen, in denen dem Nomen ein zweites Nomen, dem identischen Verb ein zweites Verb zugesellt werden, aus der Kombination wird auf diese Weise eine Empfehlung oder gar ein beachtenswerter Imperativ.

„Cut & Colours" lautet also, völlig unmissverständlich, die Inschrift über der Eingangstür, oder „Cut & Wave": Schnitt und Farbe, Schnitt und (Dauer-)Welle, das passt schon. Aber „Cut & Go"? Der eine schneidet, der andere geht, die Aktivitäten

die geradezu militärische Schärfe eben doch zur Vorstellung eines „gemetzelten Kopfes" in der Art „einer von Barneys Eineinviertelstunden-,Flammendes Inferno'-Frisuren"[16], nach deren Erhalt mehr Haarsträhnen den Fußboden als den Kopf bedecken.

Dazu passt der „Final Cut", die Endgültigkeit wirkt erschreckend. Gab es da nicht das Lied „vom Schnitter, heißt der Tod"? „Heut wetzt er das Messer, / Es schneid't schon viel besser. / Bald wird er drein schneiden, / Wir müssen's erleiden …"[17]

sind möglichst einseitig auf Akteur und Kundschaft verteilt. So muss auch „Cut & Comeback" verstanden werden und „Cut & „Cash" sowieso, oder sollte etwa der Friseur für seinen Schnitt selbst zahlen müssen? Dass der Appell sich in einer Formel an unterschiedliche Adressaten richtet, mag grammatisch wenig überzeugend sein, sollte aber die gute Laune nicht trüben. Für letztere sorgt ohnedies der Betrieb „Cut & Smile" – lächeln dürfen doch alle, Friseur und Kunden gleichermaßen.

Für den krönenden Abschluss sorgen auch diesmal die Wortspiele. Der „Cutwalk" ist aus dem „Catwalk" hervorgegangen, durch den Austausch eines einzigen Vokals hat sich der ‚Laufsteg' zum ‚Spaziergang mit Haarschnitt' gemausert. Das ist einfach „Delicut"! Delikat ist vor allem, dass die Eigentümer ihren Salon mit einer Werbefahne zieren, die den Begriff ‚Friseur' in allen, nun ja, vielen Sprachen wiedergibt.

Auch die griechische Vorsilbe *kath-* lässt sich nutzen, wonach der nächste Gang zum Haareschneiden in die „Cutedrale" führt – mit der Hoffnung im Herzen, dass das Ergebnis nicht allzu „Cut-Haar-strophal" ausfällt.

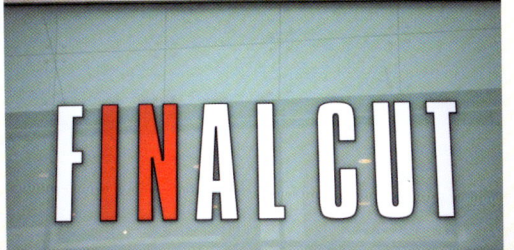

TO CUT, CUT, CUT – IMMER DER REIHE NACH

Cutman Friseur | Potsdam
Cutters | Hamburg / Köln
Cutting Crew | Augsburg / Gelsenkirchen
Cut Club Eleven | Ratingen
Cut House | Hamburg

Cut Station | Hamburg
Cut ab | Recklinghausen
Cut 4 you | Hamburg
Cut for Friends | Hamburg
Look cut. Wir wollen Ihren Kopf | Essen

Hair Cut | Herne
Simple Cut | Düsseldorf
Purecut | Hamburg
Extra Cut | Kassel
Super Cut | Duisburg / Hamm
Trend Cut | Bottrop
show cut | Lübeck
charisma cut | Lübeck
Mad cut | Schwerin
Wild Cut's | Herne
Funkycut | Leipzig
Homecut | Herne
Mirrorcut | Köln
Golden Cut | Bremen
Golden Cuts | Hamburg
Final Cut | Essen
Herzblut-Cutter | Berlin
Miss Cutty | Kassel
IQ-Cut | Hamburg
XL-Cut | Hamburg
Cut-X | Berlin

Cut & Go | Berlin
Cut & Walk | Frankfurt/M.
Cut & Comeback | Berlin
Cut & Cash | Plön
Cut & Finish | Hamburg
Cut & Colours |
Hamburg / Lübeck
Sister's Cut & Colour |
Recklinghausen
Cut & Wave | Hamburg
cut & care family | Potsdam
Cut & Cure | Frankfurt/M.
Cut & Smile | Dortmund

Delicut | Berlin
Cutedrale | Frankfurt/M.
Cutwalk | Hamburg
Cut-Haar-strophal | Essen

Delicut | Berlin

"Friseur-Factory" – Denglisch, *of course*

Englisch gestylt, auf Deutsch gebürstet: Auch viele der englischsprachig anmutenden Wörter müssten eigentlich als ‚denglisch' kategorisiert werden. Nur ein Teil der zu Namen von Friseurläden gewordenen Wörter und Wortverbindungen genügt wirklich den Normen der Herkunftssprache.

Die hier angefügte Sammlung beinhaltet Begriffe mit sehr ersichtlichen Verbindungen aus beiden Sprachen. Die zuvor schon thematisierten Wortspiele gehören zu erheblichen Anteilen auch dazu, werden aber natürlich nicht noch einmal in Gänze aufgeführt, lediglich zur Illustration der schönen Möglichkeiten wurden Wiederholungen zugelassen.

Kamm Back | Witten

Kopfart | Lübeck

Friseur Factory |
Essen

Vorher – Nachhair | Bochum

Hin & Hair |
Oer-Erkenschwick

Showfriseur |
Lübeck

BITTE SCHÖN, FOR EXAMPLE

Friseur-Factory | Essen
Friseur for You | Bottrop
Haar Shop | Herne / Münster
Haarmen | Bremen
Haar Society | Bielefeld
Haar Core | Berlin
Modern Salon | Hagen
Haardline Hair Style | Münster
Hair-Pirat | Dorsten
Hairothek Gerd | Düsseldorf
Hair & Mehr | Halberstadt

Hairliche Zeiten |
Oer-Erkenschwick

Hin & Hair |
Berlin / Oer-Erkenschwick
Comhair | Lüdinghausen
Schau Hair | Düsseldorf
Vorhair – Nachhair | Potsdam
Kamm in |
Dortmund / Frankfurt/M. u.ö.
Kamm Back | Witten

Cut ab | Recklinghausen
Herzblut-Cutter | Berlin
Fairschnitt | Berlin
Kopfart | Lübeck

FriSir | Bremen
Freeseur | Leipzig

„Welt der Frisuren"

„La facon" – Französischer Chic im Salon

Ohne Frankreich gäbe es keine ‚Friseure', auch keinen ‚Salon'. Schon die Wörter bezeugen die Übermacht der französischen Kultur seit dem 17./18. Jahrhundert. Als die deutschen ‚Haarmacher' den Vorbildern folgten, übernahmen sie den Begriff für die ‚Werkstatt' und entwickelten den Namen für den ‚Handwerker' ganz im Sinne der fremden Sprache. Der französische Friseur allerdings heißt weiterhin *coiffeur*, seine Kollegin *coiffeuse*, ihr Betrieb ist der *salon de coiffure*.

Wenn aus Frankreich der *dernier cri* erschallte, war es ratsam, ihn aufzunehmen und gleichsam echoartig zu verarbeiten, wollte man als *moderne* anerkannt werden. Als der Sonnenkönig Ludwig XIV. 1661 die Regierungsgeschäfte übernimmt, beginnt die französische Mode ihren Siegeszug. In Windeseile verbreiten sich französische Sitten – die guten ‚Manieren' –, Sprache, Kleidung und Haartracht über die Landesgrenzen hinweg. Monsieur Champagne wird der erste Damenfriseur am Pariser Hof[1], und dass man noch heute seinen Namen kennt, kann nur ein Symptom seiner Verdienste sein. Des Weiteren ist Legros de Rumigny zu nennen; der Friseur von Madame Pompadour begründet um 1760 die „Académie des Coeffures", wo er seine Kreationen an Schaupuppen und Zeichnungen demonstriert. Seine Bücher finden reißenden Absatz und erscheinen in ständig neuen Auflagen[2].

Danach folgen immer wieder Modefriseure von hohem Ansehen und großer Akzeptanz. Nach dem Zweiten Weltkrieg kreiert der geniale Monsieur Guillaume in Paris die neuen Linien, hochtoupierte Frisuren, begünstigt durch das inzwischen entwickelte Haarspray[3]. In den 60er Jahren avanciert dann London zur Trendmonopole. Mit der Musik der Beatles erobern auch ihre ‚Pilzköpfe' die Welt, und bald ist es der Londoner Starfriseur Vidal Sassoon, der mit seinen präzisen Schnitten für lange Zeit den Ton angibt.

Eine solche Erfolgsgeschichte muss in den Frisiersalons ihre Spuren hinterlassen. So treten erwartungsgemäß französische Namen auf, freilich, gemessen an den englischen, in deutlich geringerer Anzahl. Den Friseuren, so sprachgewandt und erfindungsreich sie auch sein mögen, bleibt nichts anderes übrig, als sich auf die mutmaßlichen Fremdsprachenkenntnisse ihrer Kunden einzustellen. Haarscharf kalkuliert, bedeutet das, dass nur ein vergleichsweise geringer Teil der schnitt- und färbewilligen Bevölkerung des Französischen mächtig ist, während Grundkenntnisse der englischen Sprache unabdingbare Voraussetzung für den Umgang mit Genussmitteln, Textilien und Kosmetika sind, vom technischen *know how* ganz zu schweigen.

Freilich gibt es auch französische Vokabeln im Rang eines sprachlichen Weltkulturerbes. Aufschriften wie „Bel Hair" – im französisch-englischen Wortverbund – oder „Charmant" – daneben existiert die orthografisch auffällige Variante „chaarmand coiffeur" – erschließen sich durchaus dem flüchtigen Blick des Passanten, der seinen Namen doch auch dem Französischen verdankt, ohne dass es ihm ständig bewusst sein muss. Sicher wird er hingegen „Le Chic" und „Flair" einordnen können, „Le salon" sowieso.

Schwieriger wird es bei Namen, die bereits, wenn auch begrenzte, fachsprachliche Kenntnisse verlangen. „La facon" (‚Die Form') heißt es da über der Ladentür oder „La Coupe" (‚Der Schnitt'), übrigens auch variiert zu „Le Coup" (‚Der Schlag, Stich, Stoß, Knall'), entweder ein treffliches Wortspiel des zugehörigen Coiffeurs oder das Ergebnis eines allzu laschen Umgangs mit dem *dictionnaire*. Andere Benennungen gelten dem Arbeitsfeld – „La Tete" (‚Der Kopf') –, dem Arbeitsbereich – „cheveux" (‚Haare'), „La mèche" (‚Die Strähne') –, der speziellen Haartracht – „die papillote". Letztere war der *dernier cri* der Biedermeierzeit, die regelmäßige Korkenzieherlocke von natürlichem Aussehen, zur Spitze hin auslaufend. Schon in der zweiten Hälfte des 17. Jahrhunderts waren Papilloten – der Begriff gilt der Locke wie dem Lockenwickler – *en vogue* gewesen. Der Frau, damals in der Rolle des höfischen Luxusobjekts, wurde das Haar „durch hunderte Papilloten natürlich gekräuselt, so daß sie wie ein kleiner, runder Kohlkopf aussieht"[4]. Vor der Erfindung der Dauerwelle erzeugte man mit einem erhitzten Eisen die beliebte Schneckenform – Brandwunden waren dabei nicht auszuschließen –, nun verhelfen Clips und vertikal anzusetzende Hohlwickler einer gefahrenfreien Methode zum Erfolg.[5]

Wer seinen Betrieb „Avant Garde" betitelt, gehört wahrscheinlich dazu, zu den ‚Vorkämpfern einer neuen Idee‘, einer neuen Mode nämlich; die ursprüngliche Bedeutung ‚Vorhut einer Streitmacht‘ ist längst durch das Voranschreiten auf künstlerischem Sektor abgelöst. An den legendären ‚Sonnenkönig‘ erinnert „Le Roi Soleil", „Papillon" verhilft zu Schmetterlingen, wenn auch nicht im Bauch, so auf dem Kopf, und „Solitaire" soll keineswegs an ‚Einsamkeit‘ gemahnen – dafür ist der Salon auch viel zu gut besucht –, sondern assoziiert, passend zur neuen *façon* den Ring am Finger mit dem kostbaren Edelstein, der, allein gefasst, konkurrenzlos vor sich hin glitzert, bis ihm möglicherweise der Glanz der neuen Haarpracht den Rang abläuft. „La Mirage" wäre die Antwort darauf, wahrlich ein ‚Wunder‘.

Und wo liegt der Friseursalon, der solchermaßen Erstaunen hervorruft? Als geeigneter Ort empfiehlt sich das „Bel étage". Für die Einordnung dieses Namens sind kunst- und kulturhistorische Kenntnisse zumindest hilfreich, zumal der Begriff nicht im französischen Wörterbuch steht, sondern als französisch anmutendes Wort für die Architektur der Gründerzeit geprägt wurde. Gemeint ist damit

*Jeder Mensch
trägt einen Zauber
im Gesicht.
Irgendeinem gefällt er.*

FRIEDRICH HEBBEL

das bevorzugte Geschoss eines großbürgerlichen Wohnhauses, in der Regel das erste Obergeschoss, mit Balkons, Erkern und erlesenem Stuckdekor. Darüber hatten schon die italienischen *palazzi* der Renaissance verfügt, deren Baumeister dafür den Begriff *piano nobile* prägten. Ihre Nachfahren imitierten die architektonischen Einfälle und erfanden dazu den neuen, so elegant französisch anmutenden Namen.

Auch im französischsprachigen Bereich führt das Spiel mit den Wörtern zu originellen Namensschöpfungen. „Le Figaro" kommt scheinbar unauffällig, mehr ein- als zweideutig daher, bis dem reflektierenden Kunden einfällt, dass hier nicht der schwatzhafte Barbier, sondern in der Kombination von französischem Artikel und italienischem Namen die populäre französische Zeitung gemeint ist.

Ganz ohne Denken geht es auch bei dem Salon „Schick-Saal" nicht. Das Schicksa(a)l oder der Schick-Saal, *c'est la question*, und doch liegt die Lösung so nahe: Ohne jeden Zweifel handelt es sich hier um einen Raum, in dem Menschen *chic* gemacht werden, was man ebenso unwiderlegbar als ein günstiges Schicksal auffassen und dankbar akzeptieren darf.

Schick-Saal | Potsdam

NUN NOCH EINMAL DER REIHE NACH, L'UN APRÈS L'AUTRE

Le salon | Düsseldorf

Monsieur franc salon privé | Berlin

Salon Boheme | Eutin

Le Figaro | Gelsenkirchen

Belle Hair | Dortmund

Bel Hair | Plön

Le Chic | Hamburg

Schick-Saal | Potsdam

Schicksaal | Bielefeld

cici | Dortmund

Flair | Halberstadt / Leipzig u.ö.

Charmant | Leipzig / Wernigerode

chaarmand coiffeur | Augsburg

Caprice | München

La facon | Bottrop / Gelsenkirchen

La Coupe | Münster

La Coupe Moderne | Bremen

Le Coup | München

cheveux | Hamburg

La Tete | Hamburg / Heidelberg

La mèche | Bremen / Kassel

die papillote | Hamm / Münster u.ö.

Avant Garde | Bielefeld / Hamburg

Déjà vu | Duisburg

Bel étage | Frankfurt / München

La Mirage | Bremen

La Vie | Berlin

Les sens | Iserlohn / Münster

Solitaire | Frankfurt/M.

Le petit | Hamburg / Heidelberg

Pierrot | München

Papillon | Berlin

Le Roi Soleil | Frankfurt/M.

„Figaro" – Italienische Momente, spanisch angereichert

„Beim Fegen wirft er einen besorgten Blick auf seine Kollegen, die emsig damit beschäftigt sind, den klassischen Figaro zu geben, das heißt, Haare zu schneiden und dabei den eifrigen Zuhörern unter ihnen die Ohren vollzuquatschen."[6]

So sieht Barney die Situation in seinem Herrensalon in Glasgow, und sein Kollege, der Münchner Starfriseur, konstatiert, den Qualitätsunterschieden von Betrieben und Betreibern zum Trotz, in ähnlicher Weise: „Der Frisörsalon ist der Ort, an dem Menschen ihre Geheimnisse ausplaudern", weshalb er auch als „Gerüchteküche" apostrophiert wird.[7] Hier residiert der Friseur, der Schere und *small talk* gleichermaßen meisterhaft beherrscht und souverän über Interna des Hochadels, Schulprobleme und Bundesliga-Tabellen zu plaudern weiß.

Schon im fünften vorchristlichen Jahrhundert waren griechische Barbiere als besonders neugierig und geschwätzig bekannt, verwegen im Umgang mit Neuigkeiten, die Zunge so scharf wie das Rasiermesser. Zweihundert Jahre später fungierten auch die römischen Barbierstuben als Nachrichtenbörse, und die Nachwelt tut es ihnen gleich.

Sie alle aber müssen sich an Figaro messen, dem legendären Barbier von Sevilla. Der französische Schriftsteller Beaumarchais hat ihn 1775 erfunden, nach dem Libretto von Cesare Sterbini brachte Gioacchino Rossini 1816 den „Barbier von Sevilla" auf die Opernbühne. Zuvor hatte bereits Mozart „Die Hochzeit des Figaro" nach dem Libretto von Lorenzo da Ponte komponiert; der eigentlich zweite Teil der Gesamthandlung kam 1786, also rund dreißig Jahre vor dem ersten, zur Uraufführung. Seitdem inspiriert ein kleiner spanischer Haarkünstler mit besonderen Begabungen die Welt der Friseure, und obgleich ‚Figaro' nur ein gut erfundener Vorname für eine Bühnenfigur ist, gilt er als Synonym für den Friseur, gerne auch für den italienischen; da hat sich die Überlieferung mit italienischen Texten und italienisch gesungenen Opernarien durchgesetzt.

In der zum Ohrwurm avancierten Auftritts-Kavatine bezeichnet sich Figaro als das „Faktotum der schönen Welt", ausgezeichnet durch reiche Erfahrungen im Umgang mit Menschen jeglicher Art, Meister der Intrige, Drahtzieher bei komplizierten Liebesgeschichten. Gut gefüllte Geldbörsen bewegen ihn zur Mithilfe bei Heiratsprojekten, sein Re-

Figaro | Dorsten

Im wirklichen Leben ist der italienische Friseur der *parrucchiere*, sein spanischer Kollege der *peluquero*. Das sind unbekannte Wörter, die sich für eine Werbung nicht so recht eignen. Also nennen sich Friseure mit italienischen Wurzeln gerne „Barbiere", auch wenn sie nur selten den Rasierpinsel schwingen und Damen wie Herren von ihrer Handwerkskunst überzeugen.

Ihren Kunden rufen sie anschließend ein „Ciao Belli" nach, im Vertrauen darauf, dass Italien-Urlaube zu rudimentären Sprachkenntnissen geführt haben. „Bellissimo" versteht doch jeder, zu der klangvollen Alliteration „fine e forte" lässt sich Schönes assoziieren. Und „Picobello"? Was so wunderbar italienisch klingt, ist wieder einmal ein Kunstwort, eine in den 60er Jahren mit dem beginnenden Italien-Tourismus entwickelte scheinbare Übersetzung von ‚piekfein' in die Sprache der *gondolieri* und ihrer *canzoni*, unter Verwendung von ndt. *pük* ‚fein, auserlesen'[8]. Als Name für einen Frisiersalon eignet sich das Wort allemal, auf gute Resonanz dürften auch waschechte Begriffe wie „La Siesta" und „La Dolce Vita" stoßen.

nommee bürgt für Erfolg. Der Alleskönner bearbeitet Köpfe und Bärte, wozu er auch, mit umgehängter Gitarre, seine Arien schmettert, trägt die ihm zugesteckten Briefchen umher und diagnostiziert auch mal das Gelbe Fieber, wenn es die Situation erfordert.

Platz dem Faktotum dieser Stadt.
Schnell zum Laden, der Morgen ist da.
Ah, wie schön zu leben,
welch schönes Vergnügen
für einen Barbier von Qualität.
Ah bravo, Figaro –
Bravo, bravissimo,
Allerglücklichster in der Tat.
Bereit alles zu tun,
bei Nacht und bei Tag
immer und überall unterwegs.
Ein besseres Schlaraffenland
für einen Barbier,
ein nobleres Leben,
nein, das gibt es nicht!
Rasieren und frisieren,
Pinzette und Schere,
an meinen Befehl
halten sich alle.
Außerdem ist da die Möglichkeit
des Gewerbes
mit dem Dämchen …
mit dem Kavalier …

Ah, wie schön zu leben …
Alle fragen mich,
alle verlangen mich,
Damen, junge Kerle,
Alte, junge Mädchen:
Hier die Perücke …
Schnell den Bart.
Hier ein Blutegel …
Schnell ein Briefchen.
Figaro … Figaro …
Ach, welche Hast!
Ach, welches Gedränge.
Eine nach der anderen,
um Gotteswillen!
He … Figaro … Ich bin da.
Figaro hier, Figaro dort,
Figaro oben, Figaro unten.
Schnell, schneller bin ich als der Blitz:
Ich bin das Faktotum dieser Stadt.
Ah bravo Figaro!
Bravo, bravissimo,
dir wird es an Glück nicht mangeln.

Ah, welch schönes Leben!
Wenig ermüdend, genug unterhaltend,
und immer in der Hosentasche etwas
Geld zu haben,
die reiche Frucht meiner Reputation.
Das ist's: Ohne Figaro verheiratet
sich kein junges Mädchen in Sevilla;
zu mir kehrt die Witwe zurück wegen
eines Ehemanns: Während des Tages
mit der Ausrede des Kammes, während
der Nacht mit der Gunst der Gitarre,
zu allen ganz ehrlich, ohne groß
darüber zu reden, habe ich Geschick,
mich beliebt zu machen.
Oh, welch Leben, welch Leben! Oh,
welch Gewerbe!
Auf denn schnell zum Laden.

CESARE STERBINI, DER BARBIER VON SEVILLA,
KAVATINE UND REZITATIV AUS DEM 1. AKT. DEUTSCHE
ÜBERSETZUNG DES LIBRETTOS VON NORBERT KLEIN.
TEXTAUSGABE DES MUSIKTHEATERS IM REVIER,
PROGRAMMHEFT NR. 56 (1994/95), S. 26F.

Picobello| Dorsten

Barbier von Sevilla | Frankfurt/M.

lui e lei | Frankfurt/M.

Umfassendere Sprachkenntnisse setzen „Capelli" (‚Haare') und „il taglio" (‚Der Schnitt') voraus. Unter den geschickten Händen der Saloninhaber gedeihen die „Belli capelli" auf das Schönste, „Bellissimo" sozusagen. Folgerichtig ertönt schließlich das „Da capo", die Bitte um Wiederholung. Der Opern-Figaro würde dann nach begeistertem Applaus seine Arie noch einmal singen, der ‚wirkliche' Figaro wird sich bis zur Rückkehr seines Kunden nach drei, vier Wochen gedulden müssen. Aber er kommt wieder: *A presto!*

Da capo? Beileibe keine Wiederholung, aber eine Zugabe ist noch fällig. Auch die wenigen aus der spanischen Sprache hergeleiteten Bezeichnungen verdienen einen kleinen, aber feinen Auftritt.

Auf den Herkunftsort des Figaro weist der „Salon Garcia-Der Barbier von Sevilla" zurück. Die Inhaber der „Casa de Pelo" (‚Haus des Haares') vertrauen auf das Quäntchen Phantasie, das Kunden ‚Fell' oder ‚Pelle' konnotieren lässt; die phonetische Ähnlichkeit vermag zu helfen, wenn echte Verwandtschaft in Frage steht.

Barbiere Gino | Herten

„Viva la Hair" ist hingegen problemlos zu verstehen. Bliebe noch „La Ola". Vor allem die Liebhaber großer *events* schätzen die „Publikumswelle, die erstmals anläßlich der Fußballweltmeisterschaft 1986 in Mexiko durch die dortigen Stadien schwappte", ist sie doch „ein softes Mittel der Selbstbeweihräucherung der Zuschauer und für die eifrigen Kommentatoren, die gern eine fröhliche Stimmung vermitteln wollen, der Gradmesser für die Begeisterung der Massen"[9]. Für des Friseurs ureigene Leistung, die Dauer- oder Wasserwelle, müsste eigentlich *ondulación* stehen, aber warum sollte ihm nicht auch die Welle der Begeisterung gehören?

il taglio | Berlin

ITALIENISCHE NAMEN VON FRISEURSALONS

Der Barbier | Oberhausen

die barbiere | Dortmund

Barbiere Gino | Herten

Der Altstadtbarbier | Lübeck

Figaro | Dorsten

Le Figaro | Gelsenkirchen

Oberräder Frisierstubb

Lui & Lei | Frankfurt/M.

Creazione di Leo | Bielefeld

Il Capello |
Oberhausen / München

Capelli | Fulda / München

Belli capelli | Dortmund

L'Arte dei Capelli | Frankfurt/M.

Capelli d'Arte | Münster

Arte e capelli | Köln

La linea | Dortmund

il taglio | Berlin

La Classica Donna | Gladbeck

Donna Locke | Lübeck

Stile italiano | Paderborn

Bellissima | Datteln

Bellissimo | Berlin

Belleza latina | Frankfurt

picobello |
Bielefeld / Dorsten u.ö.

Piocco Bello | Duisburg

Ciao Belli | Paderborn

fine e forte | Köln

La Siesta | Berlin

La Dolce Vita | Berlin

Da Capo | Berlin

SPANISCHE NAMEN VON FRISEURSALONS

Salon Garcia – Der Barbier

von Sevilla | Frankfurt/M.

Casa de Pelo | Marl

La Pelu | Gelsenkirchen

Viva la Hair | Bremen

La Ola | Hamburg

„Novum" – Mit dem Latinum zum Friseur

Probieren, studieren, demonstrieren ... Publikum, Konkurrenz, Disziplin ... extrem, optimal, definitiv ... Wein ... Gaudi ... Dies ist nur eine exemplarische [sic!] Auflistung lateinischer Fremd- und Lehnwörter, die mühelos ins Unendliche fortzuführen wäre und uns gleichzeitig mitteilt: Lateinisch spricht doch jeder, auch ohne es zu wissen.

„Als die Römer frech geworden", durchquerten sie Europa, in Sonderheit die Länder, von denen bisher die Rede war, Germanien inklusive [!], und hinterließen nebst Heerlagern, Wasserleitungen und Straßensystem einen großen Bestand an brauchbaren Wörtern und guten Sitten, schlechte wohl auch, die hier aber nicht weiter zu erörtern sind. Zu den guten Sitten gehörte die Haarpflege. Für die phantasievollen Frisuren waren häufig Perücken und Haarteile vonnöten. Die kunstvollen Gebilde bedurften besonderer Hilfsmittel, reiche Römerinnen streuten sich Goldstaub auf die Haare, um mit blonden Locken zu prunken[10]. Die Römer besaßen nicht nur die entsprechenden Fertigkeiten, sondern auch das zugehörige Fachvokabular. Manches davon überlebte noch lange nach ihrem schändlichen Abzug.

Im germanischen Sprachraum konnte sich das Lateinische nicht als Volkssprache etablieren, anders als in Italien, Spanien und Frankreich, wo die ‚romanischen' Sprachen große Ähnlichkeit zur *lingua latina* aufweisen. Dennoch regulierte [!] die Sprache der vormaligen Kolonialherren [!] die öffentlichen Angelegenheiten und erlaubte die Korrespondenz [!] der Gelehrten über die Landesgrenzen hinweg. Erst allmählich setzte sich auch auf diesen Sektoren [!] die Volkssprache durch; als die modernen Naturwissenschaften an Bedeutung gewannen, reichte das klassische [!] Lateinisch mit Sprachnormen [!] und geregeltem [!] Wortschatz ohnedies nicht mehr aus, um die komplexen [!] Sachverhalte präzise [!] zu kommunizieren [!].

So weit, so gut. Trotzdem lebt die angeblich ‚tote' Sprache weiter, auch in der Nomenklatur [!] der Friseursalons.

Die aufgefundenen Beispiele sind ganz offensichtlich mit Bedacht gewählt. Das „Theatrum" ist problemlos zu erreichen. Der Salon „Novum. Haare" setzt dem Hinweis auf ‚Neues' die deutschsprachige Erläuterung hinzu, damit keine Irritationen [!] aufkommen. Wenn hingegen Betriebe „Capillus"

(‚Haar') heißen, sind Grundkenntnisse der klassischen Sprache hilfreich, mit der Wortschöpfung „Capillusschnitt" hat ein zugleich kultivierter [!] wie gefälliger Salonbetreiber seinen Kunden den Blick in den „Kleinen Stowasser" wohl ersparen wollen.

„Ad hoc" lässt ein gewisses Bedeutungsspektrum [!] zu: ‚überdies, außerdem, hierfür, zu diesem Zweck, sofort'; die zugehörigen Friseure werden dafür gesorgt haben, durch grafisches Dekor [!] Eindeutigkeit zu erzielen. Haben die Interessenten [!] die Sprachschwierigkeiten mit Erfolg überwunden, steht ihnen das „Refugium" offen, ein wahrer ‚Zufluchtsort' vor den Kalamitäten [!] des Alltags. „Carpe diem" heißt es nun, ‚genieße den Tag'! Das Horaz-Zitat, zum ‚geflügelten Wort' geworden, verheißt erholsame Stunden, behutsame Pflege, gut gelaunte Akteure [!] und beschwingte, ob des Resultats [!] beglückte Kunden.

Angesichts des „Vanitas. hair" stellen sich vermutlich andere Assoziationen [!] ein, ‚Vergänglichkeit' wird thematisiert. Der biblische Aufschrei *Vanitas vanitatum, et omnia vanitas* (Pred 1,2), in der Übersetzung in die Formel „Es ist alles eitel" ge-

fasst, hat vor allem zu Zeiten des Dreißigjährigen Kriegs Dichter und Denker aufgerüttelt, so dass sie ihren Lesern die „Vergänglichkeit der Schönheit" vor Augen führen konnten: „Das Haar, das itzund kann des Goldes Glanz erreichen, / Tilgt endlich Tag und Jahr als ein gemeines Band."[11] Wahrlich keine schönen Aussichten! Die begrenzte Lebensdauer des Haares ist bekannt, aber es wächst ja wieder, zumindest in den meisten Fällen. Es steht also zu hoffen, dass der sprachkundige Salonbesitzer mit der Namenswahl Warnung und Verheißung in einem Wort fassen wollte. Alles nicht so schlimm! Zum *horror vacui* sollte es beileibe nicht kommen, schlimmstenfalls hilft das Bekenntnis zur Glatze.

Bis es soweit ist, empfiehlt sich das „Calamistrum". Dieser Name stellt sogar Altphilologen vor Probleme, handelt es sich dabei doch um einen ausgemachten Fachbegriff. Die gepflegte Römerin ließ die Locken ihres Haars oder der Perücke mit einem Brenneisen kräuseln. Die Strähnen wurden spiralförmig über einen Hohlkörper gerollt, in den ein erhitzter Stab eingeführt wurde.[12] Nach dem Erkalten des Calamistrums durfte sich die unerschrockene *domina* [!!] eine Zeitlang ihres Lockenschmucks erfreuen. *Tempus fugit*, heutige Locken-stäbe schonen Haar und Trägerin, aber die Methode hat sich so bewährt, dass sie zwei Jahr-tausende überdauerte. So viel zum Thema Ver-gänglichkeit …

NOMINA LATINA, EX ORDINE COLLECTA

Capillus	Hamburg	Ad hoc	Heidelberg
Capillusschnitt	Paderborn	Refugium	Berlin
Pierette res capillorum	Berlin	Theatrum	Frankfurt/M.
Calamistrum	Berlin	Carpe diem	
Novum. Haare	Düsseldorf	Berlin / Bottrop u.ö.
	Vanitas. hair	München

theatrum | Frankfurt/M.

„Mein wunderbarer Waschsalon" – Frisuren, Werkzeug, Pflegemittel

„Es ist ein kleiner Laden. Auf der einen Seite vier nebeneinander stehende Stühle vor einer Reihe von Spiegeln, auf der anderen eine lange gepolsterte Bank, auf der die Kunden ihr Schicksal erwarten."[1] So beschreibt der schon mehrfach zitierte fiktive Friseur Barney seine Arbeitsstätte, mitsamt dem nachgestellten Attributsatz wenig anheimelnd. Dann gibt es noch „eine kleine Nische, die dem Laden einen ansatzweise L-förmigen Grundriss gibt, mit einem fünften Stuhl, an dem seit dem großen Ansturm in den späten 70ern nicht mehr frisiert worden ist."[2] Kein Wunder, ab und zu bedarf auch ein Salon der Renovierung, benötigt neue Farben und einen moderneren Zuschnitt.

Schon die öffentlichen Barbierstuben der Antike gingen mit gutem Beispiel voran und erfreuten ihre Kunden mit luxuriöser Ausstattung. Seitdem haben sich nicht nur die Frisuren, sondern auch die Friseursalons vielfach verändert, ihre **Innenausstattung** spiegelt den jeweiligen Zeitgeist. Mal entsteht „eine Art Technolandschaft" und vermittelt den Eindruck, „als sei das Friseurhandwerk eine wissenschaftlich medizinische Angelegenheit, bei der die Kunden wie Patienten im Wartezimmer darauf warten, zur Behandlung aufgerufen zu werden"[3], mal dominiert eine eher „intime und persönliche Note", so dass „die Atmosphäre ... ein wenig der in früheren Barbiersalons gleicht"[4].

Der Münchner Modefriseur Tomas Prinz, fiktiv wie der zunächst erfolglose Barney, bevorzugt den eleganten Stil. „Alles ist hell, fast minimalistisch", mit indirekter Beleuchtung – „Das schmeichelt dem Teint." – und „Waschbecken mit Liegesesseln"[5]. Regale mit Trophäen vom Schaufrisieren bezeugen die Fähigkeiten des Starfriseurs, der seine prominenten Kundinnen mit großzügiger Raumgestaltung beeindruckt: Da gibt es Mischpulte für die Haarfarben, gesonderte Bereiche für die unterschiedlichen

Dienstleistungen, das kühle Büro im Souterrain, die Schulungsräume vor der Sonnenterrasse.

Im ‚wahren Leben' sind der Phantasie des Salonbetreibers keine Grenzen gesetzt, sofern er über die Mittel verfügt, ihr nachzugeben. Stylisch oder plüschig, schwarz-weiß oder expressiv farbig – alles ist möglich. Und statt furchterregender Ausgaben für Innenarchitekten und Handwerkerkolonnen verhelfen originelle Einfälle zum gewünschten Erfolg. Ausgemusterte Kinosessel statt langweiliger ‚Behandlungsstühle' zum Beispiel oder Teams in pludrigen Haremshosen, die die funktionalen alten Kittel endgültig der Vergangenheit angehören lassen. Der exklusive Kaffeeautomat gehört ganz selbstverständlich zum Inventar, bisweilen erweitern Kuchentheken, kosmetische Angebote, ausgefallene Textilien und Accessoires das Angebot.

Der Name „made in kitchen" irritiert zunächst einmal, erheischt die Aufmerksamkeit der Passanten, die wohl auch den ergänzenden Begriff „haircondition" kopfschüttelnd wahrnehmen. Der Blick durch die Fensterscheibe zeigt sodann Küchenmöbel aus Großmutters Zeiten, die liebevoll in die Haarwerkstatt integriert sind.

Eine ganz andere Ausstrahlung besitzt der Barber-Shop eines bekennenden USA-Fans. Am Rande des Ruhrgebiets bereits in der vierten Generation als Friseur tätig, hat er versucht, seinem Betrieb einen unverkennbar eigenen Stil zu verleihen: Das Ergebnis ist sehenswert, bevor noch mit gehörigem „Schnipp-Schnapp" dem Namen des Salons Genüge getan wird. Kunden, die dem Harley-David-son-Kult huldigen, fühlen sich hier besonders wohl. Fast alle Einrichtungsgegenstände, häufig

Mein Laden ... ist nicht zu verfehlen.
Gebt Acht ... da ist er!
Nummer fünfzehn, linker Hand,
vier Stufen, weiße Fassade,
fünf Perücken im Schaufenster,
darüber ein Schild „Feine Pomade",
ausgeführt in Blau nach der heutigen
Mode.
Da ist als Zeichen eine Laterne ...
Ohne Probleme findet ihr mich.

CESARE STERBINE, DER BARBIER VON SEVILLA, DUETT AUS DEM 1. AKT.
DEUTSCHE ÜBERSETZUNG DES LIBRETTOS VON NORBERT KLEIN.
TEXTAUSGABE DES MUSIKTHEATERS IM REVIER, PROGRAMMHEFT NR. 56 (1994/95), S. 39F.

Souvenirs von zahlreichen USA-Reisen, haben ihre je eigene Geschichte; dass dazu Haarwasser und andere Pflegemittel aus den 50er Jahren verabreicht werden, erhöht die Authentizität. Natürlich passt auch das Emblem im Rockabilly-Look mit dem hochtoupierten Totenkopf, umgeben von Kamm und Schere, denen der Zahn der Zeit offensichtlich schon recht nachdrücklich zugesetzt hat[6]. „Real guys go to Barbershop, all other in salon's",

heißt die Devise, die der umtriebige Eigentümer gleich doppelt erfüllt: Zum einen mit dem für manche Kleinstädter gewöhnungsbedürftigen Barber-Shop, zum anderen mit dem Salon „Wellenreiter", in dem Einrichtung wie Personal sich den eher konventionellen Kunden zuwenden. Der Name des aus der Familientradition erwachsenen Betriebs bezieht sich hingegen nicht nur auf die zur Erzeugung kunstvoller Locken notwendige Klammer, sondern assoziiert gleichzeitig die Abfolge von Moden und Stilen, die den Wellen des Meeres gleich dahin rollen, kommen und vergehen.

„Mein wunderbarer Waschsalon" steht nun zur Disposition. Namenspate des so betitelten Betriebs ist der britische Filmklassiker von 1985 aus dem pakistanischen Migrantenmilieu, in dem pfiffige Menschen einen verwahrlosten Waschsalon mit Pinsel, Farbe und großem Engagement in ein veritables Schmuckstück verwandeln. Friseure verwenden in ihrem schmucken Salon Kamm und Schere, Farben natürlich auch und selbstverständlich Wasser, und schon ist der Bezug gegeben und mit ihm das Entree zu einem hoffentlich gleichermaßen wunderbaren Namenskatalog, der Arbeitsmittel und Arbeitsergebnisse, sprich: Frisuren, thematisiert.

In vielen anderen Branchen haben sich vor allem in den letzten Jahrzehnten **Arbeitsabläufe und Gerätschaften** radikal verändert. Das Friseurhandwerk hingegen hat dem Prozess der Technisierung tapfer standgehalten. Die meisten Arbeitsgeräte existieren bereits seit Jahrhunderten, wenn nicht Jahrtausenden, und die dem Handwerk eigentümliche Interaktion von Friseur und Kundschaft duldet nicht einmal die Reduzierung der Arbeitskräfte.

Deren vordringliches Werkzeug sind nämlich die eigenen Hände; glücklicherweise wurde bislang kein Roboter erfunden, der sie ersetzen könnte. Davon künden folgerichtig „Manuell" – die Eigentümerin hört auf den Namen Manuela und konnte gleich zwei wichtige Botschaften mit nur einem Wort Ausdruck verleihen – und die „Manufaktur". „Goldene Hände" sind am Werk und „Goldene Finger", für einen besonders begnadeten Figaro reicht sogar ein einziger „Goldener Finger". Für die Haarwäsche ist „Kaltwasser" vonnöten, gerne auch mit höheren Wärmegraden, und nachdem „Shampoo" aufgetragen wurde – die orthografische Variante „Champu" lässt die Vorstellung von edlem, perlendem Champagner zu –, geht es in „Die Auswaschbar".

Danach bedarf es weiterer Hilfsmittel, die dem Haar wie den Salonnamen trefflich zugutekommen. „die papillote", aus der französischen Handwerkskunst stammend, wurde schon besprochen, ihr zur Seite stehen „Wellenreiter" und „Clips", notwendig für die Fertigung und Festigung der Frisur, dazu das „Haarnetz", das schon in der römischen Antike (lat. *reticulum*) in der Nacht das kunstvolle Lockengebilde schützte, heute allerdings, von standhaften alten Damen abgesehen, ziemlich aus der Mode gekommen ist. Schließlich gibt es doch „Hairspray", in Berlin mit der Variante „Haarspree"

Goldene Hände | Lübeck

Manu-ell | Berlin

vertreten, und „Haarlack". Das doppeldeutige „Aufgedreht" befindet sich in der guten Gesellschaft von „Calamistrum", dem, man erinnert sich, Lockenstab der Antike, der nach mehrfacher Aufbesserung immer noch im Gebrauch steht. Bevor „Haarlack" aufgetragen wird, ist „Fönen und Klönen" angesagt, nach wie vor gehören notwendige Verrichtungen in Kombination mit dem Plausch über Belanglosigkeiten zum Geschäftsmodell. Die Schreibung „Fönix" oder „Fön-X" erinnert an den heiligen Vogel der Antike, der sich der Legende nach in bestimmten Zeitabständen selbst verbrennt und erneuert aus der Asche aufsteigt. Welch schönes Symbol für die Runderneuerung im Friseursalon!

Davon zeugt abschließend das „Spiegelbild", in größeren Betrieben kommt der „Spiegelsaal" zum Einsatz. Der Spiegel, aus dem gebräuchlichen Kontext entfernt, symbolisiert ursprünglich die ‚reflektierende' Funktion des Denkens, der Erkenntnis; seit dem Mittelalter bezeichnet er, je nach Zusammenhang, sowohl Klugheit und Wahrheit als auch Eitelkeit und Wollust. Die letztgenannten Eigenschaften spielen, zwecks Abschreckung für das ‚wirkliche Leben', im Märchen eine wichtige Rolle, und so entsinnen sich Kunden, die den „Zauberspiegel" oder gar das „Spieglein, Spieglein" ansteuern, mit Sicherheit Schneewittchens hochmütiger Stiefmutter. Im Gegensatz zu ihr brauchen sie hingegen keine Angst vor einer unliebsamen Wahrheit zu hegen.

Menschen gestalten, sie nach einem modischen Bild formen, das ist ein berufsmäßiger Genuß, in dem etwas Göttergleiches wohnt und zugleich etwas Herrisches und Gestaltendes. „Sie sind in meinen Händen" – das erotische Moment der Eroberung ist darin angesprochen, aber es wird eben nicht nach willkürlichen Regeln gekämmt, sondern nach den herrschenden Gesetzen der Mode.

UTZ JEGGLE, SCHERE UND MACHT, HAARE UND POTENZ. IN:
KIM BAGUS / F. J. GÖRTZ, GLATZE, ZOPF UND DAUERWELLE. LEIPZIG 1996, S. 153

Auch die Furcht vor der Schere ist überflüssig. „Die Schere ist das Werkzeug der Unterwerfung", behauptet zwar Utz Jeggle, eingedenk des demütigenden Haarabschneidens als eines germanischen „Usus", der im Laufe der Geschichte immer wieder praktiziert wurde, wenn Machthaber das „Programm der Menschenzerstörung" durchführten[7]. Für den Haarkünstler gelten andere Prioritäten. Noch einmal Tomas Prinz: „Ich gebe mit der Schere dem Kopf eine neue Form, dem Menschen ein neues Aussehen. Ich habe die Macht, ihn mehr zu verändern als irgend jemand sonst. Mein Handwerk, das weiß jeder, ist längst Kunst geworden."[8] Und selbst Barney gibt zu bedenken: „Aber diese jungen Typen von heute … Sie nehmen eine Schere zur Hand und fangen an, Haare zu schneiden, als würden sie sich ihr Frühstücksmüsli zusammenrühren. Aber so einfach ist das nun mal nicht. Es ist eine Kunst, die gepflegt und kultiviert sein will. Wie Hirnchirurgie oder Astrophysik."[9] Fehler sind verhängnisvoll, ein tröstendes „Wächst ja wieder!" mag wohl mitleidigen Freunden, nie aber dem verantwortlichen Friseur über die Lippen kommen.

Mit Sorgfalt und Akkuratesse versieht er sein Handwerk, er führt die „Meister-Schere", und die Kunden vertrauen ihm. Diesbezügliche Namen von Friseursalons setzen auf die Bedeutung der Schere und akzentuieren den Stellenwert des haarscharfen Werkzeugs durch attributive Zusätze.

Recht bescheiden nimmt sich „Die kleine Schere" aus, ihr gesellen sich „Die flinke Schere", „Die flotte Schere", die „Pfiffige Schere" zu. „Die goldene Schere" gibt sich schon selbstbewusster, die „Sexy Scissors" wecken frohe Erwartungen, „Die rollende Schere" und „die wanderschere" signalisieren mobile Haarschneidekunst. Die ebenso mobile Wortkunst greift auf die Möglichkeiten des Kompositums zurück, auf diese Weise entsteht die „Zauberschere" und mit ihr der „Scherenzauber". Wer die Friseure als Zauberer versteht, wird das bedingungslos akzeptieren. Das Jonglieren mit Wörtern und Redensarten führt zum „Scherenschnitt" und zu „Zweischneidig", „Die mit den Scherenhänden" lassen besondere, vermutlich einzigartige Begabungen erkennen …

Wer seinen Salon „Schnipp-Schnapp" nennt, verleiht den akustischen Signalen der Schere Nachdruck. Schließlich ist noch, da sich im ‚Werkzeugkasten' des Friseurs Scheren und Messer in trauter

Kamm und Schere | Frankfurt/M.

Gesellschaft befinden, „Mecki Messer" zu erwähnen, eine Hommage an den populären Londoner Straßenräuber und an Bertolt Brecht, der ihm zu bleibendem Erfolg verhalf.

Eigentlich aber gehören „Kamm und Schere" zusammen, bilden immer gerne eine Zwillingsformel, die ganz selbstverständlich in den Namen von Friseursalons erscheint, und tragen auch zum grafischen Dekor der Außenwerbung bei. „Kämmbar" lautet dann der zugehörige Name, wobei offenbleibt, ob es sich um ein Nomen oder ein Adjektiv handelt.

Übrigens gehörte der Kamm wie Schere und Spiegel schon zu den Utensilien griechischer und römischer Barbiere. Aus dem 7. bzw. 10. Jahrhundert stammt der Kamm Heinrichs I.[10], der vornehmlich zeremoniellen Zwecken diente, als dem König vor der Krönung das Haar geglättet wurde, ähnliche Vorgänge sind aus dem Ritus der Bischofsweihe bekannt.

Kehren wir wieder zum gutbürgerlichen Umgang mit dem Kamm zurück, fällt das Augenmerk auf den „Stilkamm", wobei der scheinbare orthografische Regelverstoß schöner Doppeldeutigkeit geschuldet ist. Ebenso verhält es sich mit dem „Kammpus", möglicherweise liegt der Campus, das Universitätsgelände, in unmittelbarer Nähe. „Kamm In" und „Kamm Back" vertreten hingegen die friedlich-fröhliche Koexistenz deutscher und englischer Vokabeln, ihre Botschaft ist jedem unmittelbar zugänglich.

Für die „Kämmerei" gilt das vermutlich nicht so, obwohl es sich vordergründig um ein schlichtes deutsches Wort handelt. Ahd. *kamb*, dem engl. *comb* verwandt, aus germ. *kamba* erwachsen, meint zunächst die ‚Zähne', dann ein ‚gezähntes

Gerät'. Die ,Kämmerei', ahd. *chamara*, bezeichnet jedoch einen Raum zur Aufbewahrung von Wertgegenständen, darüber hinaus die „Verwaltung der Einkünfte einer Stadtgemeinde durch den Kämmerer"[11]. Dem Friseurbetrieb gleichen Namens eignet also eine besondere Wert-Schätzung, dass er sie verdient, wird sich noch erweisen.

Kommen wir zu den **Frisuren**. Mit ihnen eröffnet sich ein breites Spektrum erwähnenswerter Salonnamen. In vorderer Reihe rangieren „Die Locke", „Donna Locke", „Wilde Locke" und „Engelslocke", Dreadlocks entstehen im „AfroShop". Von der „Lockenstube" geht es in den „Lockschuppen" oder das „Lockentheater", wo jegliche „Verlockung" wartet. Locken waren immer schon begehrt, seit Jahrtausenden wird gedreht und gewickelt, um die begehrte Pracht zu erzielen. Daneben besteht, etwas zurückhaltender, „Die Welle", als „Perfekte Welle" aber auch durchaus überzeugend. „Locke und Glatze" dagegen demonstrieren namentlich die Extremzustände vorhandenen beziehungsweise fehlenden Haarschmucks.

Donna Locke | Lübeck

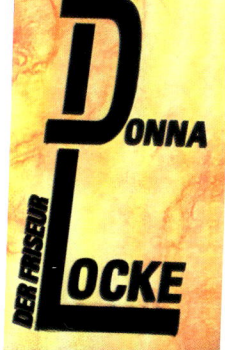

Lockenbude | Dorsten

Lockschuppen | Halberstadt

Dazwischen machen zahlreiche Varianten von sich reden. Die Palette beginnt mit „Glattart", führt über die „Mähne" zu „Haarsträhne" und „Glückssträhnchen" und erreicht schließlich den „Wuschelkopf". Nicht weit davon entfernt befindet sich die „Zottelbude", deren Eigentümer den Namen auf die Ermahnung des Großvaters zurückführt, er solle sich doch mal endlich wieder die Zotteln schneiden lassen. Recht hatte er, der alte Herr, und jetzt behandelt der Enkel so manchen „Haarschopf". Wie er zupfen auch die Kollegen „Seitenscheitel" zurecht und geben dem Haar die angemessene „Kontur". Dann naht „Fräulein Bob": Mit dem kinnlangen Bob revolutionierte Vidal Sassoon Anfang der 60er Jahre die Haarmode, als er die erste Frisur mit akkurat geometrischer Linie kreierte.

Auf den ‚Pony', das fransenartig in die Stirn gekämmte Haar, konnte er dabei schon zurückgreifen. Die glatten Stirnfransen gehörten ursprünglich zur spätmittelalterlichen Männertracht. Seit dem Ende des 19. Jahrhunderts tritt mit der Renaissance der Frisur der aus der englischen Sprache entlehnte Begriff in der internationalen Welt der Frisuren auf; im Herkunftsland wird die Frisur indes als *fringe* bezeichnet, im Amerikanischen als *bangs*, das Wort *pony* bleibt im angloamerikanischen Sprachgebrauch dem ‚Zwergpferd' vorbehalten. Deutschsprachige Friseure nutzen beide Wortbedeutungen und eröffnen „Ponyclub" und „ponyhof" oder stellen, auch optisch, die Gleichung „Girls-like-Ponys" auf. Durch phonetische Verwandtschaft gerät sodann das berühmt-berüchtigte Gaunerpärchen Bonny und Clyde in die ‚Pony-

Girls-like-Ponies | Dortmund

Rattenschwänzchen
Igelhaare
Affenschaukel
Pferdeschwanz
Mähne

Pony

Verlockung | Berlin

herde'; möglicherweise gehörten, als die Beiden Banken überfielen und Autos stahlen, auch waffenscheinpflichtige Scheren zu ihrer Ausrüstung. Die Salons „Pony & Clyde", bei erweitertem Angebot „Pony & Kleid", garantieren natürlich ehrliche Arbeit und solide Preise.

Von den diversen Ponyhöfen führt ein nur kurzer Weg zu „Vokuhila": Der Name klingt lateinisch, ist aber die gängige Abkürzung von ‚Vorne kurz-hinten lang'. Der Frisuren-Trend der 80er Jahre favorisiert Pony-Fransen in der Stirn, Kurzhaar an den Seiten und schulterlange ‚Manta-Mappe' im Nacken. Kaum zu glauben, dass es dergleichen be-

reits im Mittelalter gab! Erhalten ist jedenfalls die Klage eines Mönchs aus dem 12. Jahrhundert über seine Geschlechtsgenossen aus adligem Stand: „Vorne sind sie rasiert wie Diebe, hinten lassen sie die Haare wachsen wie Dirnen."[12] Manches Schöne erhält sich, jeglicher Vanitas-Theorie zum Trotz, beharrlich…

Und wenn dann doch die Theorie triumphiert, bleibt am Ende der „Skalp". Die Kopfjäger in Borneo pflegten besiegten Feinden, lebendig oder tot, die behaarte Kopfhaut abzuziehen und zierten mit der Tapferkeitstrophäe ihre Hütten. Dergleichen ist am Friseursalon mit dem verdächtigen Namen

nicht zu erblicken; es bedarf deshalb auch keines besonderen Muts ihn zu betreten. Am Ende geht es doch immer um die Entscheidung „Kurz oder lang", und dann folgt die Ausführung „Kurz und Schmerzlos".

Wenn der Kunde, respektive die Kundin, mit dem Friseur ihres Vertrauens den neuen Schnitt abgestimmt hat, bleibt noch die Wahl der Haarfarbe. Niemand muss mehr klaglos das Aschblond oder das Mausgrau akzeptieren, das die Natur ihm gab. **Tönungs- und Färbemittel** sind dazu da, deren Nachlässigkeiten nach Kräften auszugleichen.

Die Möglichkeiten sind nahezu unbegrenzt, bei den Farbtönen wie bei den entsprechend abgeleiteten Salonnamen. Die nach allen Seiten offene Skala reicht von einem beruhigenden „Farbecht" über den vielversprechenden „Farbrausch" bis zum allumfassenden „Kunterbunt". Wie in der Antike, als die Römerinnen nach neidischen Blicken auf die germanischen Sklavinnen zum Goldstaub griffen, um wenigstens kurzzeitig mit dem begehrten Blondhaar prunken zu können, steht auch heute noch der „Goldschopf" im Fokus. Ob „Platinblond" oder „Dunkelblond", „Blondis Frisierstube" erfüllt jeden Wunsch. Anzumerken ist: Es gibt nur die Blondine, die Substantivierung des Farbadjektivs ist ausschließlich in der femininen Form anzutreffen. Damit ist auch der Interessentenkreis für das „Golden Hair" abgesteckt.

„Das rote Atelier" verhilft der „Pink Lady" zu den Nuancen zwischen „Black & Red", besonders Mutige bekennen sich zu „Blue Hair" und steuern deshalb die „Paintbox" an. In der „Perfect Color World" bleiben keine Wünsche offen, dafür bürgt auch das „Chamäleon", und „Graffiti Hair" schließt sich an.

Abschließend noch etwas „Kristallglanz", mit hinreichend „Street Glamour" versehen, nehmen wir Abschied von unserem „Wunderbaren Waschsalon". Tomas Prinz, der Starfrisör, hat zuvor „einen pflegenden Farbconditioner aufgetragen, um eine Natürlichkeit zu kreieren, die das Haar in Wirklichkeit nicht besitzt. Färben ist eine Kunst, wir täuschen Tatsachen vor und verleihen dem Kunden auf subtile Weise ein Image, das ihn in ein besseres Licht rückt."[13] Zauberhaft!

Paint-box | Essen

made in kitchen | Dortmund

AUSSTATTUNG

Mein wunderbarer Wasch-
salon | München
made in kitchen | Dortmund

Kämmerei | Berlin

ARBEITSABLÄUFE UND GERÄTSCHAFTEN

Manu-ell | Berlin
Manufaktur | Kassel
In guten Händen | Münster
Goldene Hände | Lübeck
Golden hands | München
Goldene Finger | Bochum
Goldener Finger | Marl
Take five | Eutin

Kaltwasser | Köln
Die Auswaschbar | Köln
Shampoo | Dortmund / Essen
Champu | Düsseldorf
die papillote | Hamm / Münster
Aufgedreht | München
Calamistrum | Berlin
Wellenreiter | Herten
Clips | Köln / Münster
Haarlack | Potsdam
Hairspray | Köln
Haarspree | Berlin
Haarnetz | Augsburg
Hairtie | Berlin
Fönen und Klönen | Köln
Fönix | Bremen / Hamburg
Fön-X | Augsburg / Frankfurt/M.

Spiegelbild | München
Spiegelein, Spieglein | Berlin
Spiegelsaal | Paderborn
Zauberspiegel | München
Magic Mirror | Bielefeld
Mirror Cut | Köln

Die Schere | Duisburg / Hamburg
Zur Schere | Bottrop
Meister-Schere | Duisburg
Flinke Schere | Dortmund / Herne
Die flinken Scheren | Köln
Die flotte Schere | Haltern
Pfiffige Schere | Dortmund
Die kleine Schere | Düsseldorf
Goldschere |
Berlin / Paderborn u.ö.
Goldene Schere | Köln
Die rollende Schere | Hamburg
die wanderschere | Hamburg
Altstadtschere | Bielefeld
Zauberschere | Hamburg
Scherenzauber | München
Sexy Scissors | München
Zweischneidig | Düsseldorf
Scherenschnitt |
Essen / München u.ö.

Die mit den Scherenhänden |
München
„Edwards" Haarschneider |
Augsburg
Scissorhands | Kassel
Mecki Messer | Berlin
Schnipp-Schnapp |
Dortmund / Herten u.ö.
Schnippe-di-Schnapp | Lübeck

Kamm In |
Dortmund / Frankfurt/M. u.ö.
Kamm Back | Witten
Kämmbar | Berlin
Kämmerei | Berlin
Stilkamm | Berlin
Kammpus | Leipzig
Kamm & Schere |
Frankfurt/M. / Herten

Skalp | Lübeck

Vokuhila | Berlin

FRISUREN

Die Locke | München
Donna Locke | Lübeck
Verlockend | Castrop-Rauxel
Verlockung |
Berlin / Hamburg u.ö.
Superlocke | München
Wilde Locke | Datteln
Engelslocke | Hamburg
Lockenbude | Dorsten
Lockschuppen | Halberstadt
Lockenstube | Berlin
Lockentheater | Düsseldorf
Locke und Glatze | Berlin

Die Welle | München
Fönwelle | Augsburg
Perfekte Welle | Berlin
Cut & Wave | Hamburg
La Ola | Hamburg

Glattart | Frankfurt/M.
Mähne | Gelsenkirchen
Haarsträhne | Bremen
La mèche | Bremen / Kassel

Glückssträhne |
Bielefeld / Frankfurt/M. u.ö.
Glückssträhnchen | München
Haarschopf |
Gelsenkirchen / Hamburg
Wuschelkopf | Herne
Zum Wuschelkopf | Hamburg
Zottelbude | Bochum
Seitenscheitel | Bremen
Kontur | Berlin
Dread Art | Münster
Afro Shop | Hamburg

Ponyclub | Köln / München
ponyhof | Bochum
Girls-like-Ponys | Dortmund
Pony & Clyde | Hamburg
Pony & Kleid | Hamburg
Fräulein Bob | Hamburg
Vokuhila | Berlin
Skalp | Hamburg / Lübeck
Kurz oder lang | Köln
Über kurz oder lang | Berlin
Kurz und Schmerzlos |
Hamburg

friseur
ponyhof

Kortumstr.
134

**reinkommen
&
drankommen**

Graffiti Hair

Graffiti

ponyhof | Bochum

Graffiti Hair | Halberstadt

FÄRBEN UND TÖNEN

FarbAkzente | Gelsenkirchen

Farbecht | Essen / Hamburg u.ö.

Farbrausch | Hamburg

Farbenrausch | München

Farbspiel | Hamburg

Schnitt und Farbe | Köln

Cut & Colours | Hamburg

Die Pflanzenfarbe | München

Blondis Frisierstube | Hamburg

Platinblond | Berlin

Dunkelblond | Frankfurt/M.

Goldschopf | Berlin

Golden Hair | Berlin / München

Das Rote Atelier | Köln

Pink Hair | Düsseldorf

Pink Lady | Paderborn

Black & Red | Berlin

Black & White |
Augsburg / München

Black beauty | Bremen

Blue Hair | München

Kunterbunt |
Dortmund / München

Graffiti Hair | Halberstadt

Paint-box | Essen

Perfect Color World | Hamburg

Chamäleon | Köln

Kristallglanz | Berlin

Glamour | Bremen

Street Glamour | Bremen

Diamond Gloss | Berlin

Reflection Friseurteam | Köln

„Geht's noch?" –
Jetzt wird's ganz speziell!

Bis jetzt war alles ganz einfach. Die Namenskataloge fundierten auf sachgerecht selektierten Wörtern und Wortbestandteilen oder ließen sich den unmittelbaren Verrichtungen des Friseurhandwerks zuordnen. Damit sind die offenkundig unbegrenzten Möglichkeiten der Namensfindung freilich noch nicht erschöpft.

In einer eindrucksvollen Kreisstadt in Sachsen-Anhalt gibt es den Salon „i-Punkt". Wer über den Namen nachdenkt, kommt vielleicht auf eine naheliegende Lösung: Die Frisur als das ‚Tüpfelchen auf dem i' der gepflegten Erscheinung, das wäre es doch! Die Ursache für die Namensgebung ist hingegen viel origineller. Der Salon besteht seit exakt hundert Jahren, hat inzwischen also zwei Weltkriege und die DDR-Ära überstanden. Nach der ‚Wende' befand die Mutter der jetzigen Eigentümerin, der Betrieb, der bislang immer den Familiennamen geführt hatte, müsse nun, da neue Zeiten

angebrochen seien, einen pfiffigen Namen erhalten. Über Generationen hatten die weiblichen Mitglieder der Familie einen Vornamen mit dem Anfangsbuchstaben I bekommen, und als man sich dieser Tatsache bewusst wurde, war auch der Name für den Salon gefunden. Die aktuelle Chefin namens Irina hat ihrer Tochter als der potentiellen Nachfolgerin in der fünften Generation vorsichtshalber einen Namen mit dem Initial E gegeben, der sich aber, sollte sie eines Tages die Familientradition fortführen, nach englischer Aussprache auch als I verlauten lässt.

Nicht immer lassen sich solch wundersame Geschichten ermitteln. Häufig hilft jedoch die Phantasie, und so beginnt eine erneute Reflexion über **die Friseure und ihre Kunden** mit dem „Coiffeur Phantasie". Die Haarkünstler möchten nicht nur ihre Kunden, sondern auch sich selbst in ein gutes Licht rücken, und was wäre da geeigneter als der

schon an der Außenfassade prangende Begriff, der
die Passanten unmittelbar mit den Spezifika des
Ladens, mit seiner „Haarphilosophie", vertraut
macht. „Brainworker" bieten sich an, der „Hoffrisör" neben dem „Fiffikus", die „Freestyler" neben
den „Insidern". Was die „Comic-Friseure" und der
„Mad Max" vertreten, muss der wissbegierige
Kunde selbst herausfinden. Der „Ali Barber Shop"
wartet möglicherweise mit vierzig Haarräubern
auf, „Figaro's life" setzt einschlägige Opernkennt-
nisse voraus.

„Der zeitgemäße Figaro gibt sich mit der Frisur
ebenso wenig ab wie der Karosserie-Designer mit
der Formgebung oder der Modeschöpfer mit dem
neuen Schnitt – Styling ist es, was sie alle geben
und machen wollen."[1] Folgerichtig treffen wir auf
die „Styling Crew" und den „Style Council". Während „Seval's Traum" sich zum „Trend Style in the
City" bekennt, verkündet der Kollege voller Selbstbewusstsein: „frisör coco ist doch logo".

„Die Pauls Sisters" erinnern an die Geschichte
ihres Betriebs, den zunächst besagter Paul mit seiner Schwester führte. Als diese sich aus dem trau-
ten Arbeitsverband verabschiedete, adoptierte der

Haare lassen sich frisieren, Fahrzeuge auch: Hier bieten sich „Carstyling" und „Hairstyling" neben- und miteinander an.

Heute wollt ihr nicht? …
Morgen werde ich nicht können.
Weil ich alle Offiziere des neuen Regiments rasieren
und allen die Haare schneiden muss …
für die Marchesa Andronica die blonde Perücke mit Locken …
dem jungen Grafen Bombe die Turmfrisur …
ein Klistier beim Advokaten Bernadone,
der gestern an Verstopfung erkrankte …
und außerdem … und außerdem … wer braucht mich noch?
Morgen kann ich nicht.

CESARE STERBINI, DER BARBIER VON SEVILLA, REZITATIV AUS DEM 2. AKT.
DEUTSCHE ÜBERSETZUNG DES LIBRETTOS VON NORBERT KLEIN.
TEXTAUSGABE DES MUSIKTHEATERS IM REVIER, PROGRAMMHEFT NR. 56 (1994/95), S. 79F.

kurzzeitig vereinsamte Bruder die weiblichen Angestellten zu seinen neuen Schwestern. „Die kleene Schwester" wiederum verweist auf die Zugehörigkeit des neu eröffneten Salons zum älteren Unternehmen.

Da gibt es keine „Konkurrenz", die allerdings auch der so benannte Betrieb nicht erkennen lässt, zumal das zugehörige Logo demonstriert, wie liebevoll schwarzhaariger Teufel und rothaariger Engel den Umgang miteinander pflegen[2]. Dies könnte, wenn die neidische Umwelt es nicht mit „Klatsch und

birds & fellows | Essen

Tratsch" quittiert, zum „Stadtgespräch" werden; Salons mit Namen wie „indiskret" und „Unverschämt" lassen das jahrhundertelange Geschäftskonzept anklingen, das der gute alte Figaro einst zur „schönsten Kunst der Welt" erklärte, den Verbund von handwerklichen und kommunikativen Fähigkeiten. Für diese Kunst setzen sich die „Herzblut-Cutter" mit ungezügeltem Temperament ein, und das „Tänzer-Team" ist sich, dank schnittiger Choreografie, seines wirksamen Auftritts jederzeit gewiss.

Andere Namen klingen weniger extravagant, was ihre Wirkungsweise aber nicht im Geringsten beeinträchtigt. Wenn „Sie und Er" das ist, was man früher einen ‚Damen-und-Herren-Salon' nannte, weist „Er + Sie + Es" darauf hin, dass hier auch Kinder gern gesehene Kunden sind. „Pretty Woman" und „Mann o Mann" sprechen dagegen die jeweils gesonderte Zielgruppe an. Dass Friseure und ihre Kundschaft zu einer wunderbaren Freundschaft zusammenwachsen können, lassen Namen wie „Freunde" und „Fashion for Friends" erkennen, entsprechende Erwartungen weckt der Betrieb „the unknown friends". Zu ihnen gehören „cowboys and poodles", „birds & fellows", „Kings & Queens"; wer jedoch, der Freundschaft zum Trotz, allzu sehr an den Kunstgriffen des Coiffeurs herummäkelt, wird zeitweilig in die „Tussy Lounge" verbannt.

Mit dem Namen am Ladenschild machen die Friseure auf den von ihnen praktizierten „Lifestyle" aufmerksam: **Qualität spricht eine deutliche Sprache.** Wird Denglisch bevorzugt, tritt gerne der Begriff *beauty* in den Fokus. „Die noch schönere Schönheit ist die *Beauty*, ebenso die noch schönere Frau, die, um das zu werden, einen *Beauty-Day* in einem *Beauty-Salon* einlegen kann, wo sie dann mit *Beauty-Fluids* aller Art traktiert wird."[3] Damit nicht genug, werben Friseure mit „Beauty & More", beschwören die „Consequent Beauty" und empfehlen einen „Beautyday". *Really beautiful!*

Dem „Eye-Catcher" entspricht der „Blickfang", auch die deutsche Sprache ist zu vielem Schönen fähig. Salons nennen sich „Tausendschön" und „Immerschön", verheißen „Fiff" und „Edelschliff", der „Salon stilgerade" findet seinen Widerpart im „Stilbruch". Zuweilen reicht ein einziges Wort, ein Adjektiv, das in aller Kürze die Qualität des Betriebs umschreibt. Mit Understatement versucht es der Salon „Schlicht", „Adrett", „Hübsch", „fesch" wirken da schon selbstbewusster, ohne mit allzu präzisen Versprechungen zu votieren. In diese Rubrik gehört auch „up to date", während „seven senses" oder „All in one" unmissverständlich auf ihre umfänglichen Angebote aufmerksam machen.

Trotzdem: **Die einen sagen so, die anderen so …** Es ist eine allgemeine Erfahrung, dass sich unter Menschen nur selten Einigkeit erzielen lässt, deshalb sollte man sich hüten, der besten Freundin den eigenen, hoch geschätzten Friseur zu empfehlen. Dem einen gelingen „Hinguck-Frisuren" und Haartrachten voller „Glanz und Gloria", der andere weckt „Lust auf Mehr!", aber was ist, wenn die Salons „Chaos", „Tsunami" oder gar „Molotow" ihrem Namen die volle Ehre erweisen? „Metamorphosis" klingt in klassischem Griechisch durchaus verheißungsvoll, wobei das exakte Ergebnis abzuwarten ist; wenn aber die deutschsprachige Analogie „Die Verwandlung" vorkommt, drängt sich der Gedanke an Franz Kafkas parabolische Erzählung auf, in der ein schmucker junger Mann über Nacht zu einem überdimensionalen Käfer mutiert. Dergleichen ist sicherlich nicht gemeint, „Absolute Pure" sollte wohl die Botschaft sein oder „Freestyle" oder vielleicht „Carnaval", alles in allem ein „Schönheitsrausch". „anders" heißt woanders die Maxime, darauf antworten, ebenso wortkarg, „AHA", „Okay" und „Yes please".

Seelenrausch | Frankfurt/M.

Liebesdienste | Frankfurt/M.

Manchmal sind umfangreiche Mitteilungen einfach überflüssig, vor allem, wenn es um **große Emotionen** geht. Sie reichen von „Seelenrausch" bis „Schamlos", führen über „Liebezeit" und „Adrenalin" geradewegs zum „Exzess" – und dann kehrt auch wieder Ruhe ein. „Feelgood" lautet jetzt der gut gemeinte Appell und „Relax", und schon erfreuen „erholungsgebiet" und „Liebesdienste", letztere übrigens mit einer liebevollen Rundumversorgung, die dem Namen alle Ehre macht.

Seitdem die Friseure die ambulante Tätigkeit aufgegeben haben – die gelegentliche Wiederaufnahme ist im Vergleich zu früheren Jahrhunderten anderen Konditionen verpflichtet –, arbeiten sie durchaus **ortsgebunden**, diesbezügliche Etikettierungen, von der „Haarhütte" über den „Hairport" bis zur „Cutedrale" wurden bereits registriert. Unberücksichtigt blieb bislang die „Strubbelkiste", deren Name sich unmittelbar erschließt. Das scheint auch für den „Lockschuppen" zu gelten: Er befindet sich allerdings in einer tadellos renovierten Bahnhofshalle, nicht weit von der Stelle entfernt, an der früher vom Leben gezeichnete Loks auf ihre Wiederherstellung warteten. Nach nahezu unauffälliger orthografischer Auffrischung hat sich der

UND DAZU DIESE BEZAUBERNDEN PFLEGEPRODUKTE:

hellefreude	*Blondierpulver*
augenblick	*Brauen- und Wimpernfarbe*
leuchtgenuss	*Farbschutz*
zeitsprung	*Aufbau und Repair*
raumkunst	*Volumenkur*
wellenzauber	*Dauerwell-Kur*
seidentraum	*Glanzspray*
ruhequelle	*Kopfhautpflege*
schüttellust	*Anti-Schuppen-Lotion*
wellengrund	*Dauerwell-Vorbehandlung*
schutzengel	*Hitzeschutz*
luftkünstler	*Fönlotion*
volumenstar	*Schaumfestiger*
glanzidol	*Haarlack*
kraftpaket	*starker Halt*
formenheld	*Gelwachs*
kreativkönig	*Schimmer-Gel*
flächenass	*Haarglättung*

AUS DER PRODUKTPALETTE VON:
BERRYWELL. MARKE DER TITANIA-FABRIK GMBH IN WÜLFRATH

Notaufnahme | Berlin

Name des Unglücksdampfers ist hinreichend bekannt, aber wie lässt er sich mit einem bodenständigen Friseurbetrieb verbinden? In besonderen Zwangslagen öffnet jedenfalls die „Notaufnahme" ihre Türen, Voranmeldungen sind hier überflüssig, schließlich kündigen sich Katastrophen nicht vorher an.

Das „Flöz 13" ist natürlich im Ruhrgebiet anzutreffen, wo sich über lange Jahrzehnte Kohle zum Abbau anbot und Bergarbeiterfrauen unter Kopftüchern Schutz vor den heute schon legendären Staubschichten suchten. Seitdem die Zechen geschlossen sind, hat sich das Revier in eine attraktive Haldenlandschaft verwandelt. Dort etablieren sich Freizeitanlagen und Zukunftsstandorte, und es ist durchaus sinnreich, dass ein Friseurbetrieb mit seinem Namen die Erinnerung an die vergangene ‚Maloche' aufrechterhält.

Im Rheinland, sozusagen im Schatten des Kölner Doms, ist aus weniger naheliegenden Gründen ein Salons namens „Dirty sticky floor" anzutreffen. Natürlich steuern die tapferen Kunden nicht einen ‚dreckigen klebrigen Boden' an, auf dem noch die Haarflusen der letzten vierzehn Tage haften: Die

vormalige ‚Lokschuppen' zu einem ansprechend dekorierten Salon gemausert, der zur Restaurierung derangierter Haarpracht geradezu verlockt. Betriebe wie „Entspannungsoase" und „Schönheitsfarm" punkten mit analogen Erwartungen, auch die „Trendschmiede", das „Theatrum", das „Fürstliche Palais" setzen klar abgegrenzte Assoziationen frei. Das gelingt weniger, wenn der Salon „Obelisk" heißt; vermutlich richtet sich der tastende Blick in die Höhe, dorthin, wo auch der „Zauberberg" vermutet wird. Und „Titanic"? Der

Eigentümerin strahlt mit dem blitzsauberen Ambiente um die Wette, hat sie doch ihren Betrieb mit dem favorisierten Titel ihrer Lieblingsband versehen. Kenner beider Szenen wissen eine solche Fusion zu schätzen. Wenn es sich auch um eine sehr moderne Musikrichtung handelt, ist letztgültig doch wieder an Figaro zu denken, der so köstlich Ariengesang und Bartschnitt zu kombinieren wusste, unübertrefflich zwar, aber doch der Nachahmung bedürftig.

Was den englischen Sprachbereich betrifft, wäre noch auf den „Catwalk", den ‚Laufsteg', zu verweisen, auf dem sich die neuen Lockenköpfe gar anmutig präsentieren lassen. Auch „Backstage", ‚hinter den Kulissen', finden sie ihre Bewunderer. Sollte noch ein weiterer Termin vonnöten sein, wären die „Bridges" zu empfehlen, sogleich im Plural, denn: Über sieben Brücken musst du gehen …

Danach bietet sich endlich die Gelegenheit, Johann Wolfgang Goethe zu zitieren, da nun Salons mit – mehr oder weniger – präzisen Ortsangaben vorzustellen sind: „So schreitet in dem engen Bretterhaus / Den ganzen Kreis der Schöpfung aus / Und wan-

Eden | Frankfurt/M.

delt mit bedächt'ger Schnelle / **Vom Himmel durch die Welt zur Hölle**"[4]. Wohlan denn, obwohl bereits erwähnt, geziemt es sich, für diesen kosmischen Zusammenhang noch einmal und an erster Stelle den „Hairgott" zu nennen, dem am „Heavensgate" „engel + helden" zur Seite stehen. „Evas Paradies" bewacht nach alter Sitte der „Burning Angel". Das Friseurgewerbe ergänzt die himmlischen Heerscharen um die „Cowboys 'n Angels" und verschafft der durchweg irdischen Kundschaft „A little piece of heaven". Vom hohen Himmelszelt erstrahlt der „Sunnymoon", nachts abgelöst vom „Blue Moon", und im, pardon, „engen Bretterhaus" der Friseursalons begegnen sich „Himmel und Hölle". Als scherenklappernder Abgesandter der Unterwelt fungiert „Mephisto – teuflisch gut mit dem himmlischen Service".

Endlich öffnet sich die weite „Welt der Frisuren". Mit dem „Hauptstadtschnitt", dem „Neo Berlin", der „New York Beauty" sind die bekannten Metropolen genannt, dann weitet sich der Horizont, lässt „Monaco" und „Lourdes" – Wunder gibt es immer wieder … – erkennen und präsentiert exotische Adressen, „Babylon" und „Efesus", „Karthago" und „Luxor", „Casablanca" und „Caracas".

Man bedenke: Die ganze Welt, ohne Pass und Visa Cards, ohne Impfung und Jetlag – so etwas vermögen nur die Friseure!

Weil die irdische Welt aber auch voller wunderbarer Menschen ist, ergeben sich wiederum neue Möglichkeiten, mit deren Namen zu prunken. Dabei ist es recht gleichgültig, ob diese Menschen wirklich gelebt haben oder auch nur dank dichterischer Phantasie oder als Märchen- und Sagenhelden ins Dasein gerufen wurden. Gewiss sind sie *very important persons*, dennoch stellt sich die Frage: **Who is who?**

Anfangen sollte man mit „Adam und Eva" und mit der Reflexion darüber, wie es die ersten Menschen wohl mit der Haarpflege hielten. Auf Bildern erscheinen sie regelmäßig mit wallendem Haupthaar, nicht weiter verwunderlich, da Messer und Schere erst noch erfunden werden mussten.

Danach meldet sich schon, mit deutlichem Heimvorteil versehen, der „Struwwelpeter". 1845 fasste der Frankfurter Arzt Heinrich Hoffmann die noch immer populäre Geschichte vom Kinderzimmer-Revolutionär in Verse:

Sieh einmal, hier steht er,
Pfui! Der Struwwelpeter!
An den Händen beiden
Ließ er sich nicht schneiden
Seine Nägel fast ein Jahr;
Kämmen ließ er nicht sein Haar.
Pfui! Ruft da ein jeder:
Garst'ger Struwwelpeter![5]

Der Autor wandte sich zwar warnend an die kindlichen Zuhörer, reflektierte vor allem aber die deutsche Freiheitsbewegung, die ihren Ausdruck auch in der Haartracht gefunden hatte: Indem die radikalen 48er sich zu langem Haar und wallendem Bart bekannten, demonstrierten sie den Bruch mit den herrschenden gesellschaftlichen Zwängen und Ansprüchen. In der Jubiläumsausgabe zur 100. Auflage zeigt sich der Struwwelpeter 1876 bereits wieder gesittet: „Zwar ließ ich mich köstlich frisieren, / Sie zausten mir böslich das Haar, / Das soll mir nicht wieder passieren, / Ich bleibe der Bursch, der ich war."[6] 1890 bekam der Struwwelpeter endlich eine literarische Partnerin, die „Struwwelliese", die flugs auf dieselbe Weise reüssierte wie das männliche Vorbild. Das „garst'ge Liesel", „ungewaschen, ungekämmt, / Rock zerrissen auf's

Struwwelpeter | Frankfurt/M.

Hemd"[7], brilliert ganz selbstverständlich mit roter Lockenmähne. In der Welt der Friseursalons steht dem „Struwwelpeter" die „Struwwelpetra" zur Seite, und dass sich kleine Kinder dem notwendigen Schnitt entziehen wollen, kommt nur noch selten vor. Beim ersten Mal fließen vielleicht die Tränen, wenn die Furcht vor der blitzenden Schere obsiegt, danach gewinnt die Routine.

Die hilft auch dem Friseur, es sei denn, dass er seinem Salon aus gutem Grund den Namen „Heinzelmann" gegeben hat, weil er nämlich einen beschäftigt. Im Normalfall kennen wir den eifrigen Helfer im Diminutiv und im Plural. Als geschäftiges Zwerge-Rudel haben die von August Kopisch erfundenen Heinzelmännchen Nacht für Nacht anderer Leute Arbeit erledigt, bis eine neugierige Schneidersfrau sie für immer vertrieb. Offensichtlich ist eines von ihnen von Köln nach Bayern ausgewandert, wo es nun, sogar tagsüber, nach Kräften wirkt und werkelt.

Aus der Märchenwelt der Brüder Grimm gebürtig, assistiert ihm „Rapunzel". Die schöne junge Frau mit den „langen prächtigen Haaren, fein wie gesponnenes Gold"[8], befindet sich, von einer Hexe eingesperrt, in einem Turm, und wenn die Hexe unten ruft „Rapunzel, Rapunzel, laß mir dein Haar herunter", bindet sie ihre Zöpfe um einen Fensterhaken und lässt sie dann herunter, so dass die Hexe wie auf einer Leiter zu ihr heraufsteigt. Glücklicherweise belauscht ein Prinz den erstaunlichen Vorgang, spricht die Zauberworte, klettert empor und entscheidet sich spontan zum Heiratsantrag. Unglücklicherweise reagiert die Hexe artgerecht und greift zur Schere – „ritsch, ratsch waren sie abgeschnitten, und die schönen Flechten lagen auf der Erde"[9] –, schickt Rapunzel in die Wüste und

den Prinzen in den Wald, ohne aber ein glückliches Ende verhindern zu können.

Dass Friseure sich dieser schönen Geschichte angenommen haben, ihr im „Rapunzelturm" und im „Haarpunzel" ein Denkmal setzen, überrascht wirklich niemanden. Irgendwie ist auch „Cinderella" in die Szenerie geraten, ohne dass sie oder das Vorbild Aschenputtel sich als signifikante Haarträgerinnen erwiesen hätten.

Da ist die „Haarhexe" von ganz anderem Kaliber. In dem so benannten Salon arbeiten zwei Friseurinnen mit langer Lockenmähne, die eine schwarz-, die andere rothaarig. Selten passen Namen, Namensgeber(innen) und Inventar so gut zusammen, zumal der kleine Raum für die Färbemittel Zauberküche heißt und gut verteilt Hexenbesen auf ihren Einsatz warten.

In Zeiten, als die Frauen ihr Haar züchtig unter Hauben verbargen und die Mädchen straffe Zöpfe flochten, um gegen Verlockungen gefeit zu sein, erwies sich ein Widerstand gegen sexuelle und gesellschaftliche Normen als lebensbedrohlich. Die Inquisition setzte auf den Glauben an die Haare als

Ursprung machtvoller Energien; damit war die Möglichkeit gegeben, die verdächtigen Kräuterfrauen, Heilerinnen und Hebammen ihrer vermeintlich magischen Kräfte zu berauben. Aus der Annahme, der Teufel komme nur zu Personen mit langem Haar, erwuchs die Überzeugung, die als Hexen angeklagten Frauen hätten durch Lösen und Schütteln des Haars ihre Zauberkräfte freigesetzt. Wenn überdies die Lockenpracht rot glühte und damit die Farbe des Höllenfeuers zeigte, half nur noch das radikale Scheren, bevor das Opfer nach weiterer Folter auf dem Scheiterhaufen verbrannt wurde, zumeist unter schadenfroher Anteilnahme der Bevölkerung.[10] Die Wertschätzung der Haarfarbe Rot hat sich seitdem erfreulicherweise verändert; vor „Tom's haariger Hexerei" braucht niemand mehr Angst zu haben.

Dasselbe gilt für „Merlin's zauberhafte Frisuren"; der Namensgeber Merlin ist als Zauberer aus der Artus-Sage bekannt, ein Einsiedler, der als ein dauerhaft im Wald lebendes Naturwesen mit dichter Behaarung ausgestattet war.

Ob „Mekki" sich auf den aus Kinder-Comics bekannten Igel beruft, ließ sich nicht erfolgreich ermitteln. „Pierrot" ist dagegen nachweislich einer komischen Figur des italienischen Theaters verpflichtet, die seit dem Ende des 17. Jahrhunderts, weiß geschminkt und weiß gekleidet, die Zuschauer französischer Theater erfreute. Auch „Max und Pippilotta" sind eindeutig zu identifizieren, die männliche Figur mit dem charakteristischen Haarschopf aus der Bildergeschichte von Wilhelm Busch und die Astrid-Lindgren-Heldin Pippi Langstrumpf, die ihr feuerrotes Haar zu zwei abstehenden Zöpfchen gebunden trägt. Natürlich widmen sich die Friseure der genannten Salons mit besonderer Hingabe ihren kindlichen Kunden.

Von deutlich geringerem Bekanntheitsgrad ist das mythologische Personal der Antike, das in den Namen von Friseurbetrieben fortlebt: „Aphrodite", die griechische Göttin der Liebe, „Venus", die römische Parallele, „Artemis", die Göttin der Jagd, vermutlich mit emsigem „Haarklau" beschäftigt, „Isis", die zauberreiche Göttin der Ägypter. Das männliche Prinzip vertreten „Hairkules", mythischer Held der Antike, der sich am Scheideweg für die Tugend entschied und in der Folgezeit zwölf übermenschlich schwere Arbeiten zu bewältigen wusste, und „Narziß", der, stolz auf seine Schönheit, in Liebe zum eigenen Spiegelbild entbrannte, worauf er in den reflektierenden Wasserfluten versank und als Narzisse wiedererstand. Unklar bleibt, ob die Namensgebungen Vorbildcharakter tragen oder dezent mahnend gemeint sind. Gleichermaßen mysteriös wirkt die „Sphinx", benannt nach dem ägyptisch-griechischen Mischwesen aus Menschenkopf – für Friseure also durchaus geeignet – und Tierkörper.

In den erlauchten Kreis gehört auch „Medusa", unter ,haarigen' Aspekten der mittelalterlichen Hexe vergleichbar. Im griechischen Kultus waren die Mänaden die Anhängerinnen des Gottes Dionysos, die durch wehendes, ungeordnetes Haar auffielen. Von ihnen stammt Medusa ab, berühmt wegen ihrer extrem wilden Haarpracht, von züngelnden Schlangen durchzogen; Schlangenhaut und Hornschicht des Haars sind gleichermaßen zur Regenerierung fähig, was die bildliche Vorstellung begründet haben mag.[11] Die Kunden des Salons müssen selbst herausfinden, inwieweit er der Namenspatin gerecht wird; dass sie nach der Behandlung deutlich gepflegter aussehen als die Vorzeige-Mänade, versteht sich aber wohl von selbst.

Wenn wir aus dem antiken Umfeld in den exotisch-orientalischen Bereich wechseln, gehört der erste Rang „Cleopatra", der ägyptischen ,Traumfrau der Antike', die ihren Ruf weniger ihrer Politik als ihren Amouren mit Marc Anton und Cäsar verdankt. Ihr steht ein „Gladiator" zur Seite, dazu finden sich „Aida" und der „Pharao" ein, nebst „Fatima", „Indira" und dem „Sultan", für die natürlich der „Haarem" geöffnet ist.

Zurück in heimische Regionen! Dass jetzt „Lorelei", das Urbild der verführerischen Blondine, auftaucht, war wohl zu erwarten. Anfang des 19. Jahrhunderts nahm sich Clemens Brentano der lokalen Sage von dem Zauberwesen am Rheinfelsen an, gab ihm Namen und erotische Wirksamkeit. Da sitzt also die laszive Schöne hoch über dem Fluss und kämmt so aufreizend ihre goldenen Locken, dass die Seeleute bei ihrem Anblick dem Bann erliegen und kurz darauf in den Fluten versinken. Heinrich Heine fasste 1823/24 das „Märchen aus alten Zeiten" in die Verse, die seitdem zum Repertoire von Lesebüchern und Männerchören gehören. Schöner lässt sich die Zauberkraft des weiblichen Haars kaum beschreiben! Das Vorbild benötigte dazu nicht einmal einen Friseur, bei entsprechenden Imitationen sind die zauberhaften Handwerker gerne behilflich. Sie arbeiten auch in der Tradition von „Tristan" und „Lohengrin", erinnern an die Helden der mittelalterlichen Literatur ebenso wie an „Romeo & Julia" und die ewig lächelnde „Mona Lisa".

Im „Aquarius" lässt sich das Musical „Hair" wiedererkennen, in dem in den 60er Jahren junge Leute ihre Hoffnung auf ein neues Zeitalter im Zeichen des Wassermanns setzten – dazu gehörte die lange Mähne zum Ausdruck der Hippiefreiheit.

In Salons wie „Edwards" oder „Scissorhands" geht der solchermaßen apostrophierte Protagonist eines amerikanischen Fantasy-Films von 1990 seinen Kernkompetenzen nach. Gemeint ist der künstlich erschaffene Edward, der, als sein Erfinder stirbt, noch nicht ganz vollendet ist. So trägt er statt normaler Hände eine Apparatur aus Scheren, mit denen er, als er in die Menschenwelt gerät, zuerst Büsche und Hecken, dann Hunde- und schließlich Frauenhaare bearbeitet, mit unerwartet großem Erfolg sogar. Diese wird auch seinen Nachfolgern beschieden sein, von denen hingegen erwartet werden darf, dass sie sowohl Hände als auch Scheren einsetzen.

„Pony & Clyde" wurden bereits erwähnt. Hier geht es eher um die lautliche Verwandtschaft Pony/Bonny als darum, das Verbrecherpaar aus dem US-Film von 1967 als prototypisch für das Friseurhandwerk zu empfehlen. Immerhin endete es nach Banküberfall, Autodiebstahl und manch anderen Übeltaten im Kugelhagel, was dem erfolgreichen Friseurbesuch zweifellos kontrapunktisch entgegensteht.

Erklärungsbedarf besteht vielleicht noch für die „Kindliche Kaiserin": Sie verkörpert in Michael Endes „Unendlicher Geschichte", 1979 erschienen, die Phantasie – in der Gestalt eines Kindes mit strahlend weißem Haar. „O'Haara" wiederum heißt mit vollem Namen Scarlett O'Hara und ist die legendäre Südstaatenschönheit aus dem immer noch gern gelesenen Roman von Margaret Mitchell, unter dem Titel „Vom Winde verweht" erschien er 1936.

Das „Who is who" der großen, weiten „Haarwelt" umfasste bisher, aus diversen Zeiten und Kulturkreisen zusammengesucht, fiktive Personen; die Identität der rätselhaften Mona Lisa sollte zumindest für diesen Zusammenhang weiterhin ein Geheimnis bleiben. Leibhaftig auf Erden weilte dagegen ohne jeden Zweifel die Nacktänzerin Mata Hari (eigentl. Margaretha Zelle), die nebenberuflich als die bekannteste Spionin aller Zeiten wirkte und 1917 hingerichtet wurde: Als Namenspatin von „Mata Haari" empfiehlt sich die durchaus ansehnliche Künstlerin, weil die Doppelung des a-Vokals auf das bedeutungsträchtige ‚Haar' zurückweist.

Es ähnelt einem Sakrileg, übergangslos von der Doppelagentin zum anerkannten deutschen Dichterfürsten überzugehen. Aber es muss sein, schließlich wollen wir den Salon „Goethe" nicht einfach übersehen. Die Namenswahl ist mittelbar hergeleitet, da der Betrieb in der Goethestraße beheimatet ist. Dabei ließe sich die Patenschaft auch durch die Haarpracht begründen, die dem namhaften Poeten bis ins hohe Alter eignete. Als gleichermaßen berühmter Liebhaber schöner Frauen hat er sich mit verbaler Zauberkraft auch deren Lockenfülle angenommen. Hier zumindest eine Kostprobe des lyrischen ‚Stylings':

Einst erschien sie auch mir, ein bräunliches Mädchen, die Haare
Fielen ihr dunkel und reich über die Stirne herab,
Kurze Locken ringelten sich ums zierliche Hälschen,
Ungeflochtenes Haar krauste vom Scheitel sich auf.
Und ich verkannte sie nicht, ergriff die Eilende; lieblich
Gab sie Umarmung und Kuß bald mir gelehrig zurück.
O wie war ich beglückt! – Doch stille, die Zeit ist vorüber,
Und umwunden bin ich, römische Flechten, von euch.[12]

Dem lässt sich nicht mehr viel hinzufügen.

Beachtung verdient noch der **Zeitfaktor**, der doch auch das wirkliche Leben beherrscht. „Zeit" mahnt da ein Friseurbetrieb, eingedenk der Tatsache, dass der Haarschnitt in übersichtlichen Rhythmen zu erfolgen hat, als „Zeitabschnitt" sozusagen. Die ein, zwei Stunden, die dafür einzusparen sind, ergeben dann die „Liebezeit". Und das nicht nur dienstags bis freitags, zuweilen auch am Montag, ganz bestimmt aber am „Sonnabend".

Geht's noch | Bochum

Flora und Fauna ergänzen das edle Styling von Salon und Benennung. Es geht zu wie im „Wespennest", betriebsam und unter fröhlichem Summen, hoffentlich bohrt sich niemandem der Stachel in Haut und Haar. Das wäre zwar an den Haaren herbeigezogen, doch stimmt bedenklich, dass es auch einen Betrieb namens „Mücke" gibt. Wenn an der Fassade Wörter wie „Orchidee" oder „Weihrauch" prangen, stellen sich sofort angenehmere Assoziationen ein. Und angesichts der „Heidelbeerzeiten" geraten wir auf der Stelle ins Träumen … hm …

Schließlich, am Ende einer Auflistung, die mit Sicherheit tagtäglich auf den neuesten Stand zu bringen wäre, bleiben noch einige **ausgekämmte Reste**, Salonnamen, die sich nirgendwo einordnen lassen, schön, dass es sie gibt.

Dazu gehört der eingangs erwähnte „i-Punkt", dazu gehört der Name, der für den letzten Teil der Untersuchung den Titel lieferte: „Geht's noch?" Sobald wir uns dem Laden nähern, ist die Frage geklärt, das Problem gelöst. So erkundigt sich jemand, der unangemeldet, verzweifelt, atemlos zu später Stunde den Salon betritt, sehr augenfällig

einer Haarbehandlung dringendst bedürftig. Dem Menschen kann geholfen werden, ganz ohne mahnenden Blick auf die Uhr, denn hier finden die Verschönerungsaktionen bis Mitternacht statt, ohne Zeitdruck, ohne niederschmetternde Verweigerung. Ein wunderbares „Schicksaal"! Wenn außerdem noch „Schokogold" und „Coffee on Tour" locken, stellt sich am Ende tiefe Dankbarkeit ein. Sie sind, da müssen wir uns einfach wiederholen, zauberhaft, unsere Friseure und die fabelhaften Namen, die sie für ihre Salons fanden.

Das gilt uneingeschränkt, auch für die Haarkünstler, die nach Nächten endlosen Grübelns entnervt das betriebseigene Handtuch warfen: für den „Friseur Namenlos" und den „Friseur ohne Namen".

Pauls Sisters | Berlin

Konkurrenz | Essen

FREUNDE FÜRS LEBEN? FRISEURE UND IHRE KUNDEN

Hoffrisör | Frankfurt/M.

Coiffeur Phantasie | Duisburg
Brainworker | Berlin
headhunter | Bremen
Scalphunter | Hamburg
Barber's corner | Bochum
Masculin Barber Shop | Bielefeld / Duisburg
Ali Barber Shop | Hamburg

Hoffrisör | Frankfurt/M. / Hamburg
Salon Star | Frankfurt/M.
Fiffikus | Hamburg
Freestyler | Duisburg
Styling Crew | Duisburg
Style Council | Lübeck
Insider | Köln
Comic-Friseure | Duisburg

Mad Max | München
Figaro's life | Berlin
Frisör coco ist doch logo | Lübeck
Seval's Traum. Trend Style in the City | Dortmund
Die Pauls Sisters | Berlin
Die kleene Schwester | Berlin

Konkurrenz | Essen / Köln
Die Konkurrenz | Kassel
Die Zwei | Frankfurt/M.
Herzblut-Cutter | Berlin
Tänzer-Team | Düsseldorf
Profil | München
Freiraum | München

Fashion for Friends | Dortmund

Stilleben | Herne

Geheimtipp | Frankfurt/M.

Stadtgespräch | Köln

Fama | Frankfurt/M.

indiskret |
Frankfurt/M. / Hamburg

Unverschämt |
Berlin / Frankfurt/M.

Klatsch und Tratsch | Berlin

Von Kopf bis Fuß | München

deine heimat kollektiv |
Frankfurt/M.

Sie und Er | Frankfurt/M.

Er – Sie – Es | Frankfurt/M.

Er + Sie + Es | Hamburg

Twins | Köln

Egoist | Frankfurt/M.

Freunde | Frankfurt/M.

Fashion for Friends | Dortmund

The unknown friends | Berlin

Salon for Men | Oberhausen

Men-Shop | Duisburg

Mann o Mann | Berlin

Maskulin und Feminin | Berlin

Pretty Women and Men | Köln

Pretty Woman | Hamburg

Kluge Mädchen | Hamburg

Tussy Lounge | Berlin

Girls like Ponies | Dortmund

birds & fellows | Essen

AD-HOC for cowboys and
poodles | Hamburg

Kings & Queens | Hamburg

Immerschön | Travemünde

QUALITÄT SPRICHT FÜR SICH

Lifestyle | Herne

Life & Style | Eutin

Styling & More | Dortmund

Cocoon Style |
Bremen / Gelsenkirchen

Beauty Style | Berlin

Beauty Line | Halberstadt

Beauty & More | Oberhausen

Consequent Beauty | München

Beautyday | Berlin

Modern Arts | Hamburg

Art Works | Münster

Basic Line | Hamburg

Blickfang | Bielefeld / München

Eye-Catcher | Berlin

prachtstück | Frankfurt/M.

Tausendschön |
Düsseldorf / Witten

Immerschön | Travemünde

Fiff | Berlin

Edelschliff | Augsburg

Stil-Bruch | Dortmund

Salon stilgerade | Leipzig

All in one | Berlin

Seven Senses | Hamburg

Adrett | Halberstadt

Apart | Berlin / Halberstadt

Clever & Smart | Berlin

Enorm | Düsseldorf

Fähig | Berlin

fesch | Berlin

Hübsch | Berlin

Innovativ | Potsdam

Säuberlich | Berlin

Schlicht | München

Stilvoll | Berlin

up to date | München

TROTZDEM: DIE EINEN SAGEN SO, DIE ANDEREN SO …

Metamorphosis | München

Die Verwandlung | München

Chaos | München

Molotow Haardesign |
München

Tsunami | Berlin

Blitz | Berlin

Hinguck-Frisuren | Münster

Absolut Pure | Essen

Just Nature | Köln

Outfit | Frankfurt/M.

First Class | Frankfurt/M.

Carnaval Hair Design |
München

Particular | Düsseldorf

freestyle | München

Schönheit | Halberstadt

Schönheitsrausch | München

Glanz + Gloria | München

anders | Berlin

Lust auf Mehr! | München

Get more | Hamm

AHA | München

Okay | Hamburg

Yes please |
Hamburg / Heidelberg

EXZESS

for your Hair

Öffnungszeiten:

Montags	geschlossen
Dienstag - Freitag	9.00 - 20.00 uhr
Samstag	9.00 - 16.00 uhr

(Mittwochs Herrensalon geschlossen)

erholungsgebiet die Friseurmeister

erholungsgebiet | Frankfurt/M.

Exzess | Quedlinburg

GROSSE EMOTIONEN

Respect | Hamburg

Feelgood | Köln

Relax | Berlin

erholungsgebiet | Frankfurt/M.

Refugium | Berlin

Aura | Berlin

karma | Frankfurt/M.

Traumwerk | Hamburg

Liebezeit | Berlin

Liebesdienste | Frankfurt/M.

Surprise | Bielefeld

Temptation | Hamburg

Seelenrausch | Frankfurt/M.

Adrenalin | Frankfurt/M.

Exzess | Quedlinburg

Schamlos | Frankfurt/M.

adrenalin
fashion - hairstyling

Adrenalin | Frankfurt/M.

Catwalk | Essen

Lockschuppen | Halberstadt

ORTSGEBUNDEN

Strubbelkiste | Gelsenkirchen
Lockschuppen | Halberstadt
Trendschmiede | München
Style Bar | Bielefeld
Oase | Hamburg
Entspannungsoase | Leipzig
Schönheitsoase |
Augsburg / München
Schönheitsfarm |
Mülheim / München
Theatrum | Frankfurt/M.
Flöz 13 | Oberhausen

Obelisk | Leipzig
Zauberberg | Berlin
Fürstliches Palais | Berlin
Titanic | Duisburg
Dirty Sticky Floor | Köln
Notaufnahme | Berlin / Hamm

Backstage |
Dortmund / Düsseldorf
Catwalk | Essen
Bridges | Berlin

VOM HIMMEL DURCH DIE WELT ZUR HÖLLE

Hairgott | München
Heaven 7 | Düsseldorf
Heavensgate | Düsseldorf
A little piece of heaven |
München
Eden | Frankfurt/M.
Evas Paradies | Berlin
engel + helden | Düsseldorf
Cowboys 'n Angels |
Frankfurt/M. / München
Burning Angel | Bochum

Sternschnuppe – Träume
werden wahr | Recklinghausen
Sunnymoon | Berlin
Blue Moon |
Hamburg / Heidelberg
Himmel und Hölle | Hamburg
Mephisto – teuflisch gut mit
dem himmlischen Service |
Schwerin
Mephisto, Handwerkstatt für
Haare | München

Welt der Frisuren | München
Hauptstadtschnitt | Berlin
Neo Berlin | Berlin
New York Beauty | Berlin
Imperial | Bremen
Metropol | Recklinghausen
Europa | Gelsenkirchen
Lourdes | Münster
Monaco | München
Istanbul | Bochum / Oberhausen
Babylon | Essen
Efesus | Waltrop
Karthago | Frankfurt/M.
Luxor | Gelsenkirchen
Casablanca | Hamburg
Caracas | Gelsenkirchen

Sternschnuppe – Träume werden wahr | Recklinghausen

WHO IS WHO?

Struwwelpeter |
Frankfurt/M. / Haltern u.ö.

Struwwelpetra | Duisburg

Heinzelmann | München

Rapunzel |
Bottrop / Düsseldorf u.ö.

Rapunzelturm | Schwerin

Ecke Rapunzel | Oberhausen

Haarpunzel |
Bremen / Hamburg u.ö.

Cinderella |
Augsburg / Gelsenkirchen

Haarhexe | Gelsenkirchen

Hexes Friseursalon |
Frankfurt/M.

Tom's haarige Hexerei |
München

Merlin's zauberhafte Frisuren |
Berlin

Mekki | Frankfurt/M.

Pierrot | München

Max und Pippilotta | Berlin

Adam und Eva | Berlin

Adam | Berlin

Evas Paradies | Berlin

Aphrodite |
Frankfurt/M. / München

Artemis | Berlin

Venus | Berlin / Frankfurt/M.

Isis | Recklinghausen

Medusa | Berlin

Sphinx | München

Haarpyie | Berlin

Hairkules | Kassel

Narziß | Berlin

Cleopatra | Frankfurt/M.
Gladiator | Hamburg
Pharao | Dortmund
Aida | München
Diva | Frankfurt/M.
Fatma | Frankfurt/M.
Indira | Frankfurt/M.
Pascha | Lübeck
Sultan | Frankfurt/M.
Haarem | Köln / München

Lorelei | Berlin
Lohengrin | Berlin
Tristan | Berlin
Romeo & Julia hairdreams | Frankfurt/M.
Mona Lisa | Hamburg / München

Aquarius | Berlin
„Edwards" Haarschneider | Augsburg
Die mit den Scherenhänden | München
Scissorhands | Kassel
Pony & Clyde | Hamburg
Pony & Kleid | Hamburg
O'Haara | Augsburg / Hamburg
Kindliche Kaiserin | Hamburg

Mata Haari | Berlin / München u.ö.
Goethe | München

Haarhexe | Gelsenkirchen

Romeo & Julia | Frankfurt/M.

FAKTOR ZEIT

Zeit | München   Liebezeit | Berlin
Zeitabschnitt | Frankfurt/M.   Sonnabend | München

FLORA UND FAUNA

Orchidee | München   Mücke | München
Kaktusblüte | München   Wespennest | Köln
Heidelbeerzeiten | Berlin   Weihrauch | Köln

AUSGEKÄMMTE RESTE

i-Punkt | Quedlinburg   Mikado | Hamburg
Seidenfaden | Essen   Memories | Hamburg
Schicksaal | Schokogold | Berlin
Bielefeld / Potsdam   Coffee on Tour | Frankfurt/M.
     Geht's noch? | Bochum

Friseur Namenlos | Hamburg
Friseur ohne Namen | Hamburg

„Über kurz oder lang“:
Eine respektable Schnittmenge

Wie wir sahen, finden sich die mit beachtlicher Mähne ausgestatteten literarischen Figuren in den Namen der Friseursalons wieder – Lorelei und Pippilotta, Struwwelpeter und Medusa seien noch einmal als repräsentative Schnittmenge erwähnt, und die rothaarigen Hexen und ihre toughen Nachfolgerinnen sowieso.

Nun also „Über kurz oder lang“: Die Redensart umreißt eine vage Zeitspanne, morgen oder irgendwann, vielleicht auch nie… Für eine Verabredung oder gar die Anmeldung beim Coiffeur eignet sich die Formel also nicht. Und doch schmückt sie die Fassaden von Friseurläden, wurde mehrfach als Name eines Salons gewählt, denn hier, hinter der Fassade mit dem signifikanten Motto, fällt nun einmal die Entscheidung über den kurzen oder langen Kopfputz, überdies ohne großen Aufschub.

„Über kurz oder lang“, das ist auch der Titel einer britisch-amerikanischen Filmproduktion aus dem Jahre 2000 mit vielen dramatischen Verwicklungen im Friseurmilieu, die, höchst anschauenswert, in der Präsentation extravaganter Kreationen für einen Friseurbewerb kulminieren.

„Über kurz oder lang“ heißt schließlich die deutschsprachige Ausgabe eines Jugendromans der französischen Schriftstellerin Marie-Aude Murail von 2010, „gewidmet all jenen, die aus mir einen Kurzhaarschnitt mit hellen Strähnchen über dunklerem Grundton gemacht haben“. Diese dankbare Dedikation bekundet eine tiefe Verehrung der Autorin für die Haarkünstler, die dem Gesamttext gleichermaßen zugrundeliegt.

Im Mittelpunkt steht Louis, 14-jährig, schüchtern, Schulversager, der während eines Praktikums die Zauberkraft des Handwerks kennenlernt. Mit dem

„Salon Marielou" eröffnet sich ihm eine neue Welt: „Der Salon war in goldenes Licht getaucht, das aus muschelförmigen Schalen drang. Inmitten von Shampoos, Pflegeshampoos und Volumenshampoos thronte an der Kasse die echte Madame Marielou, eine etwas kräftige Dame, die geschminkt war wie ein Farbkasten. Sie unterhielt sich mit einer Kundin, als wären sie seit Jahren befreundet. Die Kundin verließ den Laden, verfolgt von dem zärtlichen Lächeln der Chefin, die sich dann einer anderen Dame zuwandte, die gerade ihr Scheckheft hervorzog. Louis begriff, dass Madame Marielou sie genauso lieben würde wie die vorangegangene, und er tauchte mit dem Blick tiefer ins Innere des Salons ein." (S. 14f.) Neugierig belauscht er die intimen Gespräche der Kundinnen und schaut Fifi, dem jungen Angestellten, auf die Finger. „Fifis akrobatische Schere faszinierte ihn, sie war so flink, so präzise, sie glitt am Kamm entlang, klapperte direkt vor den Augen, haarscharf am Rand der Ohren." (S. 33) „Während Fifi schnitt, kommentierte er: ‚Ich dünne Ihnen den Pony aus, Madame Parmentier (klick, klick), so wirkt er weniger schwer. Das ist gerade sehr trendy (klick, klick), dieses Jahr schneidet man den Pony gern ein bisschen fransig (klick).' " (S. 33f.)

Schneller als gedacht naht die erste Bewährungsprobe, als Fifi dem Praktikanten die Schere zur Bearbeitung eines kleinen Jungen überlässt. „Louis hörte auf zu lachen, zu mucksen, ja sogar zu atmen. Er näherte sich mit der Schere dem Pony und legte nun selbst los. Seltsam, seine Finger schienen zu wissen, was zu tun war. Oder es lag an Fifis Schere. Die Gesten kamen ganz instinktiv." (S. 35)

Trotz der offenkundigen Naturbegabung erliegen der ambitionierte Nachwuchs-Figaro und sein Opfer bald der Tücke des Objekts: „Der hübsche blonde Pony sah aus wie ein zahnloser Kamm." (S. 36) Fifi übernimmt flugs die Schere und macht aus der Not eine Tugend: „In raschem Rhythmus fielen die blonden Locken auf die Fliesen. Wie gelähmt sah Louis zu, wie das Massaker mit dem Haarschneider seinen Fortgang nahm. In zwei Minuten wurde aus dem zarten Engelchen ein kräftiger kleiner Bursche." (ebd.) Sogar dessen überraschte Mama lässt sich von dem Ergebnis überzeugen. Und Madame Marielou, die seit einem verhängnisvollen Unfall auf den Rollstuhl angewiesen ist und bewegungslos die Regie führt, ahnt, dass sie es unversehens mit einem richtigen Talent zu tun hat.

Zweifellos besitzt Louis, der sonst immer von Misserfolgen geplagt war, besondere Anlagen. Und er tut alles, um sie zu fördern. Die Rapunzel-Barbie der kleinen Schwester eignet sich als Versuchsobjekt, schließlich kann sie sich nicht wehren, wenn er ihr die langen blonden Haare ausbürstet, dann zu Zöpfen flicht und ihr endlich sogar einen Stufenschnitt verabreicht.

Jede Schönheit braucht einen Spiegel.

HELLMUT WALTERS

„Louis empfand ein ganz besonderes Vergnügen daran, die Tür zum Salon Marielou aufzustoßen, die Ladenglocke bimmeln zu lassen und sich dann von all den mehr oder weniger giftigen Düften der Lacke, Färbemittel, und Pflegeshampoos einhüllen zu lassen. Er mochte es, aus der kräftigen Luft der Straßen in die giftige Schwüle des Salons zu wechseln. Der Salon Marielou war seine Insel." (S. 168)

Im Salon erfährt er Anerkennung, anders als in der Schule oder gar bei dem ehrgeizigen Chirurgen-Vater, der in seinem Stammhalter den künftigen Akademiker sieht. Die frustrierte Mutter reagiert einsichtiger, muss sich mit einer möglichen Friseurkarriere für ihren Sohn aber auch erst langsam anfreunden.

Die dramatischen Entwicklungen mit Schulverweigerung, Brandstiftung im Salon und rigiden Attacken des Vaters lassen Louis nicht ungeschoren davonkommen, führen jedoch „über kurz oder lang" zu einem furiosen Happy End. Die schulischen und familiären Querelen haben aus Louis einen entschlossenen, selbstbewussten jungen Mann gemacht. Nachdem die Schulprobleme geklärt sind, die Salonchefin erfolgreich operiert werden konnte und Vater und Sohn zu einem *gentlemen's agreement* gefunden haben, beginnt Louis hoch motiviert mit seiner Ausbildung und absolviert sie, wer hätte daran gezweifelt, mit besten Ergebnissen.

Zehn Jahre später übernimmt er mit Fifi den Salon von Madame Marielou, modernisiert ihn, integriert Kinderbereich, DVD-Lounge und Café-Bereich, vor allem aber: „Der junge Mann hatte eine

Idee. Ein neues Salonkonzept. Er hatte nicht vergessen, wie er als Jugendlicher an einem Montag die Hand auf die Klinke der verschlossenen Tür des Salons Marielou gelegt hatte. Der Salon Marielou wurde daher der erste Friseurladen, der nie schließt, weder am Tag, noch in der Nacht, ein pulsierendes Herz in der Stadt – unaufhörlich, vierundzwanzig Stunden am Tag, sieben Tage die Woche." (S. 217) Geht's noch?

„Geht's noch?" Wie wir uns erinnern, gibt es doch irgendwo im Ruhrgebiet einen unter diesem Namen firmierenden Betrieb, der das Konzept von Louis realiter erfüllt. Eine Schnittmenge, ohne jeden Zweifel.

Eine weitere kommt hinzu. Schließlich entschließt sich nämlich auch Louis, seinem Laden einen neuen Namen zu geben. Der „Salon Marielou" wird in „Louis and Fifi" umgetauft: Zugegebenermaßen eine Namenswahl von nicht gerade überbordender Originalität, allenfalls überrascht die englischsprachige Konjunktion. Auch im ‚wirklichen Leben' sind in Frankreich gerade einmal Salonnamen wie „Hair Coif", „Coiffure New Look" oder „Hair Libre" anzutreffen, höchstens von „Ré-

vélation" (‚Enthüllung') und „grains de beauté" (‚Schönheitspflästerchen') an sprachlichem Charme übertroffen; in „Changer d'hair" spielt der Betreiber mit dem im Französischen gemeinhin phonetisch unterschlagenen -h-, so dass aus dem ‚Haarwechsel' die ‚Luftveränderung' wird. Damit ist die sprachliche Kreativität dann aber auch erschöpft. Womit wieder einmal bewiesen wäre, dass die Namensvielfalt von Friseursalons zwar kein urdeutsches, aber doch eindeutig ein neudeutsches Phänomen ist.

Coiffeur Louis wiederum bleibt auf der Erfolgsspur. „In ganz Frankreich entstanden immer neue Niederlassungen von Louis and Fifi, bis das Unternehmen schließlich ein Netz von vierhundertfünfzig Salons betrieb." (S. 223) Hinzu kommt die eigene Haarpflegeserie, dergleichen kreieren auch viele der real existierenden Kollegen. Während der ‚wirkliche' Friseur aber gemeinhin mehr von seinen Kunden weiß als diese von ihm, erhält der Leser abschließend noch Einblick in Louis' private Sphäre: „Er hat sich in einen fransigen Carré-Schnitt mit Honigton-Strähnchen über dunklerem Grundton verliebt" (S. 224), der Autorin also nicht unähnlich.

Damit endet ein zauberhaftes Buch über die zauberhaften Haarkünstler. Den jugendlichen Lesern, die wie Louis in einem krisengeschüttelten Verhältnis zu Elternhaus und Schule stehen, kann es Mut machen, gleichzeitig führt es sie in eine Welt ein, die sie normalerweise nur von gelegentlichen Besuchen kennen. Ein Buch öffnet die Augen für das Leben.

Fiktion und Lebenswirklichkeit begegnen einander, bilden Schnittmengen. Und wie die Schriftsteller aller Zeiten und Sprachen sich der Horaz-Maxime *prodesse et delectare* verpflichtet haben, ist es das Anliegen der Friseure, Nützliches zu tun und phantasievoll mit Schönheit zu erfreuen. Zauberhaft!

Friseure gibt es überall, jederzeit dienstbereit
für Menschen, Köpfe, Haare … |
Betriebe in Nepal

Anmerkungen

VORWORT

[1] Haard: Landschaft im Münsterland/NRW; Haargarn: grob gesponnenes Mischgarn, unter Verwendung tierischer Haare; Haarling: Läuseart (*Mallophaga*); Haarstrang: Höhenzug in Westfalen, auch: Zierpflanze (*Peucedanum*); Haarwild: Sammelbezeichnung für alle jagdbaren Säugetiere; Haarzopf: Stadtteil von Essen

[2] König, HAARmonie, S. 9

[3] Peter Bichsel, Eine Frau. In: Glatze, Zopf und Dauerwelle, hg. v. Kim Bagus und Franz Josef Görtz, S. 123. S. auch Ausführungen im literarischen Teil.

[4] Jeggle, Schere und Macht, Haare und Potenz. In: Glatze, Zopf und Dauerwelle, a.a.O., S. 144: Blonde haben ca. 140 000, Dunkelhaarige 103 000, Rothaarige 88 750 Haare.

EINLEITUNG

[1] Sick, Haarige Zeiten, S. 127-131

[2] Droste, Im Sparadies der Friseure, S. 23-27. – S. auch: Christian Sobiella, Reim dich oder ich fön dich. In: mobil. Das Magazin der Deutschen Bahn, 04.2012, S. 110f. Auf den Nachweis weiterer Artikel in Zeitungen und Journalen wurde verzichtet.

[3] http://er.oeff.net/2008/wortspiele-namen-friseursalon/"Wortspiele als Namen für Friseursalons"; http://friseur.blogger.de/stories/141412/"Der Friseurladen: Friseurnamen" u.a.

„DER KLEINE FRISÖR" UND „DIE BADERIN"

[1] Kluge, Etymologisches Wörterbuch der deutschen Sprache, S. 233

[2] Wahrig, Deutsches Wörterbuch, S. 502

[3] Görtz, Kleine Vorbemerkung. In: Glatze, Zopf und Dauerwelle, a.a.O., S. 7

[4] Jedding-Gesterling / Brutscher (Hg.), Die Frisur, S. 17

[5] Ebd., S. 47. – Auch die weiteren Ausführungen greifen auf die Untersuchungen von Jedding-Gesterling / Brutscher zurück.

[6] Görtz, a.a.O., S. 9

[7] Benjamin Kingsbury, Leibbarbier Georgs III. von Großbritannien, zit. in Jedding-Gesterling, a.a.O., S. 162

[8] Jeggle, a.a.O., S. 153

[9] Martin Mosebach, Alexandre. In: Glatze, Zopf und Dauerwelle, a.a.O., S. 20f. – Louis Alexandre Raimon (1922-2008), bekannt als Alexandre de Paris, war jahrzehntelang der Friseur der Schönen und Reichen. Von der Herzogin von Windsor in die aristokratische Szene eingeführt, betreute er bald auch Farah Diba, Sirikit von Thailand und Gracia Patricia von Monaco. Zu seinen Kundinnen zählten ferner Greta Garbo, Elizabeth Taylor, der er 1963 die stilprägende Frisur für den Cleopatra-Film verpasste, und Audrey Hepburn. Die „Sphinx de la coiffure" arbeitete erfolgreich mit Coco Chanel, Yves Saint-Laurent und Christian Dior, wie diese Repräsentant französischer Eleganz.

[10] Vgl. die Verspottung des kahlköpfigen Elischa in 2 Kön 2,23

[11] Aus der Rede Jesu über die Endzeit; s. auch 1 Sam 14,45 und 1 Kön 1,52

[12] Vgl. Apg 27,34

[13] Kröger-Lorenzen, Deutsche Redensarten, S. 115

[14] Wagner, Schwein gehabt!, S. 42

[15] Kröger-Lorenzen, a.a.O., S. 693

[16] Ebd., S. 116

[17] Deutsches Sprichwörter-Lexikon, hg. v. K. F. W. Wander, 2. Bd., Sp. 228

[18] Hartmann von der Aue, Der arme Heinrich. Verslegende um 1195. Zit. in: Grimm, Deutsches Wörterbuch, Bd. 10, Sp. 21. – Übertragung: Sollte es dich nur um eines Haares Breite reuen, so hast du dein Leben verloren und alle meine Anstrengung ist umsonst.

[19] Ebd., Sp. 27

[20] In: Romane und Erzählungen in 8 Bänden, Bd. 5. 4. Aufl. Berlin, Weimar (Aufbau) 1993, S. 67f., S. 145

[21] Grimm, a.a.O., Sp. 14. – Die Nähe zum biblischen Bildgebrauch (Hiob 4,15) ist offensichtlich.

[22] Krüger-Lorenzen, a.a.O., S. 116

[23] Gottfried August Bürger, Die Abenteuer des Freiherrn von Münchhausen, Köln (Anaconda) 2010, S. 42f.

[24] Die französische Variante lautet: *couper des cheveux en quatre*, die italienische: *spaccare il capello in quattro* – Pedanterie auf die (Haar-)Spitze getrieben!

[25] Deutsches Sprichwörter-Lexikon, a.a.O., S. 217-230; hier nur eine kleine Auswahl aus über 300 Nennungen.

IN DER „KOPFKULTUR-LOUNGE"

[1] Im Folgenden wird die Schreibung „Friseur" gewählt, auf die Unterscheidung männlicher und weiblicher Form wird verzichtet.

[2] „In der Beschränkung zeigt sich erst der Meister", um Goethe zu zitieren … Die aufgeführten Beispiele vertreten jeweils die Fülle des Angebots; dabei wurden einige regionale Gebiete bevorzugt – die Großstädte Berlin, Frankfurt/M., Hamburg, München, das Ruhrgebiet, Teile der Ostseeregion etc. –, auf der Grundlage von eigenen Erkundungen, Telefonbüchern und ähnlichen Listen. In der Nennung bleiben Namensbestandteile wie „Friseur/Frisör …" oder „Salon …" i.d.R. unberücksichtigt, die weiteren Informationen beschränken sich auf maximal zwei Ortsangaben.

[3] Signifikante Namen wie Breitschädel, Schlechthaupt und Breitbarth könnten zu weiteren Untersuchungen verführen, die aber aus Gründen der Diskretion nicht weiter verfolgt werden.

[4] Jeggle, a.a.O., S. 155

[5] Ebd., S. 147

[6] Wahrig, a.a.O., S. 812

„HAIR. BEAUTY. FASHION"

[1] Peter Nonnenmacher, Das britische Empire mag tot sein. In: Frankfurter Rundschau vom 25.07.1997

[2] Schönfeld, alles easy, S. 9

[3] Ebd., S. 8

[4] Ebd., S. 11

[5] Ebd., S. 7

[6] Dieter E. Zimmer, Alles eine Sache des Geschmacks? Von wegen! In: DIE ZEIT, Nr. 31 vom 26.07.2007

[7] Peter Bichsel, Gegen ein „Reinheitsgebot": Englisch macht Deutsch lebendig. In: Kölner Stadt-Anzeiger vom 02.08.2001

[8] Schönfeld, a.a.O., S. 8, hier bezogen auf den Sachverhalt im Allgemeinen.

[9] Wahrig, a.a.O., S. 878

[10] Schönfeld, a.a.O., S. 82

[11] Lindsay, Furcht und Schrecken im Friseursalon, S. 18f.

[12] Ebd., S. 23

[13] Ebd., S. 130

[14] Wahrig, a.a.O., S. 339

[15] Ebd., Herleitung von *to cut away* ‚wegschneiden'

[16] Lindsay, a.a.O., S. 19, S. 60

[17] Aus einem Volkslied des 17. Jahrhunderts. In: Echtermeyer, Deutsche Gedichte. Neugestaltet von Benno von Wiese, Düsseldorf (Bagel) 1966, S. 63. Bildspender für den Tod als ‚Sensenmann' ist natürlich der Bauer bei der Ernte.

„WELT DER FRISUREN"

[1] Jedding-Gesterling, a.a.O., S. 99

[2] Ebd., S. 136

[3] Ebd., S. 218

[4] Ebd., S. 106, Zitat aus einem zeitgenössischen Brief

[5] Ebd., S. 235

[6] Lindsay, a.a.O., S. 20

[7] Schünemann, Der Frisör, S. 9, S. 20

[8] Wahrig, a.a.O., S. 1141

[9] Schönfeld, a.a.O., S. 101

[10] Jedding-Gesterling, a.a.O., S. 44ff.

[11] Christian Hofmann von Hofmannswaldau, in: Echtermeyer, Deutsche Gedichte, a.a.O., S. 115

[12] Jedding-Gesterling, a.a.O., S. 234

„MEIN WUNDERBARER WASCHSALON"

[1] Lindsay, a.a.O., S. 41

[2] Ebd.

[3] Bolt, Haare, S. 51

[4] Ebd.

[5] Schünemann, a.a.O., S. 35

[6] Entwurf von Michael Holtschulte, Herten

[7] Jeggle, a.a.O., S. 147-149; s. auch Ausführungen zum Wortfeld Schnitt.

[8] Schünemann, a.a.O., S. 8

[9] Lindsay, a.a.O., S. 53

[10] Domschatz Quedlinburg; der Elfenbeinkamm ist vermutlich ägyptischen Ursprungs und wurde nachträglich mit einer Goldmontierung, Steinschmuck und Silberperlen verziert.

[11] Wahrig, a.a.O., S. 806

[12] Jedding-Gesterling, a.a.O., S. 55

[13] Schünemann, a.a.O., S. 114

„GEHT'S NOCH?"

[1] Schönfeld, a.a.O., S. 151

[2] Entwurf von Christiane Luftmann und Denny Stiefken, zugleich auch Betreiber des Salons.

[3] Schönfeld, a.a.O., S. 25

[4] In: Faust. Der Tragödie erster Teil. Hg. v. Erich Trunz, München (Beck) 1999, S. 15

[5] In: Der Struwwelpeter. 3. Aufl. der Ausgabe aus dem Nachlass Frankfurt/M. (Insel), 1988

[6] Jubiläumsblatt zur 100. Auflage 1876, ebd.

[7] Julius Lütje, Die Struwwelliese. Reprint der Originalausgabe von 1890 Esslingen (Esslinger) 2011

[8] Grimms Märchen. Hamburg (Dressler) 1988, S. 194

[9] Ebd., S. 196

[10] Für den Zusammenhang: Bolt, a.a.O., S. 172 und König, a.a.O., S. 14

[11] Bolt, a.a.O., S. 145

[12] In: Gedichte. Hg. v. Erich Trunz, München (Beck) 1999, S. 159f. (Römische Elegien IV)

Literaturverzeichnis

Kim Bagus und Franz-Josef Görtz (Hg.), Glatze, Zopf und Dauerwelle. Ein haariges Lesebuch. Leipzig (Reclam) 1996

Nina Bolt, Haare. Eine Kulturgeschichte der wichtigsten Hauptsache der Welt. Dt. Übers. Bergisch Gladbach (Bastei Lübbe) 2001

Wiglaf Droste, Im Sparadies der Friseure. Eine kleine Sprachkritik. 2. Aufl. München (Goldmann) 2010, S. 23-27

Franz-Josef Görtz, Kleine Vorbemerkung. In: Glatze, Zopf und Dauerwelle, w.o., S. 7-17

Jacob und Wilhelm Grimm, Deutsches Wörterbuch. Erstausgabe 1877. Ausgabe München (dtv) 1991

Christian Janecke (Hg.), Haar tragen. Eine kulturwissenschaftliche Annäherung. Köln (Böhlau) 2004

Maria Jedding-Gesterling und Georg Brutscher (Hg.), Die Frisur. Eine Kulturgeschichte der Haarmode von der Antike bis zur Gegenwart. München (Callwey) 1988

Utz Jeggle, Schere und Macht, Haare und Potenz. In: Glatze, Zopf und Dauerwelle, w.o., S. 144-158

Friedrich Kluge, Etymologisches Wörterbuch der deutschen Sprache. 22. Aufl. Berlin/New York (de Gruyter) 1989

Annette König, HAARmonie. Styling, Pflege und Ausstrahlung. Kreuzlingen/München (Hugendubel) 2002

Kurt Kröger-Lorenzen, Deutsche Redensarten. Wiesbaden (VMA-Verlag) o.J.

Douglas Lindsay, Furcht und Schrecken im Friseursalon. Dt. Erstausgabe o.O. (Goldmann) 2000

Marie-Aude Murail, Über kurz oder lang. Dt. Übers. Frankfurt/M. (Fischer) 2010

Eike Schönfeld, alles easy. Ein Wörterbuch des Neudeutschen. 2. Aufl. Nördlingen (Beck) 1995

Christian Schünemann, Der Frisör. Zürich (Diogenes) 2006

Bastian Sick, Haarige Zeiten. In: Der Dativ ist dem Genitiv sein Tod. Folge 3, Köln (Kiepenheuer & Witsch) 2006, S. 127-131

Gerhard Wagner, Schwein gehabt! Redewendungen des Mittelalters. 3. Aufl. Euskirchen (Regionalia) 2010

Gerhard Wahrig, Deutsches Wörterbuch. 7. Aufl. der Neuausgabe Gütersloh/München (Wissen Media) 2005

Karl Friedrich Wilhelm Wander (Hg.), Deutsches Sprichwörter-Lexikon. Stuttgart (Akademische Verlagsgesellschaft) 1987

Wörterbücher des Verlags Langenscheidt

Textabdruck „Du hast die Haare schön" mit freundlicher Genehmigung des Verfassers, Nennung der Pflegeprodukte der Produktpalette Berrywell mit freundlicher Genehmigung der Firma

Barbara Maurmann

HAARE UND FRISUREN
IN DER LITERATUR

Einführung

Glatt, wellig, lockig, strähnig, üppig, spärlich, gescheitelt, blond, braun, schwarz, weiß, rot – Natur oder mal mehr, mal weniger gelungenes kunstvolles Produkt meisterlicher Fingerfertigkeit im Umgang mit Föhn, Schere, Rasiermesser, Kamm, Gel, Spray, Farbtiegel und Pinsel, Lockenstab und Locken-wickel, im wörtlichen Sinne nur ganz „äußerlich" – unser frisiertes oder unfrisiertes Kopfhaar ist immer auf den ersten Blick sichtbar, zum Anfassen sozusagen, sofern nicht unter Hut, Mütze, Kapuze oder Tuch verborgen, aber in jedem Falle auch dann persönlicher Stil, Schutz gegen Hitze, Nässe, Kälte, Modetrend, Demonstration von Lebensgefühl, manchmal von Weltanschauung, im echten Leben und im Entwurf erdachter Figuren in der Romanwelt.

Die Liebe zu mir

Meine Mutter liebt mich.
Mein Vater liebt mich.
Alle Eltern lieben ihre Kinder.
Von der Geburt bis zum Tode.
Von meiner Geburt bis zu ihrem Tode
- und darüber hinaus.
Ich danke auch schön dafür.
Von der Geburt bis zum Tode.
Von meiner Geburt bis zu meinem
Tode – und darüber hinaus.
Nur, ich erweise mich
der Liebe der Eltern nicht würdig.

Meine Hose ist oben zu eng
und unten zu weit.
Meine Haare sind zu lang.
Mein Rekorder zu laut …
Außerdem spare ich auf eine Honda.
Für meine Eltern bin ich:
Meine Hose und meine Haare,
mein Rekorder
und mein Traum von der Honda …
Und weil meine Eltern
eine Honda nicht lieben können,
und weil meine Eltern …

Graffito an der Ruhr

einen Rekorder nicht lieben können
und meine Hose und meine Haare
nicht lieben können,
fällt es ihnen auch so schwer,
mich zu lieben.
Doch gerade deshalb muss ich
doppelt,
und dreifach dankbar sein,
dass meine Eltern mich lieben,
denn für sie ist die Liebe zu mir
tatsächlich Schwerarbeit.

CHRISTINE NÖSTLINGER. IN:
AM MONTAG FÄNGT DIE WOCHE AN.
HG. VON HANS-JOACHIM GELBERG,
WEINHEIM/BASEL 1973

Beispiele aus der Kinder- und Jugendliteratur

In der **Kinder- und Jugendliteratur** begegnen den jungen Leserinnen und Lesern viele, ganz unterschiedliche „Charakter-Haarschöpfe" in beinahe allen Farben und Formen. Frisuren sind ein Thema, manchmal sogar ein Problem, bereits für Kinder.

Kathi, Friederike und Lady Punk – Haare gut, alles gut

Die kleine Kathi Rumpel, Protagonistin in Christine Nöstlingers Roman *Am Montag ist alles ganz anders*, hat den Durchblick: „ ‚Über meine Haare bestimme ich und sonst niemand!' "(S. 39)[1]

Viel durchschlagender aber ist ihre Überlegung, mit einem neuen Haarschnitt „ ‚werde ich keine andere' " (S. 37). Die Achtjährige hat ein echtes Frisur-Problem: Ihr schwarzer Lockenkopf, der sie für die Schneewittchen-Rolle im letzten Schuljahr prädestiniert hat, ist zur „Läusewohnung" (S. 32) mutiert, und der Einsatz von chemischen Läusemitteln und Staubkamm kann das Übel nicht unbedingt grundlegend beseitigen. Da hilft nur eins, und Kathis Großmutter, die Friseurin ist und richtig Ahnung hat, weiß: Der Afrolook muss weg, in den Locken sitzt „es"! Kathi braucht eine neue Frisur, einen Kurzhaarschnitt! Omas Frisurenhefte bieten jede Menge Anregungen: schulterlang, kinnlang, streichholzkurz, fransig, mit und ohne Pony und und und. Selbstbewusst entscheidet das Mädchen trotz der – zwar nur vorsichtig – geäußerten Bedenken der Friseurin-Oma: Eine Punkfrisur soll es werden! Laura Dita Rumpel, die jugendliche Großmutter mit ihren schulterlangen, blonden Haaren, denkt natürlich an die öffentliche Wirkung eines solchen Kinderkopfes. Was werden die Leute sagen, Kathis Mutter, die ungeliebte Schwiegertochter, die Mitschüler und gar die Lehrerin? Aber das ist Kathi egal. „ ‚Rechts und links schert man eine

Fast-Glatze, vorn lässt man einen ausgefransten Pony stehen, und den Irokesenstreifen über den Schädel drüber …' " Dann Haarspray zum sicheren Halt, zum Schluss Farbspray – Oma kennt die „Gebrauchsanweisung" (S. 36).

Und – hast du nicht gesehen – Kathi sitzt bald „in einem Riesenhaufen Ringellocken" (S. 39). Oma schwitzt vor Aufregung und sicher auch vor Anstrengung und krönt das läusefreie Kunstwerk auf den ausdrücklichen Wunsch ihrer Enkelin gleich mit drei Farben Spray: rosarot, grün und violett (S. 39). So weit, aber noch lange nicht so gut! Denn „Blümchenkleid" (S. 40) und karierter Rock passen nicht zu einer solchen publikumswirksamen Frisur! Auch wenn sie ihren Charakter nicht weggegeben hat mit der Lockenpracht, ahnt Kathi doch, dass eine Typveränderung durch andere Kleidung komplettiert werden müsste: knielanger Pulli, Hundehalsband und so. Aber das ist auch für eine fortschrittlich denkende, tolerante Großmutter zu viel des Guten. Sie gesteht: „Mir ist es richtig flau im Magen." (S. 41) Auf einem Spaziergang, allerdings in Jeans, T-Shirt und zwei gleichen Socken (S. 43), also „normal", wollen die beiden die Reaktionen in der Öffentlichkeit testen. Kathi hat sich

selber auch Mut zusprechen müssen, denn die kleingekringelte Dauerwelle der Frau Lehrerin, die rote Mähne von Mama und geflochtene Ohrenschnecken ihrer Mitschülerin Renate (S. 42) sind doch eigentlich auch fast so ähnlich „künstlich" wie ihre neue Frisur; aber eben nur fast … Der Eindruck, den die Irokesenfrisur hervorruft, fällt erwartungsgemäß ganz unterschiedlich aus. Die Erwachsenen auf der Straße schwanken zwischen wortlosem Voyeurismus, unverhohlenen Beschimpfungen, die erkennen lassen, dass sie mindestens an Kathis Verstand zweifeln (S. 44), und schierem Entsetzen. Tante Fritzi, die Horttante, sieht am nächsten Tag keinen anderen Ausweg, als Kathi unverzüglich von der Mutter abholen zu lassen. Ein Kind mit einer solchen Frisur, das darf sich nicht im Hort aufhalten! Das hatte die Frau Direktor am Schulmorgen souveräner geregelt. Kathis Argumente gegen die Behauptung der Schuldirektorin, dass ihre modische Frisur sie zum Gespött in der Schule machen könnte, hatten die Bedenken zerstreut: „ ,Eine rosarote Masche mitten auf dem Schädel ist auch komisch! Und Stoppellocken auch! Und manche Frauen färben die Haare, die könnte man auch auslachen!' " (S. 72) So blieb auch der Frau Lehrerin nach der Intervention bei der Direktorin nichts anderes übrig, als Kathi wieder in den Unterricht mitzunehmen. Der befürchtete Aufruhr ist ausgeblieben. Die Gleichaltrigen schwanken zwischen Bewunderung, denn so etwas würden sie sich selber gar nicht trauen, und Neugier (S. 70). Ein Mädchen hat zwar schon beim „Testlauf" mit der Großmutter am Vortag von einer üblen Erfahrung erzählt, die ihre Cousine mit einem solchen Irokesenkamm gemacht hat: Die hat nämlich deswegen die Lehrstelle verloren (vgl. S. 47)! So etwas schreckt Kathi nicht: „ ‚Aber mir sind alle Haar' ganz Wurscht! Von mir aus könntest auch glatzert sein oder himmelblaue Locken haben!' " (Ebd.) Die Achtjährige spürt und schreit es auch heraus, dass s i e (im Gegensatz zu den Erwachsenen) Haare Haare sein lässt, nicht mehr und nicht weniger. So wägt sie nach einem Tag mit der neuen, bunten Frisur nach der großen Pause sportlich-kritisch ab: „ ‚Es steht ungefähr 2:1 für meinen Kopf. Zwei Drittel der Kinder mögen mich auch so. Und das Drittel, … das mich für total plemplem hält, das sind die Kinder, die mich mit langen, schwarzen Locken auch nicht leiden konnten.' " (S. 74) Wahrlich keine schlechte Bilanz; aber Katharina Rumpel hat die Emanzipation in Sachen Haare noch nicht vollständig erreicht! Ihre Mutter

mit den rot gefärbten Haaren, ausgerechnet sie, schleppt die kleine Punkerin wutschnaubend und fast wortlos vom Hort auf dem direkten Weg in das heimische Badezimmer. Keine Diskussion mehr, Mama ist außer sich: „ ‚… Schau dich einmal an! Was Hässlicheres gibt's auf der ganzen Welt nicht mehr!' " (S. 86) *Haargenau* schneidet sie ihrer Tochter eine „Stoppelglatze" (S. 89), damit die Irokesenschweife, die mittlerweile ihren Stand verloren haben und nach vorne und nach hinten kippen, vernichtet sind. Diese Fremdbestimmung muss Kathi als so ungeheuerlich, vernichtend, als grundlegend ungerecht, so typisch nach Art der Erwachsenen empfinden, dass ihr geradezu philosophische Gedanken in den Sinn kommen: „ ‚Ein Kind ist der allerletzte Dreck … Nur weil es klein und schwach ist, kann ein Großer und Starker daherkommen, eine Schere nehmen und Haare abschneiden! Die Großen haben die Macht und die Kleinen müssen parieren … Würde ein Mensch mit einer Schere daherkommen und der Mama die paradeisroten Stirnfransen wegschnipseln, könnte die Mama die Polizei zur Hilfe rufen und die würde den Mann mit der Schere einsperren. Ich kann niemanden zur Hilfe rufen. Und dabei würden die Kleinen und die Schwachen doch viel mehr Hilfe brauchen.'" (S. 89) Dass Haare nachwachsen, weiß sie, aber trotzdem, dieser Umgang mit ihr und ihren Haaren, das ist eine Art Kriegserklärung. Selbst die versöhnlichen Anwandlungen von Mama am Abend stoßen auf Widerstand: Nie wieder ein Wort mit Mama, bestenfalls das Nötigste, ja und nein (S. 90ff.). Und Kathi hält durch, von Montag bis Samstag. Als ihre Mutter wegen dieser Sturheit die Nerven verliert und laut wird, ist die kleine Kathi die ganz Große, die Überlegene, die ihrer Mutter die Welt erklärt. Sie räumt ein, dass es Bereiche in der Beziehung zwischen Eltern und Kindern gibt, die nicht verhandelbar sind und die uneingeschränkt die Erwachsenen regeln müssen und regeln dürfen: in die Schule gehen, Medizin einnehmen und Zähneputzen zum Beispiel. Eine Punk-Frisur, die Omas Freund Georg als „Weltanschauung" eingeordnet hat, gehört allerdings nicht dazu! Kathi fordert das Recht auf ihre eigene Frisuren-Weltanschauung ein, die nicht mit der der Mutter übereinstimmen und nicht übereinstimmen muss. Das kleine Mädchen macht seiner Mutter klar, dass ihm viele Frisuren auch nicht gefallen, die der Mutter schon mal gar nicht (S. 94). Und die Argumente zeigen Wirkung: „ „… Ich habe nachgedacht! Lass dir die Haare nachwachsen, wie du

magst. Von mir aus auf drei Dutzend Rasierpinsel. Und färb sie dir wie einen Regenbogen! Ich war im Unrecht!'" (S. 95) Das bringt die Welt wieder in Ordnung.

Emanzipation fällt nicht vom Himmel, man muss sie einfordern, und man muss darüber „nachdenken", und sie kann nur dann gelingen, wenn sie zugelassen wird, in Frisuren-Fragen, aber auch in allen anderen Lebenslagen – wie im wirklichen Leben.

Mamas radikaler „Scherenschnitt" ist gar nicht so übel, gar nicht so „typisch Mädchen", nein, mit diesem Kopf könnte Kathi ihr eigener Zwillingsbruder sein! Gedacht und – umgesetzt! Der blonde Jakob, Bruder von fünf Schwestern und wohl dadurch oder auch trotzdem ein erklärter „Frauenfeind" (S. 104), der Kathi immer nur geärgert, der allerdings dafür auch schon eine Ohrfeige von ihr kassiert hat (S. 98), akzeptiert „ihn-sie" jetzt auf dem Fußballfeld (S. 99ff.) und als Freund, als „Blutsbruder"! Das Zwillingsbruder-Versteckspiel, das ganze Lügengespinst, tatkräftig unterstützt von Kathis Oma, fliegt natürlich auf. Kathi ist Kathi, nicht Oliver, und Kathi, ganz gleich, wie ihre Frisur

Schon seit Wochen hingen dem kleinen Berthold die Haare über den Kragen, und seine Mutter überlegte sich, wie sie ihn zum Friseur kriegen könnte. Sie sagte, er sähe wie ein Mädchen aus ...

Aber Berthold ... schüttelte den Kopf ... Das machte: Ihm fehlte der Vater, denn der war früh gestorben. Und außerdem ließ sich der Junge lieber drei Backenzähne ziehen als einmal die Haare schneiden ...

ERICH KÄSTNER, DAS SCHWEIN BEIM FRISEUR UND ANDERE GESCHICHTEN. HAMBURG (DRESSLER), ZÜRICH (ATRIUM) 3. AUFL. 1962, S. 7

aussieht, mag Jakob wirklich, der muss begreifen, dass die „Blutsbrüderschaft" nicht mehr rückgängig zu machen ist, aber das will er ja auch gar nicht. „‚Jetzt müssen wir halt Freunde bleiben.'" (S. 121)

Der legendäre Struwwelpeter[2], den **Heinrich Hoffmann** schon 1845 den Kindern vor Augen geführt hat, muss auch einigen Widerstand und Durchsetzungsvermögen in Sachen Frisur und Fingernägel aufgebracht haben, sodass er als abschreckendes, abstoßendes Beispiel dienen soll für alle, die sich ebenso verhalten:

„Sieh einmal, hier steht er
pfui, der Struwwelpeter!
An den Händen beiden
Ließ er sich nicht schneiden
seine Nägel fast ein Jahr;
kämmen ließ er nicht sein Haar.
Pfui, ruft da ein jeder:
Garstger Struwwelpeter!"

Auch der achtjährige Bruno, die titelgebende Hauptfigur in **Ben Beckers** erstem Kinderbuch, wird wegen seiner Haare beschimpft, natürlich wenig schmeichelhaft als „Klobürste" und „Schimmelpilz" (S. 7)! Dem Struwwelpeter gar nicht so unähnlich, vertritt er einen festen Standpunkt, und zwar bereits seit einem Jahr: Seine Haare werden nicht gewaschen! Nicht sein Problem, aber – wie immer – das Problem seiner Umgebung. Bitten von Mama und Oma, Beschwerden der Lehrerin, Beschimpfungen durch die Klassenkameraden – nichts führt zu einer Verhaltensänderung. Wer solche üblen Beschimpfungen aushält, der hat seinen eigenen Kopf, der muss ein gesundes Selbstbewusstsein haben! Ganz unerwartet, geradezu magisch angezogen von einem Stück Seife, „grün wie ein Frosch und durchsichtig wie die schönste Murmel" (S. 11), aber dann von Bruno selbstbestimmt, bekommen seine Haare eines Tages Kontakt mit Wasser. Seifenschaum, grüner Seifenschaum, lässt das schier Unvorstellbare im Badezimmer wahr werden. „Seiner Mutter blieb die Spucke weg. ‚Er wäscht sich die Haare', flüsterte sie nahezu sprachlos zur Oma, die jetzt ebenfalls mit großen Augen und offenem Mund in der Küche stand." (S. 14) Eigentlich müssten alle zufrieden sein, aber so einfach ist es eben nicht mit der Frisur: Bruno hat nämlich nach der intensiven Haarwäsche grüne Haare! Sauber, aber geradezu wie in Farbe getaucht! Die Mutter wird bei der Ursachenforschung fündig: Sie stößt im häuslichen Mülleimer auf die Seifenschachtel der Firma „Saubermann & Söhne, ortsansässig" (S. 24), die dieses Produkt vertreibt. Und sie liest, was der Slogan „GRÜNdlich sauber" verheißt, und sieht auf Brunos Kopf genau dieses Resultat. Wieder kann sich der kleine Kerl nach den herkömmlichen Vorstellungen von Erwachsenen so nicht sehen lassen, sie *finden* eben immer *ein Haar in der Suppe*. Mütze auf! Die Mutter hat es wohl schon geahnt, als sie ihren Sprössling am nächsten Tag persönlich zur Schule bringt. Der gestrenge Schuldirektor „wäre fast vom Stuhl gefallen" (S. 17), als der Grünschopf plötzlich die Mütze vom Kopf zieht. Was nicht geht, geht nicht! Bruno muss den gewaschenen, grünen Kopf bedeckt halten, und zwar auch im Unterricht (S. 18)! Die Beschwerde der Mutter wegen des grüngewaschenen Haars bei der Seifenfabrik führt zu einer ungeahnten Wende: Die Werbeabteilung ist überhaupt nicht entsetzt, sondern ganz glücklich über den durchschlagenden Farb-Erfolg ihres Produktes: Bruno, besser gesagt Brunos grüner Haarschopf, natürlich ohne Mütze, wird zum Werbeträger für die „GRÜNdliche" Seife und prangt für jedermann sichtbar auf Plakatwänden, auf den Seifenschachteln im Supermarkt und auf einem „giftgrünen Ballon" am Himmel (S. 32). Und – sicher zum ersten Mal in seinem Kinderleben – wird Bruno so richtig nachdenklich, was seine Haare betrifft. Es geht ihm durch den Kopf, „wie es wohl wäre, wenn alle kleinen Jungen grüne Haare hätten" (S. 35). Vor der „Vervielfältigung" bekommt er Angst (ebd.).

Grüne Haare, die sind wirklich eine Ausnahme, aber doch häufiger, als man denkt …

Eine lebenslange Einsamkeit, die Notwendigkeit, sich wegen seiner grünen Haare und Haut vor den anderen Menschen verstecken zu müssen, fürchtet ein kleiner Junge, als er beim Baden in der Wanne, durch die Höhensonne bedingt, diese Veränderung von Kopf bis Fuß wahrnimmt (**Gabriele Wohmann**, *Grün ist schöner.* In: deutsch ideen 7. Sprach- und Lesebuch. Braunschweig, Schroedel, 2011, S. 130)

Mein Bruder hat grüne Haare: Der Titel der Kurzgeschichte von **Monika Seck-Agthe** (Deutsch in …9. Paderborn, Schöningh, 1998, S. 251f.) verheißt nichts Gutes. Eine einzige grüne Haarsträhne und schwarze Kleidung sind für den fünfzehnjährigen Johannes – ähnlich wie für Terry (s. u.) – Ausdruck von Anderssein, Demonstration eines Punk-Gefühls, das einen Familienkrach am Kaffeetisch auslöst und einen fast verzweifelten Generationenkonflikt, nicht zwischen Sohn und Eltern, sondern mit Tante Vera aufreißt: Ein „grünes Bürschchen" kommt „vor lauter Wohlstand" auf „solch" eine Idee! Während die Kriegsgeneration mit Sorgen um das nackte Überleben die Jugendzeit zubringen musste, haben diese Pubertierenden derartige Flausen im Kopf, auf dem Kopf! Das verstößt in ihren Augen gegen alle Konventionen. Haare – auf dem Kopf anderer Leute – können Frustrationen auslösen, die ganz offensichtlich nur oberflächlich verschüttet waren. *Zum Haareraufen!*

Ganz *auf Krawall gebürstet* ist die fünfzehnjährige Terry Burger, die Hauptfigur in dem Jugendroman *Lady Punk* von **Dagmar Chidolue**. Die pubertäre Revolte gegen die Mutter drückt sich aus im provokativen Outfit, in Kleidung und natürlich Frisur,

im ungezügelten Essverhalten, im verschwenderischen Umgang mit Geld (S. 100 u.ö.), in den Tischmanieren und in ihren sexuellen Anspielungen. Terry kennt nur ein Ziel: auffallen um jeden Preis, anders sein als alle anderen! Sie pafft (S. 14), sie schluckt Tabletten (S. 25) wie ihre Mutter, hört damit auf, um ja nicht zu werden wie diese (S. 26), tönt ihre Haare, färbt ihre Haare. Als „Queen of American Heaven", die Jeans in „Lila-rot" mit breitem Goldgürtel, dunkel geschminkten Augen und Make-up, würde Tizianrot als Haarfarbe das imitierte Bild der Schauspielerin abrunden, aber das geht nicht: „Terrys Mutter hatte tizianrote Haare, und Terry konnte somit tizianrote Haare nicht ausstehen." (S. 28) Das Mädchen fühlt sich von nahezu aller Welt unverstanden, außer von der Großmutter Lieschen. Es durchlebt eine Identitätskrise, weil sie die Mutter mit deren wechselnden Lovern, die in Terry nur die provozierende „Lady Punk" sehen (S. 163 u.ö.), aus ihrem Leben verdrängt und den amerikanischen Vater, von dem sich die Mutter getrennt hat, als das Kind vier Jahre alt war (S. 57 u. ö.), vermisst. Sie weiß nicht, wohin sie gehört. Was im Italien-Urlaub als eine Liebesgeschichte mit Marcel, dem „Prinzen ... mit dem glatten, schwarzen Haar" (S. 78), missverstanden worden ist (S. 112ff., S. 123ff.), bricht sich in einer Enttäuschung Bahn, die an Selbstverstümmelung grenzt: „Mit der Nagelschere, die eigentlich viel zu klein und zu krumm war, schnitt sie ihr dichtes Haar, das schließlich wie ein Igelfell nach allen Seiten abstand ... Die herabgefallenen, leicht gelockten Haarsträhnen hob sie auf und pustete sie einzeln aus dem Fenster ... Terry mußte an Asche denken ..." (S. 149) und – an den Tod.

Ihre Eifersucht auf Marcels Freundin Jeanette, die vermeintliche Nebenbuhlerin, hätte sie am liebsten abreagiert, indem sie ihr „die feinen, langen Haare in Büscheln herausgerissen" hätte (S. 125). Und Onkel Bernd, Mutters „Neuer", ein Typ mit „kugelrundem Bauch und kugelrundem Kopf mit Glatze" (S. 133), ein „Skinhead" in Terrys Augen, gerät auf der Rückfahrt aus dem verpatzten Italien-Urlaub in ihr Visier, auch über die Haare, in diesem Falle über die fehlenden: Kaugummipapierkügelchen landen wohl lanciert direkt auf Bernds Glatze (S. 136). Es ist ein kindisch frecher Versuch, ihn so schnell wie möglich loszuwerden. In einem Brief an den Vater im fernen Pittsburgh hatte sie – in Anlehnung an einen Beatle-Song – gestanden: „... ‚Ich bin ganz und gar nicht so, wie ich mich gebe ...' "

(S. 111) Als die Antwort ziemlich unverbindlich ausfällt, verschärft sich Terrys Orientierungslosigkeit. Das Mädchen ist so enttäuscht, dass es sich überhaupt nicht mehr ausstehen kann. Wiederum sucht sie eine Veränderung in ihrem Erscheinungsbild und betrachtet sich im Spiegel: Dick geschminkt versteckt sie sich hinter einem Clownsgesicht (S. 162). Aber das drückt nicht nachhaltig, vielleicht auch nicht hinreichend sozial kompatibel, ihre seelische Verfassung aus. Daher sucht sie einen Friseur auf, der ihren Selbst-Schnitt korrigieren soll. „Was herauskam, war ein bißchen wie Katzenfell, kurz und dicht und leicht gesträubt, und drückte die abweisende Stimmung aus, in der sich Terry befand." (S. 165) Schon einmal, nämlich in Italien, als sie Abhängigkeit von Marcel verspürt hatte, „sträubte es sich (in ihr) wie das Fell eines gewittergeängstigten Katers" (S. 78). Jetzt, am Ende der Ferien, ist dieses Gefühl nach außen gekehrt zur Frisur mit viel Farbe geworden. „Sie ließ ihr Haar in der Mitte scheiteln und die eine Hälfte schwarz, die andere flaschengrün färben. Zu Hause arbeitete sie an einem grüngrundigen Make-up, das ihr Katzenwesen unterstreichen würde." (S. 165) So will sie zu Beginn des neuen Schuljahres ihren Freunden begegnen. Die wechselnden Frisu-

ren und Haarfarben sind Terrys Mittel, um sich zu verstecken, niemanden an sich heranzulassen, obgleich sie nichts mehr sucht als Zuneigung und Geborgenheit, und wenn diese nur durch Frau Krosanke, die Reinemachfrau im Hause Burger, mit ihrem Zwiebelgeruch und frischen Marmeladenbrötchen ausgelöst wird (S. 166). Auch wenn auf der Zielgeraden zum sehnlich erwarteten achtzehnten Geburtstag noch viele Frisuren-Wechsel nötig sein werden, der Genuss von Currywürsten, Hamburgern, Hefeteilchen, Eiersalat, Pommes, Limonade, Marmelade, Eiscreme – gern von allem etwas mehr – kompensieren müsste, was Terry bislang verweigert scheint, sie wird es schaffen, erwachsen zu werden und das Leben auszuhalten (S. 173f.). Großmutter Lieschen muss sich deshalb *keine grauen Haare wachsen lassen* – die hat sie ja schon (S. 58).

Ohne selber Hand angelegt zu haben, von Natur aus rothaarig[3] – das ist das „Schicksal" eines kleinen Mädchens. Der Alltag wird eigentlich unerträglich, und zwar ausschließlich wegen der roten Haare. „Es hatte sonderbare Haare. Ein paar Strähnen waren so rot wie Paradeiser. Die Stirnfransen hatten die Farbe von Karotten. Die meisten

Haare aber waren so rot wie dunkelroter Wein." (S. 1) Dazu Sommersprossen und dick, dieses Kind hat keine Chance, es wird verlacht, traktiert, blamiert, isoliert, ganz übel gemobbt. Ein alltägliches Kinder-Drama?

Christine Nöstlinger macht – wie Ben Becker – bereits im Titel die Haare beziehungsweise die Haarfarbe zum Thema. Sie erzählt von der *feuerrote(n) Friederike*, die elternlos bei der alten, weißhaarigen Annatante, die früher auch rote Haare hatte, und der rotfelligen Katze namens Kater lebt. Die Haarfarbe wird sozusagen existenzentscheidend für das Kind. Es kann sich kaum auf die Straße wagen, ohne an den Haaren gezogen zu werden, es kann die Haare nicht unter einer Mütze verstecken, die wird ihm vom Kopf gerissen. Und mit der Einschulung wird alles noch viel schlimmer.

„ ‚Achtung! Es brennt' " (S. 7) – das wird zum Warnruf, wenn Friederike die Klasse betritt. Die Lehrerin ist ratlos; Strafarbeiten für die gemeinen Schreier helfen ebenso wenig wie ein Ignorieren der Spöttereien. „Sie (die Kinder) spotteten und zupften und stießen und lachten wie nie zuvor." (S. 8) Die Erwachsenen sind offenkundig machtlos, sogar

die Annatante, die das gleiche Schicksal früher selber erlebt hat. Die schlaue Katze, die ab und zu spricht, macht der alten Tante deshalb Vorhaltungen: „ ‚So, so, werte Annatante! Du willst in Ruhe leben! … Du hast weiße Haare! Du hast deine Ruhe … du bist eine selbstsüchtige, alte Person geworden!!! Sag ihr (Friederike) doch wenigstens, wie sie sich wehren kann!!!' " (S. 15) Eine Ausnahme gibt es aber doch unter den ratlosen Erwachsenen. Der Briefträger ist Friederikes Freund, der sie zur Schule begleitet und abholt und selber von einem Stein getroffen wird, der für seinen rothaarigen Schützling gedacht ist (S. 29). Er verhaut den Übeltäter und wird auch deshalb, weil er wegen Friederike seine tägliche Route beim Austragen der Post geändert hat, vorzeitig pensioniert! Was niemand ahnen kann – in Friederikes roten Haaren, diesem stigmatisierenden Merkmal, stecken übermenschliche Kräfte, die sie von allen Gemeinheiten befreien können. Ein rotes Buch mit einer Geheimschrift vermittelt dem Kind und der Tante eine Botschaft des Vaters, die sie auffordert, zusammen mit der Katze, eine weite Reise in ein fernes Land anzutreten. Das Knistern und Glühen der roten Haare – die Annatante muss ihren Weißkopf mit roter Creme einfärben – verschafft ihnen die Fähigkeit zu fliegen. Der Briefträger Bruno und seine Frau werden in einem Korb, fest vertäut mit den roten Strähnen von Friederikes Schopf, mitgenommen. Ihr Ziel ist ein Land, in dem kein Mensch ausgeschlossen wird, in dem Eintracht und Frieden herrschen, kurzum, eine paradiesische Welt, in der niemand wegen seiner Haarfarbe, also wegen seines Aussehens diskriminiert wird. Der Bürgermeister versucht erfolgreich, durch eine Zirkusaufführung auf dem Kirchplatz die Bewohner seines Städtchens von der himmelwärts gerichteten Abreise der rothaarigen Familie abzulenken. Besser hätte er angesichts des „rothaarigen Spektakels", das eigentlich eine Flucht ist, über Diskriminierung und Ausgrenzung in seiner Stadt nachgedacht, anstatt sich selbstzufrieden auf das Sofa zu legen und zu schlafen. Er hat nichts begriffen ... *Haarsträubend*!

Astrid Lindgrens *Pippi Langstrumpf* mit ihren roten Zöpfen[4] und Sommersprossen (S. 14, S. 37) ist auch eine Außenseiterin, ein unverwechselbares Original, das sich unkonventionell ohne unmittelbaren Einfluss von Eltern (S. 20, S. 45ff. u.ö.) und Lehrern die Welt selber erschließt. Ein Affe und ihr Pferd Großer Onkel sind ihre Hausgenossen in der Villa Kunterbunt, der Vater fernab im Taka-Tuka-Land. Dieses Mädchen verfügt über ein natürliches, beneidenswertes Selbstbewusstsein, eine unnachahmliche Selbstständigkeit und Körperkräfte, die sie zu außerordentlichen Aktionen befähigen (S. 37ff., S. 51f. u.ö.).

Eine eher alberne Wiederauferstehung erlebt die Kinderbuchfigur Pippi in der strengen Tante Heidrun in **Gernot Gricksch**, *Die Paulis außer Rand und Band*. In einem Hypnose-Spiel erweckt die kleine Alexandra in ihrer Tante, die die Mutter der drei Pauli-Geschwister für drei Monate vertritt, „einen anderen Menschen": „ ‚ … In jedem Menschen schlummert nämlich noch ein anderer Mensch. Der Mensch, der er heimlich gern wäre.' " (S. 51) Und das ist in diesem Fall Pippi Langstrumpf! Die mit 54 Jahren arbeitslos gewordene Buchhalterin, lang und dünn, blassäugig, die Haare „sorgfältig gestutzt und so glatt, als hätte sich Heidrun morgens fünfhundert kurze Spaghetti einzeln und sorgfältig nach Abstand abgezirkelt über den Kopf gelegt" (S. 21), in jeder Hinsicht der denkbar schärfste Kontrast zur Lindgrenschen Romanfigur, geriert sich in Sprechweise, Stimmlage, Verhalten und Frisur zu Pippi, aber nur fast. „Tante Heidrun hatte sich die zippeligen dünnen Haare zu zwei entsprechend zippeligen Zöpfen geflochten, die rechts und links an ihrem Kopf herunterhingen …" (S. 82) Minirock, Leggins und Hawaii-Hemd runden das Erscheinungsbild zwar ab; aber eine Kopie ist eben kein Original, und so muss die Tante auch wieder zurück in ihr wirkliches Leben als Heidrun Angelika Ilse Hansen (vgl. S. 211), sicherlich nicht mit Zöpfen!

Genau ins Bild der frechen, kleinen rothaarigen Göre, sozial ausgegrenzt ohne den geringsten Anflug von Minderwertigkeitskomplexen – passt auch Mia. Sie ist eine Mitschülerin von Madita. Astrid Lindgren steigert das Negativimage noch insofern, als dieses Kind mit „ihrem feuerroten Wuschelkopf" (S. 110) verlaust ist, eine richtige „Lause-Mia"! Madita, die Hauptfigur in dem Kinderroman *Madita und Pims*, ist ziemlich sicher: „ ‚Wenn ich eines schönen Tages auch Pipelchen (Läuse) kriege, dann würde mich das nicht wundern. Sie sitzt ja genau hinter mir und ziept mich immer an den Haaren, wenn die Lehrerin nicht hinguckt." (S. 75) Maditas Befürchtungen bewahrheiten sich! Sabadillessig kommt in großer Menge zum Einsatz (vgl. S. 106ff.) und gleich auf vier Mädchenköpfen, um ein neuerliches Überspringen möglichst im Keim zu ersticken: Madita und ihre kleine Schwester Lisabet, Mia und ihre kleine Schwester Matti, beide „struppig und zerzaust" (S. 112), werden gewissermaßen in einem Aufwasch mit der

Skulpturengruppe |
Park von Sanssouci, Potsdam

übel riechenden Flüssigkeit bearbeitet (vgl. S. 112f.), anschließend „Ganzkörper" gebadet und zum guten Schluss mit dem Staubkamm ausgekämmt. Dann „stiefeln die beiden davon. Die Haare stehen ihnen wie zwei rote Feuerbrände um den Kopf." (S. 118) Der erste entscheidende Schritt zur Sozialisierung der beiden ist „über die Haare" getan! Sie werden Spielgefährtinnen von Madita und Lisabet.

Auch den Freund von *Ronja, der Räubertochter*, die selber dunkeläugig und dunkelhaarig ist, hat Astrid Lindgren als rothaarigen Jungen mit blauen Augen kreiert. Er gehört zur feindlichen Borka-Sippe und ist so ein Gegenbild; beiden zusammen gelingt die Versöhnung der Sippen.

Wohl nicht zuletzt wegen der roten schulterlangen Haare wird Angelika Holten, die „Neue" in der dritten Klasse der Sankt Petersschule in München, mit dem sommersprossigen, blassen Gesicht eine Sonderstellung eingeräumt. Als „rothaarige(r) Berliner Fratz" ist sie misstrauisch beäugt, beneidet und gleichzeitig bewundert von den Mädchen. Sie bleibt in der neuen Umgebung „die schöne Fremde", die „Geheimnisreiche", bis zum tragischen

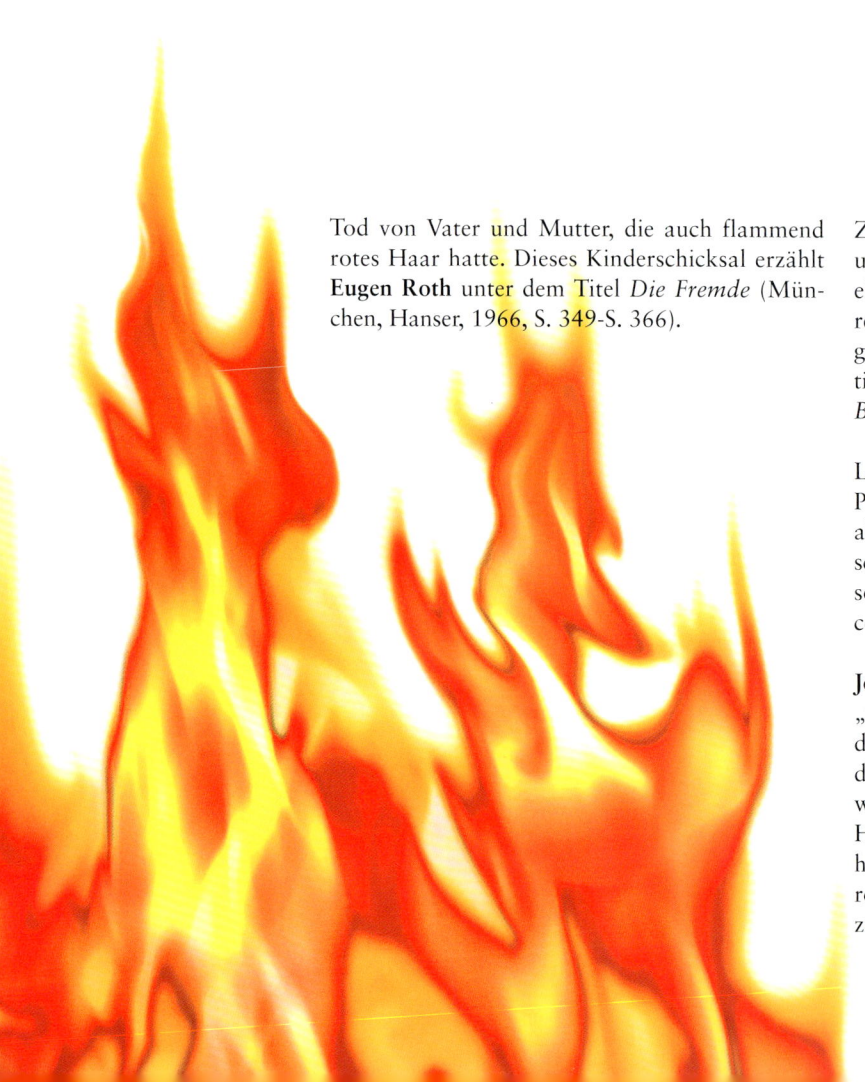

Tod von Vater und Mutter, die auch flammend rotes Haar hatte. Dieses Kinderschicksal erzählt **Eugen Roth** unter dem Titel *Die Fremde* (München, Hanser, 1966, S. 349-S. 366).

Zora mit ihren roten Haaren ist durch Aussehen und Auftreten geradezu prädestiniert, als „Kopf" einer Kinderbande von zerlumpten Waisen zu agieren und sich zusammen mit ihrem schwarzhaarigen Freund Branko gegen Ungerechtigkeit tatkräftig einzusetzen (**Kurt Held**, *Die rote Zora und ihre Bande*, zuerst 1941 erschienen).

Langes rotes Haar zeichnet auch die schottische Prinzessin Mérida aus, die Protagonistin in dem aktuellen Disney-Film *The Brave*. Sie ist Bogenschützin und Schwertkämpferin und entspricht insofern als Rothaarige dem Bild der zupackenden, couragierten, durchsetzungsstarken Heldin.

Joanne Rowlings *Harry Potter* hat vom Vater einen „rabenschwarzen" Haarschopf geerbt (S. 20, S. 228), den kein Friseur mit nachhaltiger Wirkung schneiden kann (S. 26, S. 31 u.ö.), und hellgrüne Augen wie seine verstorbene Mutter mit dem dunkelroten Haar (S. 227); der Hogwarts-Freund Ron Weasley hat – wie seine fünf Geschwister – „flammend rotes" Haar (S. 103, S. 106 u.ö.) und ist so nicht zu übersehen.

Pumuckl, Momo und andere Zauberwesen –
Ganz schön haarig, manchmal auch nicht

Auch für Pumuckl sind die roten Haare sozusagen Markenzeichen. Der winzige Kobold bringt Bewegung in Meister Eders Schreiner-Leben, das **Ellis Kaut** ausgedacht und in mehreren Bänden zu Papier gebracht hat. Gewitzt, manchmal richtig frech, meistens entwaffnend kindlich-ehrlich und neugierig, nimmt er, oft unsichtbar, Anteil am Alltag. Natürlich soll der kleine Bursche auch eine Überraschung zu Weihnachten bekommen. So besorgt Meister Eder einiges, worüber sich Pumuckl freuen könnte: „ … einen bunten Gummiball, …, dann ein kleines Auto zum Aufziehen, dann einen hübschen Spiegel, dazu Kamm und Bürste, damit vielleicht aus Pumuckls wildem Haarschopf so etwas wie eine ordentliche Frisur werden könnte …“ (S. 133). Ein Spiegel – schön und gut, aber „richtig“ frisiert wäre Pumuckl nicht mehr Pumuckl, und Meister Eder könnte ihm nicht mehr über den „Wuschelkopf“ fahren (S. 81 u.ö.)!

Frosch, Affe, Marsbewohner, Kind – an diesem schönen Samstagmorgen weiß die staunende Menschenmenge keine Antwort, als sie ein ungewöhnliches Wesen an der Straßenecke umringt: der Mund eher wie ein Maul, statt Nase ein Rüssel, ein breites blaugepunktetes Gesicht. „Aus den feuerroten Haaren, die wie Stacheln eines Igels nach oben standen, schauten zwei abstehende Ohren“, ein Trommelbauch, Arme und Beine eines Kindes, aber Froschfüße. „Brust und Bauch waren glatt und grün, der Rücken rot behaart wie bei einem Orang-Utan.“ (S. 16f.) Das merkwürdige Mischwesen, das **Paul Maar** erdacht hat, kann singen und sprechen, meist sogar in Reimen, und erwählt sich den korrekten Herrn Taschenbier zu seinem Papa. Denn der weiß als logisch denkender Mensch, dass das allseits bestaunte Wesen „Sams“ heißen muss, schließlich findet die Begegnung am Samstag statt (S. 20). Pumuckl nicht ganz unähnlich, schafft es auch dieser Feuerschopf, ein Vielfraß, der Papier, Holz, Textil und sogar Eisen mag, das Leben seines Papas bunter, interessanter, „lockerer“, eben nicht so kleinlaut, unterwürfig zu „gestalten“; dem neuen Mitbewohner gelingt es bald, die kleinliche, neugierige Zimmerwirtin Rotkohl lächerlich zu machen und auszutricksen, sodass auch Herr Taschenbier die Angst vor ihr verliert (S. 33-S. 43 u.ö.). Als sie das Sams bald nach seinem Einzug in ihrem vermieteten Zimmer an den Haaren packt und unter dem Tisch hervorholt (S. 67) und ihm aufträgt, sich das Gesicht zu waschen und die Haare ordentlich zu scheiteln (S. 68), hat Frau Rotkohl die Rechnung ohne das pfiffige Kerlchen gemacht: Nach der Blitzaktion im Badezimmer prustet es der Zimmerwirtin „ungefähr drei Liter Wasser ins Gesicht" (S. 69). Ein rothaariges Sams mit Stachelhaaren auf dem Kopf und den blauen Punkten im Gesicht ist eben kein wohlgesitteter Knabe mit einer „anständigen" Frisur und einem sauberen Gesicht! Das hat sie wohl begreifen müssen; da kann nichts mehr *an den Haaren herbeigezogen* werden! Und genau deshalb, weil es so unverwechselbar ist wie Pumuckl und Punkt um Punkt, mit blauen „Gesichts-Punkten", Wünsche erfüllen kann, ist es für Papa Taschenbier der Herzenswunsch, dass sie beide nie mehr getrennt werden – am Samstag.

Auch *Bibi Blocksberg*, das 13-jährige Hexenmädchen aus der gleichnamigen Kinderhörspielreihe von **Elfie Donelly** (1980 entstanden), könnte man sich gut mit roten Haaren vorstellen, denn sie besucht die Hexenschule und hat übernatürliche Fähigkeiten. Aber Bibi ist blond, das lange Haar zu einem Pferdeschwanz mit einem roten Band zusammengefasst, nach dem Wunsch der HexenMutter eher unauffällig, während ihre Freundin Schubia Wanzhaar (!) mit der grünen Punk-Frisur

exzentrisch, ausgeflippt auf ihrem Motorbesen Kawakasi daherkommt.

Übernatürliche Kräfte hat selbstverständlich auch **Otfried Preussler**s *kleine Hexe*. Die jungen Leserinnen und Leser müssen sich die erst 127 Jahre alte, eben „kleine" Hexe, selber „frisieren". Lang wehend[5], allerdings mit einem Kopftuch bedeckt, werden die Haare schon sein, denn die Oberhexe „packte die kleine Hexe mit ihren Spinnenfingern und zauste sie an den Haaren" (S. 119), weil sie die Regeln für die Lehrzeit nicht genau genug beachtet hat. Und die Hexe Rumpelpumpel macht Stimmung gegen die kleine Hexe unter den „Wetterhexen", „Nebelhexen", „Sumpfhexen", „Kräuterhexen" usw., denn sie alle wollen beim Tanz in der Walpurgisnacht keine Konkurrenz durch eine „gute" Hexe. Der Plan steht fest: „ ‚ … wir rupfen ihr einzeln die Haare vom Kopf! Das wird lustig! …' " (S. 121) Soweit kommt es glücklicherweise nicht, die kleine Hexe ist nicht nur mitfühlend gegenüber Armen und Bedrängten, sondern auch schlau, denn sie hext die anderen vom Globus (S. 127) weg und – behält deshalb auch ihre Haare. Sie selber hatte sich schon einmal fremder Haare als Zaubermittel bedient. Die Frau eines Schindelmachers muss ihr ein Büschel Haare vom Kopf ihres Mannes bringen, um ihn vom Kegelbruder wieder in einen fürsorglichen Ehemann und Vater zurückzuverwandeln. „Sie (die kleine Hexe) verscharrte die Haare … am nächsten Kreuzweg. Dazu sprach sie allerlei Zaubersprüche. Zuletzt kratzte sie mit dem Fingernagel genau an der Stelle, wo sie die Haare vergraben hatte, ein Hexenzeichen in den Sand." (S. 103f.) *Haargenau* ist dann die Wirkung: Fortan gelingt ihm kein Wurf mehr auf der Kegelbahn, bis ihn seine Kumpanen aus dem Wirtshaus werfen und er wieder ganz häuslich wird. Nur *um ein Haar* bewahrt das Eingreifen der kleinen Hexe den Schindelmacher davor, sich und seine Familie zu ruinieren. *Es ist besser, einige Haare als das ganze Leder zu lassen* – diese Weisheit hat sich hier wieder einmal bewahrheitet!

Einen ganz anderen Hexen-Typ[6] entwirft **Roald Dahl** in seinem Kinderroman *Hexen hexen*. „ , … Sie sehen … wie Frauen aus. Sie reden wie Frauen. Und sie sind imstande, sich wie Frauen zu benehmen … Sie sind Dämonen in menschlicher Gestalt. Deshalb haben sie die Klauen und die Glatzen …' " (S. 29) – neben anderen anatomischen und physiognomischen Abnormitäten. Sie kennen nur ein Ziel: die Vernichtung aller Kinder, weltweit. Ihre Kahlköpfigkeit, die unter Perücken versteckt ist, die Krallen-Fingernägel in Handschuhen verborgen, solange sie unter „normalen" Menschen sind, enthüllen sie in ihren Hexensitzungen. Der achtjährige Ich-Erzähler beobachtet sie: „Jetzt hatte ich lauter kahle Damenköpfe vor mir …, ein wogendes Meer von nackten Glatzen und alle miteinander rot und entzündet … Jede von diesen verfaulten glatzköpfigen Weibern ist eine Kindsmörderin …" (S. 68) Beängstigend ist die Präsenz dieser boshaften Frauen, so die Message des Romans: „Völlig hexenfrei ist kein einziges Land auf der Erde" (S. 9), bis, ja, bis sie vernichtet sein werden, und zwar von einem verhexten kleinen Jungen in einem grauen Mausefell und seiner mutigen Großmutter (S. 187ff.).

In den Romanhandlungen von **Michael Ende** begegnen den jungen Lesern ebenfalls kahlköpfige Figuren. Der Zauberrat Professor Doktor Beelzebub Irrwitzer im *Wunschpunsch* – der Name ist Programm – ist der Inbegriff des Bösen. In seiner „langen, knochendürren Gestalt" spiegelt sich die Boshaftigkeit wider: „ … Sein Kopf war klein und kahl und sah irgendwie aus, wie ein vertrockneter Apfel." Die Hakennase, die abstehenden Ohren, der Mund „so schmal, als wäre er ihm mit einem Rasiermesser ins Gesicht geschnitten. Alles in allem war er nicht gerade der Typ, zu dem man auf den ersten Blick Vertrauen fassen würde." (S. 7ff.) Und auch ein amtlicher Besucher mit dem sprechenden Namen Maledictus Made kann seinen kahlen Schädel mit den kleinen, rötlichen Höckern, „die wie Eiterbeulen aussahen" (S. 13ff.), nicht verbergen, als er den „steifen, schwarzen Hut" zum Gruß lüftet. Sein fahles Gesicht und die wimpern- und farblosen Augen unterstreichen sein ausdrucksloses, förmliches, unmenschliches Auftreten.

Auf den ersten Blick ist auch der Antiquar Konrad Koreander kein Kinderfreund und Sympathieträger. „Der Mann hatte eine Glatze, nur über den Ohren stand ein Büschel weißer Haare in die Höhe. Das Gesicht war rot und erinnerte an das einer bissigen Bulldogge." Die knollenförmige Nase, der schiefe Mund – das muss zusammen mit dem harschen Ton Bastian Balthasar Bux, die Hauptfigur in Michael Endes *Unendlicher Geschichte* (S. 5ff.), zunächst, aber nicht endgültig, ganz schön einschüchtern.

Die „grauen Herren" – die Gegenspieler der kleinen Momo in dem gleichnamigen Märchen-Roman desselben Autors – tauchen in der großen Stadt unmerklich auf, verbreiten Kälte und Freudlosigkeit unter den Bewohnern und bieten zunehmend aufdringlicher Zeitkonten an. Auch sie sind glatzköpfig, was sie unter schwarzen, steifen Hüten verbergen. Äußerlich haben sie zwar Menschengestalt, aber sie sind nur überlebensfähig, wenn sie den „wirklichen" Menschen Zeit abjagen (S. 153). Der Friseurmeister Fusi wird in dem Augenblick von einem Zeitagenten aufgesucht, als er unzufrieden über sein Leben nachdenkt. „ ‚Mein Leben geht so dahin … mit Scherengeklapper und Geschwätz und Seifenschaum. Was habe ich eigentlich von meinem Dasein? …' " (S. 58) In Sekunden zerlegt, werden alle täglichen Verrichtungen wie Schlafen, Essen, Arbeiten, Hilfe für die behinderte Mutter und Besuche bei Fräulein Daria mit den „verkrüppelten Beinen" usw. summiert, um ein Zeit-Einspar-Potenzial für ein vermeintlich „besseres" Leben zu entwickeln (S. 61-S. 67). Der Friseurmeister ist beeindruckt, denn die Rechnung geht offensichtlich auf, und zwar „haargenau" (S. 65), das muss ihn als Profi überzeugen! Bald gehören alle Bewohner den Zeitdieben „mit Haut und Haar" wie Gigi der Fremdenführer (S.174). Beppo der Straßenkehrer, auch ein Freund von Momo, findet keine Zeit mehr zum Rasieren, so dass ihm ein „weißer, struppiger Stoppelbart" wächst (S. 253). Momo, dem „struppigen" Mädchen mit dem „wilden, pechschwarzen Lockenkopf, der so aussah, als ob er nie mit einem Kamm oder einer Schere in Berührung gekommen wäre" (S. 9), gelingt es eines Tages, mit der Hilfe von Meister Hora und der Schildkröte Kassiopeia den Menschen Zeit und Freude zurückzubringen. Meister Hora, der Verwalter der Zeit im Nirgend-Haus, ist ein alter Herr mit „silberweißem Haar", das „am Hinterkopf zu einem kleinen Zopf geflochten" (S. 145) ist. Er ist im wörtlichen Sinne *vom Scheitel bis zur Sohle* (vgl. seine Kleidung S. 145) das Gegenbild der aschgrauen Herren und verkörpert Weisheit und Menschenfreundlichkeit. Der kleinen Momo überträgt er die große Aufgabe, die Zeitdiebe zu jagen und zu vernichten. Zum Abschied ermutigt er sie durch eine signifikante Geste: Er streicht „über ihren struppigen Haarschopf" (S. 246). Von einem kleinen Mädchen mit der Zeit-Blume in der Hand verfolgt, rennen die grauen Gestalten „kopflos" um ihr

Leben (S. 252) und verlieren es schließlich, weil Meister Hora die Zeit für eine Stunde angehalten und ihnen so das Lebenselixier Zeit entzogen hat.

Joanne K. Rowling präsentiert im oben zitierten *Harry Potter*-Roman mit Albus Dumbledore, dem Schuldirektor der Zaubererschule, einen gar nicht so unähnlichen sehr alten Herrn: Er ist weise, durch große Weitsicht und Verständnis für seine Schüler ausgezeichnet, gilt als einer der fähigsten Zauberer, von Voldemort, dem Erzfeind, gefürchtet, für Harry ein Mentor. Seine große, schlanke Erscheinung wirkt nicht zuletzt durch sein meterlanges, wehendes Silberhaar und den üppigen Vollbart (S. 13, S. 114) ehrwürdig.

Der Magier Gandalf der Graue mit dem langen Haar ist in **Tolkien**s Fantasy-Romanen *Der kleine Hobbit* und *Herr der Ringe* eine der Hauptfiguren. Auch er streitet gegen das Böse und wandelt sich im Laufe der Zeit zum Weißhaarigen.

Mynheer Peeperkorn in **Thomas Mann**s Roman *Der Zauberberg* ist beileibe kein Weiser, aber ebenfalls eine imposante Erscheinung, „groß und breit"

(S. 750), „wie ein Dirigent", meint der Erzähler (S. 752), also auch jemand, der Aufmerksamkeit auf sich lenkt. Dieser „ältere ... Kolonial-Holländer" und „Kaffeepflanzer" von der Insel Java (S. 748) hat – wie die genannten Figuren – ein „großes vom weißen Haar umflammtes Haupt mit den blassen Augen, den mächtigen Stirnfalten, dem langen Kinnbart und dem bloßliegenden wehen Mund", was ihn „unstreitig bedeutend" wirken lässt (S. 752, vgl. a. S. 757). Ja, der Erzähler ist hin- und hergerissen, wenn er das „weiße Haupt" als „königlich"(S. 753) bezeichnet, ihm „Persönlichkeit" bescheinigt, aber diese als „undeutlich" und „verwischt" (S. 755) relativiert. Sein Kammerdiener aus Malaya, ein „gelbes Männchen mit einem Pelzkragen auf dem Überzieher und in steifem Hut" (S. 757), ebenso wie „die Zwergin", eine Bedienung im Sanatorium ‚Berghof', verleihen Peeperkorn darüber hinaus gewissermaßen e contrario Autorität (S. 753). Sein „bedeutsam" inhaltsleeres Sprechen, die angefangenen, aber nicht zu Ende geführten Sätze (S. 752) offenbaren eine persönlichkeitsimmanente Widersprüchlichkeit, die Hans Castorps Urteil über diesen Mann dem Leser nachvollziehbar macht: „ ‚Kurioser Mann, entschieden originelle Erscheinung.' " (S. 750)

Pinocchio, Rapunzel und Herr Moritz –
Es war einmal … in der haarigen Märchenwelt

In **Wolf Biermann**s *Märchen vom kleinen Herrn Moritz, der eine Glatze kriegte* ist Kahlköpfigkeit das schreckliche Resultat einer Ausweiskontrolle, die der Markthallenpolizist Max Kunkel durchzuführen sich genötigt sieht. Die „Frisur" des kleinen Mannes weckt das amtliche Misstrauen. Unter seinem blauen Hut wachsen ihm nämlich Blumen, „ganz schnell und ganz viel Krokusse, Tulpen und Maiglöckchen und Rosen und Nelken, auch Löwenzahn und Margeriten", die den frierenden, griesgrämigen Menschen an diesem Wintertag Freude bringen und Hoffnung auf den Frühling und Sommer wecken. So etwas kann es nicht geben! Der polizeiliche Ton und die Suche nach dem Ausweis

… Einem alten Herrn, der eine Glatze hatte, wurde Haarsamen auf die kahle Billardkugel gesät; dann kam ein Gehilfe mit einer Gießkanne, begoß den Kopf, und schon krochen die ersten Haarspitzen aus dem Schädel …

ERICH KÄSTNER, DAS SCHWEIN BEIM FRISEUR UND
ANDERE GESCHICHTEN. HAMBURG (DRESSLER),
ZÜRICH (ATRIUM) 3. AUFL. 1962, S. 7

lassen das bunte „Kopf-Beet", das den Hut längst gehoben hat, schrumpfen. Als er sich endlich legitimieren kann und deshalb das Wohlwollen des Gesetzeshüters gewinnt, muss Herr Moritz feststellen, dass er kein Haar mehr auf dem Haupte hat. Die Gleichung Haare, genauer gesagt Blumen-Haare gleich Lebensfreude kann beziehungsweise darf nicht aufgehen! Eine Glatze ist dagegen offensichtlich ganz respektabel und unverdächtig, amtlich legitimiert. Das ist wohl *haarscharf dran vorbei*!

> *Marco schreit:*
> *„Aua, ich habe einen*
> *Holzsplitter im Finger!"*
> *Marcos Freund Tim fragt:*
> *„Hast du dich wieder*
> *am Kopf gekratzt?"*
>
> KINDERWITZ VERÖFFENTL. IN: RN VOM 2. JUNI 2012

Wie schlimm muss es sein, wenn man sich *die Haare raufen* möchte und keine hat! Diese Erfahrung macht **Carlo Collodi**s Pinocchio, der hölzerne Hampelmann, weil er traurig ist über den (vermeintlichen) Tod der kleinen Fee „mit den türkisblauen Haaren" (S. 111f.). Vielen Versuchungen erliegt der kleine Kerl, wundersame Dinge geschehen, bis er eine Metamorphose durchlebt hat, die ihn vom naiven, ungehorsamen, leichtsinnigen Schulschwänzer „zu einem richtigen Jungen mit kastanienbraunem Haar, blauen Augen und einem fröhlichen und festlichen Gesicht" (S. 217f.) hat heranreifen lassen. In unterschiedlicher Gestalt, mal Tier, mal Mensch, begegnet und steht ihm das Mädchen mit den türkisblauen Haaren auf seinen verschiedenen Etappen bei. Erfahrung mit Haaren macht er sehr früh bei seiner „Gestaltwerdung". Als der alte Geppetto das Stück Holz, das ihm sein Freund, der Tischlermeister Anton, geschenkt hat, von Kopf bis Fuß zu einem Hampelmann schnitzt, wird dieser ganz lebendig. Der Alte merkt, das nun schon zum zweiten Mal in kurzer Zeit, „wie ihm die Perücke vom Kopf gezogen wurde ... Der Hampelmann hielt seine gelbe Perücke in der Hand! ... Aber statt sie zurückzugeben, stülpte sie sich Pinocchio über seinen eigenen Kopf und

bekam darunter fast keine Luft mehr." (S. 17)
Dabei hatten Meister Geppetto und Meister Anton
im Streit einander gegenseitig die Perücken, die
gelbe und die graumelierte, vom Schädel gerissen,
allerdings dann auch wieder gegenseitig ausgehän-
digt und Frieden geschlossen (S. 12f.). Wohl oder
übel muss auch Pinocchio die gelbe Kunstfrisur
abgeben, ihm bleibt vorerst der Holzkopf. „Haarig" ist auch die Erfahrung, als „fauler" Esel die
Ohren wachsen zu spüren, die sich an den Spitzen
behaaren (S. 174). Eselohren am Eselskopf, Esel-
schnauze, Eselschwanz, Fortbewegung auf allen
Vieren und natürlich – Haare, Körper„haare", ein
„hellgrau, schwarzgesprenkeltes Fell" (S. 179). So
sehen kleine hölzerne Jungen aus, die nicht in der
Schule lernen wollen! Mit Heu gefüttert, in einem
Stall gehalten, muss der Pinocchio-Esel im Zirkus
auftreten (S. 183ff.) und manchen Peitschenhieb
erdulden. Völlig überfordert von den Kunststü-
cken, die ihm aufgetragen sind, wird er verkauft.
Als unnütz für dieses Leben disqualifiziert, wird er
von seinem neuen Besitzer im Meer versenkt, um
ihm nach dem Tod durch Ertrinken „dann das Fell
abzuziehen" (S. 189). Glücklicher-, besser gesagt
wunderbarerweise kommt es nicht dazu, dass Pinocchios Fell zu einer Trommel verarbeitet wird

(S. 189): Im Meer wird er in das Holzmännchen zurückverwandelt, weil Fische alles Eselhafte, allerdings in für sie unverdaulichen Riesenhappen, wegfressen. Da hatte die gute Fee mit den türkisfarbenen Haaren ihre Finger im Spiel. Das Wiedersehen mit seinem Vater Geppetto, dessen Rettung aus dem Haifischbauch (S. 206ff.) und die gemeinsame Rückkehr an Land, harte Arbeit auf dem Feld und fleißiges Bücher-Lernen machen alle Dummheiten und Faulheit schließlich wieder gut. Der „alte, hölzerne Pinocchio" (S. 218) gehört der Vergangenheit an, er ist ein richtiger Junge geworden, *mit Haut und Haar*. Das hätte *um Haaresbreite* auch anders kommen können: Docht, der Pinocchio verleitet hat, mit ihm die Schule zu schwänzen, stattdessen aber in das Spielzeug-Land zu ziehen, verendet elendiglich als Esel (S. 213).

In der Märchen- und Sagenwelt finden sich noch zahllose Belege für sehr markante „Haupt-Sachen": Die *Hobbits*, „Halblinge" in **Tolkien**s Romanen, haben behaarte Füße und lockiges Haar. Der winzige *gelbe Zwerg* aus Madame d' Aulnoys Feenmärchen (Diederichs, S. 126f.) hat einen kahlen Kopf wie der wilde „Glatzen-Per" in *Ronja Räubertochter* von Astrid Lindgren (S. 7 u.ö.). *Ri-*

quet mit dem Schopf trägt denselben mitten auf dem ansonsten ebenfalls haarlosen Schädel (Diederichs, S. 274); der Pate Drosselmeier in E.T.A. Hoffmanns Märchen *Nußknacker und Mausekönig* (Stuttgart, Reclam, 1978, S. 3) „hatte ... auch gar keine Haare, weshalb er eine sehr schöne weiße Perücke trug, die war aber von Glas und ein künstliches Stück Arbeit" (wie der Pate selber). Das verstoßene *Marienkind* kleidet sich in sein langes Haar wie in einen Mantel (Diederichs, S. 222f.). Und auch **Hans Christian Andersen**s *kleine Seejungfrau* „hüllte sich in ihr dichtes, langes Haar"[7], als sie sich nackt als Mensch auf der Marmortreppe zum Schloss des Prinzen wiederfindet (S. 76f.). Dass sie wirklich von königlichem Geblüt ist, kann die *Prinzessin auf der Erbse* nur dadurch beweisen, dass sie „durch die zwanzig Matratzen und die zwanzig Eiderdaunenbetten hindurch" etwas Hartes gespürt hat (S. 39f.); das vom Regen tropfnasse Haar, sicherlich mindestens schulterlang, ließ am Abend vorher nicht den adligen Status erahnen.

*Rapunzel*s Haare messen, wenn die Zöpfe lose fallen, 20 Ellen in der Tiefe (Diederichs, S. 266).

Kopfhaare einerseits, Gesichtshaare andererseits – die Märchenwelt kennt viele markante Bärte[8]. In Hans Christian Andersens Märchen *Der Reisekamerad* (internet-maerchen. de) wird erzählt, wie der Reisekamerad den bösen Zauberer am langen, schwarzen Bart fasst, so dass er ihm „den garstigen Zaubererkopf" abschlagen kann. **Wilhelm Hauff**s *kleiner Muck* mit seinem übergroßen Kopf trägt einen noch größeren Turban und nach seiner Rückkehr zum Königshof einen „langen Bart von Ziegenhaaren" (S. 80f.). „Groß und behaart" kommt der Zauberer Merlin auf die Welt (Diederichs, S. 232). Der antike Hirtengott Pan hat Ziegenfüße, „natürlich" behaart, und einen Bart wie übrigens auch Rübezahl. Hagrid, der freundliche Riese, der Harry Potter aus der spießigen Dursley-Familie nach Hogwarts abholt, hat einen langen Bart und struppige Haare und buschige Augenbrauen (S. 20, S. 54, S. 97); die Kobolde in dieser Zaubererwelt tragen einen Spitzbart, haben große Füße und lange Finger (S. 81).

Auch Kopfbedeckungen markieren das Haupt von Märchen- und Sagenfiguren. Der Zwergenkönig Laurin aus dem Rosengarten kann seine Locken unter einer Tarnkappe verschwinden lassen. Im Gegensatz zu vielen Artgenossen hat das winzige Wichtelmännchen, das dem nichtsnutzigen „flachs-haarigen" vierzehnjährigen Nils erscheint, „ein runzeliges, bartloses Gesicht" und einen schwar-zen, breitkrempigen Hut auf dem kleinen Kopf (S. 7); eine rote Zipfelmütze trägt der dann in einen kleinen Wichtel verwandelte Nils Holgersson auf seiner *wunderbaren Reise* (S. 9), auf die ihn **Selma Lagerlöf** schickt. Unter den vielen armen und rei-chen Märchen-Heldinnen macht die Kopf-Be-deckung, die sogar im Bauch des Wolfs nicht verloren geht, das kleine Mädchen *Rotkäppchen*

unterscheidbar von anderen. Auch für den kleinen Kirchenkobold in Andersens schon erwähntem Märchen *Der Reisekamerad* ist „das rote, spitze Hütlein" ein Erkennungszeichen nach Art eines Signals, wenn er aus einem Turmloch nach unten auf den Friedhof schaut.

Im **Grimm**schen Märchen *Der Teufel mit den drei goldenen Haaren*[9] ist der Erwerb eben dieser Haare „Lebens-Aufgabe" für den Jüngling „mit der Glücks-haut" (Diederichs, S. 333f.). Sieben Jahre, so die teuflischen Vertragsbedingungen, darf sich ein ab-gedankter Soldat nicht waschen, nicht kämmen, nicht die Nägel schneiden, weder die Kleidung noch das Bett wechseln. Er bekommt ein Bärenfell als Mantel und Schlafunterlage und wird so zum

… Darauf setzte sich das schöne Mädchen in den Wagen zu dem Blaubart, und fuhr mit ihm fort. Wie sie an sein Schloß kam, war alles prächtig, und was die Königin nur wünschte, das geschah, und sie wären recht glücklich gewesen, wenn sie sich nur an den blauen Bart des Königs hätte gewöhnen können, aber immer, wenn sie den sah, erschrak sie innerlich davor …

BLAUBART. IN: DIE KINDER- UND HAUSMÄRCHEN DER BRÜDER GRIMM.
VOLLSTÄNDIGE AUSGABE IN DER URFASSUNG, HG. V. FRIEDRICH PANZER, WIESBADEN O. J., S. 222

Bärenhäuter, einem furchteinflößenden behaarten Ungeheuer, bis die gesetzte Frist vorüber ist (ebd. S. 38). Prinzessin Wunderschön aus dem oben genannten Märchen *Der gelbe Zwerg* trägt ihre, oder besser gesagt, eine „Haupt-Sache" am Finger: Es ist ein Ring, der aus einem einzigen roten Haar besteht (ebd. S. 127). Ein einziges Haar, zwar nicht auf dem Kopf, sondern wie ein Tau zwischen zwei Türmen gespannt, ist für den genialen *Seiltänzer Felix Fliegenbeil* in Michael Endes gleichnamiger Ballade die letzte Stufe der Perfektion seiner Kunst im märchenmagischen siebten Jahr, ehe er als Lufttänzer alles Irdische unter sich lässt und in den Himmel getragen wird.

Ganzkörperbehaarung, Kahlköpfigkeit, langer Bart sind, zwar nicht immer, aber häufig Attribute von Zwergen und Räuberhauptmännern; unter wallendem Haar verbergen sich Prinzessinnen und solche, die es sein möchten. Haare typisieren also Märchenfiguren. Die Frisör-Utensilien Kamm, Schere, Spiegel sind wohl deshalb wichtige Märchenrequisiten. Hauffs *Zwerg Nase* realisiert erst beim Blick in den großen Spiegel des Barbiers Urban, wie entstellt seine Gestalt, wie lang seine Nase ist (S. 110 - S. 136, hier S. 121f.), und die böse Stiefmutter von Schneewittchen (Grimm, S. 196f.) befragt ihren Spiegel: „Wer ist die Schönste im ganzen Land?" Der Goldkamm der alten Zauberin lässt Gerda, die Heldin in Andersens Märchen *Die Schneekönigin*, Kay, ihren Freund, (fast) vergessen; ein Spiegel, von einem Troll erschaffen, bringt Streit in die Welt (Diederichs, S. 289f.). Das lange, blonde Haar der nur fingergroßen Feen, die dem guten Johannes begegnen, ist mit einem Goldkamm hochgesteckt (Andersen, *Der Reisekamerad*). Mit einem giftigen Kamm trachtet die böse Stiefmutter Schneewittchen nach dem Leben (Grimm, S. 200). Ronja Räubertochter setzt den Läusekamm in Birk Borkassons Haaren ein, und zwar sehr gründlich, weil sie dem Freund aus der feindlichen Räuberbande auf diese Weise ganz nahe sein kann (S. 99). Und die Schere bringen Schneeweißchen und Rosenrot zum Einsatz, um den in einem Baumstamm eingeklemmten Bart des Zwerges durchzuschneiden und ihn so zu befreien. Die böse Fee, die Rapunzel im Turm bewacht, schneidet ihr die langen Haare ab, so dass der Königssohn diese nicht mehr als Leiter benutzen kann (Grimm, S. 85). Unter der Schere der Hexe fallen die langen Haare der fünf älteren Schwestern der *kleinen Seejungfrau* gewissermaßen als Entgelt, damit diese vor dem Tod bewahrt wird

Römisches Relief |
Liebieghaus, Frankfurt/M.

und wieder in das untermeerische Reich zurückkehren kann (Andersen, S. 83f.). Die Großmutter muss nicht mehr „frisiert" werden, denn aus Trauer um die Enkeltochter ist das weiße Haar ausgefallen.[10] Gleich drei Frisierwerkzeuge setzt ein Geschwisterpaar ein, um aus dem Reich der bösen *Wassernix* (Grimm, S. 262) zu flüchten. Die Kinder werfen Kamm und Bürste hinter sich, die sich zu zwar bedrohlichen, aber für die Hexe nicht unüberwindbaren Bergen aus Zinken und Borsten aufbauen. Erst der Spiegel hemmt die Verfolgungsjagd und bedeutet Rettung für die Kinder. Das gemeine Weib braucht nämlich eine Axt, um diesen ebenfalls zum Berg angewachsenen Gegenstand zu zerstören. In der Zeit sind die Kinder schon in Sicherheit.

Michel, Rasmus und Nesthäkchen – Blonde Engelchen, Schein und Sein

Engel einer Verkündigungs-
gruppe, um 1420 |
Liebieghaus, Frankfurt/M.

Assoziationen mit außerirdischen, himmlischen Wesen, also auch mit positiven Eigenschaften haften oft Figuren „frisurbedingt" in der realitätsorientierten Kinderliteratur an.

„Du siehst wie ein Engel aus", ruft Buster in dem Roman von **Bjarne Reuter** überschwänglich aus, als er seine kleine Schwester Johanna mit nach Shampoo duftenden offenen langen Haaren betrachtet (S. 26). Der Erzähler holt Johannas lange, blonde Haare aus der himmlischen Sphäre wieder in die Wirklichkeit zurück, wenn er sie an anderer Stelle mit einer „Lawine" vergleicht, „die ihren Rücken hinabstürzte" (S. 84). Ein anderes Mädchen ist Busters Schwarm, ein fast ätherisch wirkendes lockenköpfiges Kind in einem weißen Kleid, das in einem „großen gelben Haus mit weißen Fensterläden" wohnt (S. 44f., S. 90). Als er sie beim Gemeindefest erblickt, verklärt der Junge die Gestalt: „Es war, als ob ein besonderes Licht um ihren kleinen Kopf schien." (S. 99) Ihre Art, sich zu bewegen, „erhebt" sie in Busters schwärmerischem Blick außerdem zu einer engelsgleichen Erscheinung und „entmystifiziert" sie gleichzeitig durch den sehr irdischen Vergleich: „Nein, sie ging nicht, sie schwebte, wie ein Luftkissenauto …" (S. 100) Alle

Personen dieses Romans schneiden dagegen kläglich ab. Der sommersprossige Buster selber, der liebenswerte Lebens- und Zauberkünstler, der es in seinem Kinderalltag weder in dem ärmlichen Zuhause mit dem dem Alkohol zugetanen, aber wegen seiner Zaubertricks bewunderten Vater noch in der Schule leicht hat, ist nicht gerade eine Jungenschönheit: „Das Haar stand nach allen Seiten ab. Die großen, runden wasserblauen Augen starrten ihn (beim Blick in den Spiegel) genauso an wie er sie. Entweder war der Mund zu groß geraten …, oder aber er war beim Verteilen der Zähne zu kurz gekommen. Jedenfalls sah es aus, als ob jeder zweite fehlte." (S. 17) Auch die Mutter wird einmal vor dem leeren Esstisch sitzend mit der qualmenden Zigarette in der Hand und schlecht gefärbten kastanienfarbenen Haaren, die einen Scheitel haben wie „eine Ackerfurche" (S. 31), vom Alltag gezeichnet, sozusagen in einer Momentaufnahme erfasst. Der Vater weiß, dass es beim Elternsprechtag auf einen guten äußeren Eindruck ankommt. Er kann nicht *gegen den Strich gebürstet* den Lehrern gegenübertreten! Deshalb gilt: Schwarzes Hemd, blaue Jacke, gelbe Socken, „frisch rasiert und frisiert, dass das schwarze Haar bläulich glänzte, genau wie Tarzans Haar" (S. 126).

Aber Busters schulische Leistungen können dadurch beim besten Willen nicht schöngeredet werden (S. 129-S. 135).

Niedlich anzusehen ist der fünfjährige Michel aus Lönneberga. Astrid Lindgren hat diesen kleinen Jungen zu einem besonderen Liebling in der internationalen Kinderlesewelt gemacht. „Er hatte runde, blaue Augen und ein rundes, rotbackiges Gesicht und helles, wolliges Haar … beinahe konnte man glauben, Michel sei ein richtiger Engel." (S. 5) Aber der Schein trügt! Michel hat es faustdick hinter den Ohren, ein „Lausejunge" (S. 7) ist er in den Augen der Katthulter. Einig sind sich allerdings alle darin, dass er kein „gewöhnlicher Junge" (S. 22) ist. Denn sonst würde er nicht durch eine tiefe Verbeugung beim Doktor die Suppenschüssel, in der sein Kopf steckt, aus Versehen in zwei Teile zerspringen lassen, ein Fünförestück verschlucken, anstatt es in das Sparschwein zu werfen, und die Wurstbestände in der Vorratskammer plündern, bis er vor Erschöpfung auf einem Regal einschläft, ehe er von Lina gefunden wird. Das hatte niemand mehr zu hoffen gewagt (S. 48ff.).

Auch mit der jüngeren Schwester von Madita hat Astrid Lindgren ein auf den ersten Blick engelsgleiches blondes Menschenkind in die Kinderliteratur-Welt gesetzt: „ ... alles an Lisabet ist weich, sanft und niedlich ... An Madita ist nichts weich, sanft und niedlich. Aber sie hat ein liebes ... Gesicht, blaue Augen und dichtes, braunes Haar." (S. 11)

In den Augen seiner blonden Mutter (vgl. S. 5) ist auch Dudley Dursley, Harry Potters Vetter, so blond „wie ein kleiner Engel" (S. 27); allerdings ist das eine sehr subjektiv befangene Sichtweise für diesen unausstehlichen Jungen. „Harry sagte oft, Dudley sehe aus wie ein Schwein mit Perücke." (Ebd.) Der Riese Rubeus Hagrid beschwichtigt Mr. Dursley, der „große Pudding von einem Sohn" müsse nichts von den saftigen Würstchen essen (S. 57), denn er ist fett genug. Diese Bilder sind sicher zutreffender – blondes, dichtes Haar allein macht noch keinen Engel!

Ein Engelchen ist der sechsjährige Franz mit „blonden Ringellocken", „Kornblumenaugen", einem „Herzkirschenmund" und „rosarote(n) Plusterbacken" (S. 5). Zu seinem großen Leidwesen wird er deshalb immer als „kleines Mädchen" angesprochen, obwohl er doch einen eindeutig männlichen Vornamen hat. Aber den sieht ja kein Mensch! Christine Nöstlinger erzählt von ihm in den *Geschichten vom Franz* (Hamburg, Oetinger, 1984), wie er sich in seinem Familienalltag mit dem großen Bruder Josef und seiner Freundin Gabi redlich bemüht, ein „richtiger", vernünftiger Junge zu sein.

Schönes goldenes Haar ist der Titel einer Kurzgeschichte von Gabriele Wohmann (in: Ländliches Fest. Darmstadt u. Neuwied, Luchterhand, 6.Aufl. 1980, S. 44f.). Er weckt Assoziationen an märchenhafte Unschuld und Entrücktheit. In der eher von Distanz und Fremdheit geprägten Beziehung eines Ehepaares entwickelt die Frau schwärmerische Gedanken, entwirft ein Gegenbild zum eige-

---

... frau holle ist nicht, wie in kindergeschichten fälschlich berichtet wird, ein steinaltes mütterchen, sondern vielmehr eine bezaubernd schöne frau mit blauen augen und vollem, weizenblondem haar, welches jeweils nach der letzten mode geschnitten und frisiert ist!

H. C. ARTMANN, GANZ OBEN AM FIRMAMENT. IN: MÄRCHEN DEUTSCHER DICHTER. FRANKFURT (IT) 1973, S. 245

nen Alltag und übertüncht so die Ängste und Befürchtungen, als ihre Tochter von einem jungen Mann Besuch hat: „O Laurelas Haar… Kein Wunder, dass sie ihr nachliefen … So hübsches Haar. Wenn es goldene Seide gäbe, sähe sie aus wie Laurelas Haar …" Gold und Seide, dazu passt nur ein blaues Kleid, das Laurelas Mutter bereits in Gedanken entworfen hat. Ein echtes Antimärchen!

Blond wie die bereits genannten Figuren ist auch **Else Urys** *Nesthäkchen*. Von der frühen Kinderzeit bis zum Alter im weißen Haar spannt sich eine erzählte Lebensgeschichte, die in der ersten Hälfte des 20. Jahrhunderts wichtiger Lesestoff für Mädchen war. Annemaries „Goldhärchen", lose oder meistens zu winzigen Rattenschwänzen zusammengebunden, „ein Stubsnäschen", „ein kirschrotes Mäulchen" prädestinieren dieses jüngste Kind in der Familie Braun zum Liebling (S. 5 u.ö.) und „Naturkind" (S. 249), hinter dem die beiden Brüder sozusagen kontrapunktisch zurückstehen – der „Krauskopf" Klaus ebenso wie der kluge Hans. Im Teenager-Alter unternimmt Freundin Marianne den Versuch, sich zu Nesthäkchens 16. Geburtstag mit Hilfe einer „Tollschere, die zum Plätten benutzt wird" (S. 249), einen Lockenkopf, wie Annemarie

Meine Großmutter benutzte die Brennschere, um ihre dünnen Haare zu wellen. Man muß dem Herrgott ordentlich frisiert gegenübertreten.

MICHAEL KRÜGER, WO ICH GEBOREN WURDE. IN:
WO KOMMEN DIE WORTE HER? NEUE GEDICHTE FÜR KINDER
UND ERWACHSENE, HG. V. HANS-JOACHIM GELBERG,
WEINHEIM/BASEL (BELTZ & GELBERG) 2011, S. 181

ihn von Natur aus hat, zu brennen; das Unternehmen scheitert kläglich: In das „glatte Braunhaar" ist ein großes Loch gebrannt (S. 249). Auch Hanne, die gute Seele im Haus von Doktor Braun, bringt das „Marterwerkzeug" Brennschere an ihren „strähnigen Haaren" zum Einsatz, um sich zu Nesthäkchens Hochzeit herauszuputzen (S. 403). Ob Tante Albertinchens „wackelnde Löckchen" (S. 401) am Ende schöner sind? Annemaries „schöne(s) Goldhaar", an diesem besonderen Tag mit einem „feinen kleinen Myrtengerank" (S. 404) geschmückt, ist in jedem Falle unnachahmlich und erinnert fast an eine Märchen-Prinzessin mit einer Krone auf dem langen Haar.[11] Dass das junge Paar Annemarie und Rudolf in einem „einstöckigen Häuslein, von rotem Wein umrankt, mit dem kleinen Gärtchen, in dem bunte Astern lustig blühen" (S. 405), wohnt, unterstreicht das Märchen-Klischee und baut die „heile Welt".

Das Image von geradezu unwirklicher Schönheit haftet den blonden Frauen[12] auch in der belletristischen Literatur der Gegenwart an. Nur zwei beliebig herausgegriffene Beispiele unter Dutzenden sollen das belegen: Aurélie Bredin beispielsweise besinnt sich nach der Trennung von Claude, einem ebenfalls goldblond gelockten jungen Mann, dass er sie einmal wegen ihres langen, dunkelblonden Haares mit einer „Märchenprinzessin" verglichen hat. Tränenreich steigt diese Erinnerung ausgerechnet beim Blick in den „goldgerahmten Spiegel" an der Wand auf. Ihre Freundin Bernadette ist mit ihren schulterlangen, blonden Haaren ein Blickfang für die Männerwelt und bedient insofern dasselbe Klischee (**Nicolas Barreau,** *Das Lächeln der Frauen*. Roman. Aus dem Französischen von Sophie Scherrer, München, Piper, 7. Aufl. 2012, S. 18 u. S. 21).

Schwierige Ermittlungen von Kommissar Rath sind nötig, um den Mörder des „blonden Engels" Jeanette Fastré, einer Schauspielerin im Berlin der 30er Jahre, zu finden. Dessen verlorenes Toupet überführt ihn. (**Volker Kutscher,** *Der stumme Tod.* Roman. Köln, Kiepenheuer & Witsch, 6. Aufl. 2010, S. 316 u. S. 393)

Ein „normales" Familienleben erhofft sich der neunjährige Waisenjunge Rasmus aus der Kinderwelt von Astrid Lindgren schon lange nicht mehr. Er weiß aus langjähriger Erfahrung, dass immer „Mädchen mit Locken" (S. 13 u.ö.) von Pflegeeltern aus dem Waisenhaus in ein neues Zuhause geholt werden. Resignativ kann er diese traurige Weisheit nur seinem besten Freund Gunnar anvertrauen. Dieser „ungewöhnlich häßliche, stupsnasige Junge mit Haaren wie ein Ziegenbart" (ebd.) hegt diesen Wunsch ebenso, aber er behält seine geheimste Hoffnung auf eine Mutter oder einen Vater ganz für sich. Die jungen Leserinnen und Leser „erleben", dass das „haarige Weltbild" der beiden Jungen offenbar richtig ist. Die Pferdekutsche, die wieder einmal vor dem Waisenhaus vorfährt und einen „Herrn" und eine „schöne Dame" mit einem „blauen Hütchen … mit weißen Fe-

Der Hahn in der Wiese

Der Hahn hat einen Kamm,
mit dem er sich nicht kämmen kann.

Kamm hin, Kamm her – der Hahn ist eitel
und kämmt der Wiese einen Scheitel.

Die hält, wenn sie der Hahn kämmt, still
und trägt das Gras dann, wie sie will.

REINER KUNZE, WOHIN DER SCHLAF SICH SCHLAFEN LEGT. IN:
GEDICHTE FÜR KINDER. FRANKFURT/M. (FISCHER) 5. AUFL. 2002, S. 11

dern", das blonde Haar darunter hochgesteckt, gekleidet in „ein helles Baumwollkleid ... mit seinem weiten, wallenden Rock" (S. 20f.), absetzt, wirkt einfach „märchenhaft" (S. 21). Das schätzt Rasmus genauso ein. Greta, der blonde Lockenkopf, ist dementsprechend die Auserwählte (S. 23f.) unter den zahlreichen konkurrierenden elternlosen Kindern. Blonde Locken gleich wohl erzogen, an-

gepasst, „attraktiv", das ist offenbar die klischeehafte, sicherlich unbewusste Erwartung der Pflegeeltern. Rasmus hält es nach all diesen Erlebnissen nicht länger bei Fräulein Habicht im Heim aus, er fürchtet ihre Strafe und stiehlt sich fort. Schicksalhaft wird für Rasmus die Begegnung mit dem Landstreicher Oskar. Es ist für den Jungen wie ein Eintauchen in eine andere Welt, in der Äußerlichkeiten auch Äußerlichkeiten bleiben. Dieser Mann, „der Zaunkönig Gottes", mit dem braunen, krausen Haarschopf und den Bartstoppeln im Gesicht (S. 42 u.ö.) betreibt ab und zu sogar Haarpflege: Eine Spiegelscherbe zum Rasieren und ein Messingkamm stecken nämlich in „seinem unergründlichen Rucksack" (S. 60). Das krause Haar bleibt allerdings „so ungebärdig wie immer" (S. 62), davon kann er sich im Spiegel überzeugen. Dieser Mann wird für den kleinen Waisenjungen ein verlässlicher väterlicher Freund (vgl. S. 165, S. 168) und schließlich – mit dem vollsten Einverständnis seiner Frau Martina, bei der er im Laufe des Jahres sein Leben auf der Walze unterbricht, um in dem kleinen grauen Haus nach dem Rechten zu sehen – zum „freundlichen", geliebten Vater. Oskar, dem Rasmus nach der langen Wegstrecke und dem Leben im Freien als kleiner „Landstreicher vom

Scheitel bis zur Sohle"(S. 168) gleicht, und Martina nehmen den Waisenjungen an Kindes Statt an. Sie wollen i h n, den sommersprossigen, von Mücken zerstochenen, verschmutzten Jungen mit glatten Haaren, genau so, wie er ist. Er kann sein Glück nicht fassen, als Martina ihn umarmt. „ ‚Ob ich einen mit glattem Haar haben will?... Ja, das kannst du dir doch denken. Ich will doch keinen kraushaarigen Jungen haben, wenn mein eigenes Haar ganz strähnig ist. Es langt mit einem Krauskopf in der Familie', sagte sie und warf Oskar einen Blick zu." (S. 172) Martina ist keine Märchenfee, sie ist dick, arm und abgearbeitet, aber liebevoll. Wenn sie ihren Oskar anschaut, weiß sie, dass die Redensart *Krause Haare, krauser Sinn* zutreffend ist. Er wird vielleicht auch als Familienvater in Zukunft nur zeitweise sesshaft sein. Diese Pflegeeltern sind die „richtigen" für Rasmus, er der „richtige" Junge für sie. Bauer Nilsson und seiner „wunderhübschen" Frau mit den „blonden, krausen Haaren" (S. 156), die ihn kurze Zeit vorher auch gerne aufgenommen hätten, empfiehlt Rasmus seinen Freund Gunnar, der eigentlich unter der Mädchen-Konkurrenz ein hoffnungsloser Fall ist:„ ‚Ihr müsst Gunnar nehmen! Er hat glattes Haar, aber sonst ist er in Ordnung. Ja, er ist beste.

Ich kenne alle Kinder (aus dem Waisenhaus) ...' " (S. 165) Und ehe er mit Oskar weiterzieht, beschwört er die beiden:„ ‚Nehmen Sie kein Mädchen mit Locken ... Gunnar ist der beste.' " (Ebd.) Dieser Neunjährige und seine neuen Eltern haben mehr von der Welt, vom „Wesentlichen" verstanden als alle zusammen, die den „Locken-Schein" zum Alleinstellungsmerkmal für ein „perfektes" Kind erheben. Weder *Kleider* noch Haare *machen Leute*! Eigentlich müsste man denen, die das nicht begreifen, den *Kopf waschen*!

Wie für die großen und kleinen Hauptfiguren schon erwähnt, sind die Lockenköpfe keineswegs selbstverständlich engelsgleiche, artige Schönheiten. *Curly Sue*, der Name der Hauptdarstellerin in der Filmkomödie aus dem Jahre 1991, ist Programm: *Ein Lockenkopf sorgt für Wirbel* – so wird der Titel im Deutschen ergänzt.

Auch zu Hermine Granger, die zwar aus einer reinen Muggel-Familie stammt, aber Mitschülerin von Harry Potter und Ron in der Zaubererschule Hogwarts ist und ihre magischen Kräfte tatkräftig einsetzt, „passt" der braune, buschige Haarschopf (vgl. S. 117). Der ist so gewaltig, dass sie Stunden braucht, um ihn zu einem eleganten Knoten zu bündeln, als eine Weihnachtsfeier auf dem Programm steht.

Die Zwillingsschwestern Lotte und Luise in **Erich Kästner**s Kinderroman *Das doppelte Lottchen* „sehen einander zum Verwechseln ähnlich! Zwar hat eine lange Locken und die andere streng geflochtene Zöpfe, aber das ist auch der einzige Unterschied!" (In: Romane für Kinder II, München und Wien, Hanser, 1998, S. 165) Mit den vertauschten Rollen, mit denen sie sich ihren getrennt lebenden Eltern präsentieren, werden auch die Frisuren gewechselt. Wer Zöpfe trägt, ist brav, wer einen Lockenkopf hat, ist unternehmungslustig und wild.

Lediglich äußerliche Merkmale wie beliebige Kleidungsstücke bleiben die Haarfarben der Figuren in dem modernen Kinderbuch *Die Wilden Hühner* von **Cornelia Funke**. Charlotte, genannt Sprotte, aus der Mädchen-Bande hat blonde Haare (S. 64) und ist, wie die schöne Melanie mit dem „Engelsgesicht" (S. 25) und dem Lockenkopf, ganz vehement dagegen, als Zeichen der Zusammengehörigkeit „der wilden Hühner" die Haare zu färben

(S. 26). Wie müsste man sich die Hühnerfeder-Farbe „ausmalen"? Eine Hühnerfeder an einem Band um den Hals geschlungen (S. 168) ist dann doch auch ein eindeutiges Abzeichen! Und welche Haarfarbe Trude und Frieda haben – das spielt in der spannenden Romanhandlung gar keine Rolle. Zusammenhalten, das ist das Motto, zusammenhalten gegen die Pygmäen, die Jungen-Bande!

Kein Lockenkopf, keine Zöpfe, aber unterschiedliche, sozusagen wesensbestimmende Haarschnitte und Haarfarben, deren Spektrum von schwarz bis milchweiß reicht, zeichnen die Schröders als Individuen aus, abgesehen von ihrer unkonventionellen Kleidung und den ungewöhnlichen Vornamen. **Andreas Steinhöfel** entwirft in seinem Kinderroman *Paul Vier und die Schröders* eine diametral entgegengesetzte Lebenswirklichkeit, *gegen den Strich gebürstet* die einen, die Schröders, stromlinienförmig, kleinbürgerlich die anderen. „ ‚Ein verrückter Haufen, der zu seinen Macken und Fehlern steht'", so sieht Paul die neuen Nachbarn, nicht ohne Bewunderung (S. 138). Eine schwerkranke Mutter – ohne Mann (S. 12, S. 28) – bezieht mit ihrer unkonventionellen Kinderschar ein Haus in Bergwald in der Ulmenstraße. Sie passen allesamt nicht in diese spießige, von Vorurteilen bestimmte „graue Welt" der Heinsels, Markowskis, Döllers und Tauchmanns. Paul, der Ich-Erzähler, ist die einzige Ausnahme. Er verspürt unvoreingenommene Sympathie für die neuen Nachbarn. Er sieht über die alten, geflickten Klamotten hinweg und nimmt Delphine, die Älteste in der Geschwisterreihe, zuerst über ihr blondes Haar und die strahlenden grünen Augen wahr (S. 19), Merkmale, die ihn an einen „vom Himmel gefallenen Engel" (S. 72) erinnern und an „fallende Sternschnuppen" (S. 154). Auch im Kontext dieses Kinderromans ist es eine Dimension von Unwirklichkeit, die dem blonden Haar anhaftet und positive Gefühle weckt. Ganz „irdisch" sind die drei jüngeren Geschwister. Erasmus, der zu klein geratene Achtklässler mit einer dicken Hornbrille und „den unregelmäßig geschnittenen braunen Borstenhaaren" (S. 49), besticht nicht nur seine Mitschüler, sondern, das dürfte die größere Leistung sein, auch seinen Lehrer, Herrn Köster, durch sein enormes „professorales" Wissen (S. 51f.). Der jüngere Bruder Dandelion, der „Löwenzahn" (S. 35), ist ein zerbrechlicher Albino. Seine Stoppelhaare sind so weiß wie seine Haut, von der Milch im Glas nicht unterscheidbar. Im Kontrast zu diesen Kinderköpfen der Familie steht das lang herabfallende „rabenschwarze Haar" (S. 45) der Mutter. Ausgerechnet Sabrina, die zwar nicht ihre leibliche Tochter ist, sondern „nur" das Kind des Lebensgefährten, hat die gleiche Haarfarbe. Die Sechsjährige sieht aus „wie jedes beliebige Mädchen" in dem Alter: „klein, … mit einem schwarzen Bubikopf und ein wenig zu weit auseinander stehenden … dunklen Augen" (S. 59). Ganz „normal", wenn, ja, wenn sie nicht eine Schlafwandlerin wäre, auf die Darwin, „der kleine schwarze Strubbelköter" (S. 73, S. 25), aufpassen muss! Das alles, diese Patchwork-Familie, ist zu viel für die Spießer, sie *finden* mehr als *ein Haar in der Suppe*. Die Erkenntnis, dass man *nicht alle über einen Kamm scheren* kann und darf, muss sich bei den Bewohnern in der Ulmenstraße noch entwickeln (S. 136ff.).

Die Zahl der Protagonisten mit „bedeutsamen" und weniger bedeutsamen Haarschöpfen in der Kinder-und Jugendliteratur ließe sich unschwer, fast beliebig vervielfältigen. In jedem Falle ist die „Kopf-Sache" ein Mittel, das Autoren ganz bewusst „verarbeiten" oder – eben auch nicht.

Versunken

Voll Locken kraus ein Haupt so rund –
Und darf ich dann in solchen reichen Haaren
Mit vollen Händen hin und wider fahren,
Da fühl ich mich von Herzensgrund gesund.
Und küss' ich Stirne, Bogen, Auge, Mund,
Dann bin ich frisch und immer wieder wund.
Der fünfgezackte Kamm, wo sollt er stocken?
Er kehrt schon wieder zu den Locken.
Das Ohr versagt sich nicht dem Spiel,
Hier ist nicht Fleisch, hier ist nicht Haut,
So zart zum Scherz, so liebeviel!
Doch wie man auf dem Köpfchen kraut,
Man wird in solchen reichen Haaren
Für ewig auf und nieder fahren.
So hast du, Hafis, auch getan,
Wir fangen es von vornen an.

JOHANN WOLFGANG VON GOETHE,
WESTÖSTLICHER DIVAN. BUCH DER LIEBE.
IN: HAMBURGER AUSGABE 7. AUFL. 1965, BD. 2, S. 29

Albert-Ernest Carrier-Belleuse, Büste einer jungen Frau, ca. 1874 |
Liebieghaus, Frankfurt/M.

Beispiele aus der Dichtung

In der **modernen Unterhaltungsliteratur für Erwachsene ebenso wie in der Dichtung unterschiedlicher Literaturepochen** sind vergleichbare Einsichten zu den Häuptern fiktiver Personen zu gewinnen.

Tonio Kröger, Mario, Imma Spoelmann – Schicksalhafte Haarfarben und Frisuren

Wenn ganz heikle Themen besser „außen vor" bleiben müssen, sind „Haare", zumindest vordergründig, ein eher unverfängliches Thema – nicht nur unter den alternden Damen aus der Breiten Straße in Lübeck. So sieht es **Thomas Mann** in den *Buddenbrooks*: „So entschädigte man sich ein wenig an den kleinen Schwächen der Konsulin und Frau Permaneders, indem man zum Beispiel das Gespräch auf Haartrachten brachte; denn die Konsulin war imstande, mit der sanftesten Miene zu sagen, sie trage ‚ihr' Haar schlicht – während doch alle von Gott mit Verstand begabten Menschen, vor allem aber die Damen Buddenbrook sich sagen

mussten, daß der unveränderlich rötlichblonde Scheitel unter der Haube der alten Dame längst nicht mehr ‚ihr' Haar genannt werden könne." (S. 386; vgl. a. S. 524)

Der Dichter Thomas Mann charakterisiert und karikiert seine Figuren immer detailgenau – Körperbau, Frisuren, Kleidung, Gestik, oft mit dem Hinweis auf die Farbe der „behaarten Hände", Mimik und sprechende Namen. Das alles weckt Lesererwartungen und widerlegt sie gelegentlich. Nur exemplarisch sollen einzelne Personen in ihren kontextuellen Bezügen vorgestellt werden.

Der ungeliebte, aus rein wirtschaftlichen Gründen auserwählte Heiratskandidat Benedikt Grünlich wird von der zukünftigen Braut Tony Buddenbrook unter bewusster Umgehung des Namens auf „ein gewisses Paar goldgelber Koteletten" reduziert (S. 104, vgl. S. 93). Sein Haupthaar ist spärlich, es macht nichts mehr her, so dass er größten Wert auf die Pflege der Gesichtshaare legt (vgl. S. 90, S. 147, S. 178). Über die Haare raubt ihm der Erzähler eine angemessene Seriosität, er macht ihn eher lächerlich. Aber auch der Auserwählte nimmt Tonys sonnenbeschienene Haare „ernst vor Entzücken" (S. 87) wahr: „ ‚ … Ich habe niemals schöneres Haar gesehen!' " Der Augenschein zählt, die finanzielle Seite ist ohnehin klar! Selbst eine für die Handlung des umfangreichen Romans weniger wichtige Person wie Doktor Klaaßen wird von Tony „vom Kopf her", von seinem Kopf her, erfasst; in einem Brief an ihre Mutter versäumt es die junge Ehefrau nicht, „haarige" Beobachtungen und diesbezügliche Vermutungen in Worte zu fassen: Der Arzt ist ein kleiner Mann mit einem großen Kopf und einem noch größeren Hut, aber das Interessanteste ist, dass sein Bart grünlich geworden ist, „ ‚weil er ihn lange schwarz gefärbt hat' " (S. 155). Tony wird es wohl wissen! In demselben Brief hatte sie sich schon über den Bankier Kesselmeyer, der ebenfalls zu den Hausfreunden der Grünlichs zählt, ausgelassen: „ ‚Du glaubst nicht, was für ein komischer alter Herr das ist! Er hat einen weißen, geschorenen Backenbart und schwarzweiße dünne Haare auf seinem Kopf, die aussehen wie Flaumfedern und in jedem Luftzuge flattern. Da er auch so drollige Kopfbewegungen hat wie ein Vogel und ziemlich geschwätzig ist, nenne ich

ihn immer ‚die Elster' … Seine Flaumfedern reichen bis zur Hälfte des Hinterkopfes; und von da an ist sein Nacken ganz rot und rissig …' " (S. 154; vgl. a. S. 182, S. 199) Ein Foto könnte es kaum genauer wiedergeben! Zum Bankrott des Hauses Grünlich hat er dann schließlich auch seinen Teil beigetragen; eben doch eine „diebische" Elster! Tony könnte sich kaum deutlicher in ihrem jugendlich unverbrämten Hang zur Oberflächlichkeit und dennoch mit natürlichem „Feeling" für die Realität selber charakterisieren (vgl. dazu S. 209f.).

In seiner 1903 erschienenen Novelle *Tonio Kröger* hat Mann eine Welt der Gegensätze entworfen, die auch autobiografische Züge trägt, Gegensätze, die sich bereits im Namen des Protagonisten und in Haarfarben widerspiegeln. „Tonio", dieser im Norden unübliche Name, „war etwas Ausländisches und Besonderes", Hinweis auf die Herkunft der „dunkle(n) und feurige(n) Mutter" aus dem Süden, „die so wunderbar den Flügel und die Mandoline spielte" (S. 275). Der Mitschüler Hans Hansen bezeichnet diesen Vornamen ungeniert als „verrückt" (S. 279), so dass er in Gegenwart anderer die Anrede „Kröger" bevorzugt, den Namen des Vaters, des Konsuls, der Getreidegeschäfte in der Stadt betreibt. Den Namen haften sozusagen Haarfarben an. Als Vierzehnjähriger fühlt sich Tonio hingezogen zu Hans. Hans Hansen, dieser „normale" Junge, mit dem üppigen „bastblonden Schopf" und den „stahlblauen Augen" (S. 276, S. 272 u.ö.), beliebt bei Jung und Alt, der sportliche Pferdefreund, ist das beneidete Gegenbild des träumerischen, sensiblen Tonio mit dem „brünetten und ganz südlich scharfgeschnittenen Gesicht" (S. 272) und den dunklen Augen, der die Literatur liebt und selber dichtet. Mit sechzehn Jahren ist es die „blonde Inge, Ingeborg Holm, Doktor Holms Tochter" (S. 281), die Tonio liebt. Ihr „Bild ... mit dem dicken blonden Zopf, den länglich geschnittenen lachenden, blauen Augen und dem zart angedeuteten Sattel von Sommersprossen über der Nase" (S. 282, auch S. 284) fasziniert ihn. Unerreichbar bleibt sie, das spürt Tonio, als er vor dem Fenster mit der geschlossenen Jalousie im Flur des Hauses der Konsulin Husteede steht, in deren Salon die unglückselige, blamable Tanzstunde stattgefunden hat (S. 282ff.). Nachdem Tonio als Erwachsener die Heimatstadt verlassen hat, um nach Süden, nach München zu gehen, bleibt wie in seiner Jugend das Gefühl von Einsamkeit, Ausgestoßen- und Ausgeschlossensein „von den Ordentlichen und Gewöhnlichen, obgleich er doch kein Zigeuner im grünen Wagen war" (S. 279, vgl. a. S. 297). In der Malerin Lisaweta Iwanowna findet der Künstler Tonio Kröger eine adäquate Gesprächspartnerin und Freundin. Bei einem Besuch in ihrem Atelier nimmt er sie einmal ganz bewusst über ihre äußere Erscheinung bei der Arbeit sitzend wahr. „Ihr braunes Haar, fest frisiert und an den Seiten schon leicht ergraut, bedeckte in leisen Scheitelwellen ihre Schläfen und gab den Rahmen zu ihrem brünetten, slawisch geformten, unendlich sympathischen Gesicht ..." (S. 293). Am Ende eines langen Gesprächs über Kunst und Künstlertum konfrontiert sie Tonio mit ihrer Einschätzung seiner existenziellen Zerrissenheit: „ ‚Sie sind ... ein verirrter Bürger.‘ " (S. 305) Und Tonio widerspricht nicht! Nach dreizehn Jahren im Süden tritt er eine Reise nach Dänemark an und macht eine Zwischenstation an seinem „Ausgangspunkt" (S. 306). Nach der Ankunft macht er sich zu Fuß auf den Weg durch die Straßen seiner Heimatstadt. Und er sieht mit einer gewissen Wehmut „die schmalen Giebel und spitzen Türme ..., die blonden und lässig-plumpen Menschen mit ihrer breiten und dennoch rapiden Redeweise rings um ihn her" (S. 307). Es verwundert eigentlich nicht, dass bei der Abreise im Hotel Zweifel an seiner Identität aufkommen. Herr Seehase, der Besitzer des Hotels, dieser krummbeinige, fette Mann mit dem „geschorenen Backenbart", der in den Jahren weiß geworden ist (S. 315), konfrontiert ihn mit einem Gesetzeshüter. Der verlangt, dass Tonio sich vor der Weiterreise nach Kopenhagen ausweist, und zwar durch amtliche „Papiere". Name und Beruf – das möchte der Polizist schwarz auf weiß. Ein Betrüger – auf dem Weg von München nach Kopenhagen – wird gesucht, und das könnte auf den Gast zutreffen! Der Name des Gesuchten mit einem „ganz verzwickten und romantischen Namen …, der aus den Lauten verschiedener Rassen abenteuerlich gemischt erschien" (S. 316), wird dem „brünetten" Tonio Kröger, der augenscheinlich nicht in den Norden zu passen scheint, unterstellt. Nur ein Manuskript mit seinem Namen kann der Besucher vorlegen, „das genügt" (S. 317) schließlich – zumindest Herrn Seehase. Der verabschiedet seinen Gast dann trotz der nicht ausgeräumten Zweifel des Polizisten. Die Schiffspassage über die Ostsee, die Wochen in Aalsgard, im Norden, ermöglichen zusammen mit dem intensiven Naturerlebnis intensive Phasen der Selbstreflexion (vgl. S. 324ff., S. 337). Eine Schar von Ausflüglern aus Helsingör lässt eines Tages die ver-

drängten Erinnerungen blitzartig wieder lebendig werden. „Da geschah dies auf einmal: *Hans Hansen und Ingeborg Holm gingen durch den Saal.*" (S. 327) Die „blonde Inge … ein klein wenig erwachsener als sonst …, ihren wunderbaren Zopf nun um den Kopf gelegt" (ebd.), und der „blonde Hans", ausgelassen und fröhlich, nehmen an einem Tanzfest im Hotel teil, und Tonio begreift, wieder nur abseits stehend als Beobachter, dass sie einen „Typus" verkörpern, nach dem er „Heimweh" verspürt hat (S. 331). „ … Zu sein wie du (Hans Hansen)! Noch einmal anfangen, aufwachsen gleich dir, rechtschaffen, fröhlich und schlicht, regelrecht, ordnungsgemäß und im Einverständnis mit Gott und der Welt, geliebt werden von den Harmlosen und Glücklichen, dich zum Weibe nehmen, Ingeborg Holm, und einen Sohn haben wie du, Hans Hansen, – frei vom Fluch der Erkenntnis und der schöpferischen Qual leben … Noch einmal anfangen? Aber es hülfe nichts …" (S. 332) Aufgewühlt, emotional erschüttert (vgl. S. 336), reift in der folgenden Nacht die Erkenntnis seines individuellen Künstler-Schicksals. In dem Brief an Lisaweta kündigt er seine baldige Rückkehr nach München an und breitet seinen Reflexionsprozess aus. Er ist sich klar geworden, „eine Mischung" aus Bürger (Vater) und Bohemien (Mutter) mit „ ‚außerordentlichen Möglichkeiten' " und „ ‚außerordentlichen Gefahren' " (S.337) zu verkörpern, aus beidem sein künstlerisches Schaffen zu ziehen, also „ ‚zwischen zwei Welten' " zu stehen und „ ‚in keiner daheim' " zu sein (ebd.). In dem Bewusstsein, als Dichter ein Chaos zu ordnen, den „ ‚tragischen und lächerlichen Gestalten' " zugetan zu sein, gesteht er der Freundin allerdings auch: „ ‚Aber meine tiefste und verstohlenste Liebe gehört den Blonden und Blauäugigen, den hellen Lebendigen, den Glücklichen, Liebenswürdigen und Gewöhnlichen.' " (S. 338)

Der brünette, zurückhaltende, kränkelnde, musikalische Hanno Buddenbrook, dessen junges Leben schon mit fünfzehn Jahren endet (vgl. S. 697ff.), mag sich unter seinen blonden, robusten Mitschülern in Lübeck (vgl. S. 656), dem Adolph Todtenhaupt, dem das „blonde Haar spiegelglatt" an dem „merkwürdig gebuckelten Schädel ... angeklebt war" (S. 657), und Petersen, „dem hübschen Junge(n), mit einem blonden Haarwulst über der Stirn und außerordentlich schönen blauen Augen" (S. 675), und all den anderen angehenden Kaufleuten ähnlich ausgeschlossen gefühlt haben wie Tonio.

Die Ähnlichkeit, bei einer prinzipiell gleichen Grundthematik, zwischen Inge und Lilli, diesem „lichten und gewöhnlichen Kind in ihrem milchweißen, mit Silber besetzten Kleide, dem blonden Kopf" aus der Studie *Die Hungernden* (S. 268) ist ebenfalls nicht zu übersehen.

Das Gestalt gewordene „Leben" mit seinen äußerlich sichtbaren Attributen beschreibt Thomas Mann bereits in der satirischen Studie aus dem Jahre 1900. Ein junger Mann, „ein unbesorgter Tourist", namenlos, ist auf dem Fahrrad unterwegs in „Gottes freier Natur" (S. 191), wie der Titel ankündigt, auf dem *Weg zum Friedhof*. Ihn zeichnet nicht nur bunte, sportliche Kleidung mit einem lustigen „Mützchen" auf dem Kopf aus, sondern vor allem sein blondes Haar. Ein „dicker Schopf" quillt unter der Kopfbedeckung hervor, „blitzblaue Augen" signalisieren Lebensfreude und -zugewandtheit. Sein Gegenpart ist Lobgott Piepsam, vom Schicksal gezeichnet, Einsamkeit, Alkohol, aus dem Dienst vorzeitig entlassen, verschlossen, schwarz gekleidet, die Haltung gebeugt, eine das Gesicht beherrschende Knollennase, entzündete Augen, graumelierte schwarze Brauen, das Kopfhaar unter einem Zylinder verborgen (S. 188f.). Dieser Mann macht

dem Leben die Berechtigung, den Weg zum Friedhof als Radweg zu benutzen, streitig, geht nicht „um eines Haares Breite aus dem Weg" (S. 191) und echauffiert sich dabei so sehr, dass er schließlich tot zusammenbricht. Ein „schwarzer Haufen" – ohne Zylinder – bleibt am Boden liegend zurück (S. 196). Der Leser begreift, dass kein größerer Kontrast zum Leben zu denken ist.

Bibi Saccellaphylaccas, der Protagonist in Thomas Manns Studie *Das Wunderkind*, ist auch ein Künstler, der im wörtlichen Sinne „abgehoben" auf einer Bühne vor einem Flügel, der wegen der noch zu kurzen Beine des achtjährigen Knaben zudem auf Holzböcken steht, seine Kompositionen darbietet. „Die vornehme Gesellschaft" und die einfachen „Leute", große und kleine, bewundern dieses Kind, ehe es den ersten Ton angeschlagen hat. „Augenfällig" und fesselnd ist sein Äußeres: Ganz in weiße Seide gekleidet, einschließlich der Schuhe, hat Bibi „glattes, schwarzes Haar", schulterlang und „trotzdem seitwärts gescheitelt und mit einer kleinen seidenen Schleife aus der schmal gewölbten, bräunlichen Stirn zurückgebunden" (S. 339), ein wenig engelhaft, gar nicht auszumachen, ob tatsächlich Junge oder vielleicht doch Mädchen. Der kleine

„Griechenknabe" mit den „pechschwarzen Mausaugen" (ebd.) genießt seinen Auftritt, das Publikum applaudiert. Der Leser weiß nicht so recht, ob dieses „Wunderkind"-Konzert in seiner Wirkung auf den vollbesetzten Saal in dem „modischen Gasthof" (S. 341) ironisch überhöht oder ernst zu nehmen ist. Dass Bibi „wie ein Jesuskind" verehrungswürdig ist, diesen Gedanken meint der Erzähler im Kopf eines weißbärtigen alten Herrn mit „einer knolligen Geschwulst auf der Glatze" (S. 344) sich vorstellen zu können. Möglicherweise hat das „unfrisierte Mädchen" Recht, das nach dem einstündigen Auftritt etwas nüchterner, vielleicht ernüchtert, aber kryptisch feststellt: „ ‚Wir sind alle Wunderkinder, wir Schaffenden.' " (S. 348) Der Deutung des Lesers ist es anheimgegeben, wer von den beiden den achtjährigen Virtuosen angemessen wahrgenommen hat.

Ein Ferienaufenthalt mit der Familie in Forte de Marmi 1926 veranlasste den Dichter zu seiner 1930 erschienenen Erzählung *Mario und der Zauberer*. Der Zauberer Cipolla, die „Zwiebel", verdankt seinen Namen möglicherweise dem gleichnamigen Mönch mit den roten Haaren, der die Menschen täuscht, aus Giovanni Boccaccios

Decameron. Der Taschenspieler und Hypnotiseur, der „Unhold im Salonrock", der „Bändiger", der „Gaukler" entfaltet seinem Namen entsprechend sozusagen Haut um Haut seine Gestalt und seine perfiden Verführungskünste. Die altmodisch wirkende Erscheinung ist in einen „weiten schwarzen und ärmellosen Radmantel mit Samtkragen und atlasgefütterter Pelerine" (S. 674) gehüllt, weiße Handschuhe, ein weißer Schal, „ein schief in die Stirne gerückter Zylinderhut" geben ihm den Anstrich „des marktschreierischen Possenreißers" (ebd.). Dieser Mann unbestimmbaren Alters „mit scharfem, zerrüttetem Gesicht, stechenden Augen, faltig verschlossenem Munde, kleinem, schwarz gewichstem Schnurrbärtchen …" (S. 674) ist kein Sympathie-Träger. Der fixierende Blick und die metallische Stimme sind die Instrumente seiner Hypnose-Akte. Als er im Laufe der Vorstellung Hut und Mantel ablegt, wird sein Haar sichtbar. Sehr genau beschreibt es der Ich-Erzähler: „Er hatte sehr häßliches Haar, das heißt: sein oberer Schädel war kahl, und nur eine schmale, schwarz gewichste Scheitelfrisur lief, wie angeklebt, vom Wirbel nach vorn, während das Schläfenhaar, ebenfalls geschwärzt, seitlich zu den Augenwinkeln hingestrichen war …" (S. 680). Es verwundert nicht, daß

das Befremden, eigentlich eine Antipathie, die der Ich-Erzähler dem Leser schon vom ersten Augenblick bei der Beschreibung an vermittelt hat (ebd.), auch in der Frisur bestätigt wird. Eine Reitpeitsche „mit klauenartiger silberner Krücke" (S. 675) und ein Glas Kognak (vgl. S. 697), ab und zu eine Zigarette (vgl. S. 686) „runden" das Bild „ab"; denn das sind nicht gerade vertrauenerweckende Requisiten, wenn Menschen „behandelt" werden. Die bedauernswerten Opfer, deren Willen Cipolla bricht, sind, ehe sie in ihrem anfänglichem Zögern und sogar Widerstand dem Leser vor Augen geführt werden, äußerlich wahrgenommen. Der junge Mann mit der Jacke über der Schulter, durch dessen Gruß sich der Zauberkünstler zuerst herausgefordert fühlt, trägt „sein schwarzes, starres Kraushaar hoch und wild"; es ist „die Modefrisur des erweckten Vaterlandes, die ihn etwas entstellte und afrikanisch anmutete" (S. 676, vgl. a. S. 683). Die schwarzäugige, vermutlich auch schwarzhaarige Frau Angiolieri, die sympathische Besitzerin der Pension Eleonora (vgl. S. 662), folgt dem „verfluchten Cavaliere" (S. 699), „durch pure Behexung buchstäblich von ihrem Stuhl" gezogen (ebd.). Die Zurufe ihres Gatten – „mit schwacher Stimme" (S. 699) hervorgestoßen – bleiben wirkungslos und korrespondieren mit seiner fehlenden Profilierung. Als „still und kahl"(S. 662, S. 673, S. 700) charakterisiert ihn der Erzähler mehrmals, in einem beinahe mitleidigen Unterton (vgl. S. 700). Die größte Erniedrigung in dieser menschenverachtenden Spirale von Unterwerfung und Macht erfährt Mario. Er ist „ein untersetzt gebauter Junge mit kurzgeschorenem Haar, niedriger Stirn und zu schweren Lidern über Augen, deren Farbe ein unbestimmtes Grau mit grünen und gelben Einschlägen war" (S. 704f.). Dieser freundliche, bei den Kindern des Erzählers beliebte Kellner in der weißen Jacke (vgl. S. 705) erschießt den Cavaliere schließlich, als er, aus der Hypnose erwachend, begreift, was ihm widerfahren ist. Nach einem Vorgeplänkel hatte Cipolla die von Mario angebetete Silvestra durch stereotype Reizwörter zu einem gleichsam lebendigen Bild vergegenwärtigt, das alle Zuschauer in dem voll besetzten Saal gleichermaßen positiv „sehen": „ ‚ … Ein wahrer Schatz! Das Herz steht einem still, wenn man sie gehen, atmen, lachen sieht, so reizend ist sie. Und ihre runden Arme, wenn sie wäscht und dabei den Kopf in den Nacken wirft und das Haar aus der Stirn schüttelt! Ein Engel des Paradieses!' " (S. 708) Der sich anschließenden suggestiven Aufforderung, Cipolla

(anstelle des Mädchens) zu küssen, hatte Mario nicht widerstehen können. Er wehrt sich – nachträglich – mit Hilfe einer kleinen Waffe. Die Abendvorstellung findet „ … ein höchst fatales Ende. Und ein befreiendes Ende dennoch …" (S. 711)

Der Titel *Luischen* einer anderen Erzählung stellt ein denkbar ungleiches Ehepaar in das Zentrum einer schier unglaublichen Handlung mit – ebenfalls – tödlichem Ausgang.

Amra, eigentlich mit dem kompletten Namen Anna Margarethe Rosa Amalie, ist die schöne Gattin des Rechtanwalts Christian Jacoby, „einem wahren Kloß von Manne" (S. 168). Alles an diesem unförmigen, unnatürlich wirkenden Körper hält nur Vergleichen aus der Tierwelt stand: Beine wie ein Elefant, ein fettgepolsterter Rücken wie ein Bär, ein auffallend kleiner, runder „Schädel", den, wie die Oberlippe, „spärliche und harte, hellblonde Borsten, die überall die nackte Haut hervorschimmern ließen, wie bei einem überfütterten Hunde" (S. 169) bedecken. Immer wieder gesteht dieser kolossale Mann seiner Frau unter Tränen seine Liebe, die er lediglich in Dankbarkeit erwidert wünscht (S. 172). Amra streichelt ihm dann „die Borsten"

Ehe man den Kopf schüttelt,
vergewissere man sich,
ob man einen hat.

TRUMAN CAPOTE

und bestätigt in „mokantem Ton, in dem man zu einem Hunde spricht, der kommt, einem die Füße zu lecken:, Ja! – Ja! – Du gutes Tier-!'" (Ebd.) Sie – das Gegenbild: So exotisch wie der Name Amra ist ihr Aussehen: weiches, fülliges, dunkelbraunes Haar, „das sie seitwärts gescheitelt und nach beiden Seiten schräg von der schmalen Stirn hinweggestrichen trug" (S. 168), dunkler Teint, von „vegetativer und indolenter Üppigkeit" wie eine Sultanin (ebd.), „einfältig" vom Geisteszuschnitt, ein „Spatzenhirn" (S. 186). Aber dieser kleine Verstand ist hinreichend groß, um einen perfiden Vorschlag zu unterbreiten. Herr Assessor Witznagel, der Name ist Programm, vermisst bei der Vorbereitung für das von Amra kreierte Frühlingsfest „zu Ehren des neugebrauten Bieres" (S. 174) eine „Hauptnummer", einen „Clou" (S. 176). Wie der Titel erahnen lässt – ein „Luischen" muss auf die Bühne! Der ungeliebte Gatte soll zu seinem, allerdings auch zum Entsetzen der anwesenden Organisatoren, „zum Schlusse als Chanteuse mit einem rotseidenen Babykleide" (S. 177) auftreten und tanzen. Das ist Amras Idee. Das Borstenhaar von Christian wird an dem Festabend unter einer „hohen, semmelblonden Lockencoiffure" (S. 184) verborgen, ein ausgeschnittenes „Kleid aus blutroter Seide", bodenlang, Puffärmel und Handschuhe – der Lächerlichkeit preisgegeben *von Kopf bis Fuß, mit Haut und Haar*! Eine Lied-Komposition von Herrn Läutner wird zum Vortrag gebracht. „Läutner" – der Wohlklang des Namens lässt bereits auf den eher bescheidenen Anspruch als Künstler (vgl. S. 172) und seine körperliche Erscheinung schließen – eben „ein schlanker Mensch mit keckem Gesicht, einer blonden, losen Frisur und einem sonnigen Lächeln in den Augen" (ebd.). Er ist seit Jahren Amras Liebhaber. Pervertiert als blondes, molliges Baby trägt Herr Jacoby „das lächerliche Couplet ‚Luischen (aus dem Volke)'" (S. 184f.), neukomponiert von Herrn Läutner vor, begreift den Betrug, den seine Frau Amra ihm angetan hat (vgl. S. 185f.), und bricht tot zusammen.

Ein ungleiches Ehepaar sind auch Herr und Frau Klöterjahn in Manns Novelle *Tristan*: Er, der Großkaufmann von der Ostsee, vor Gesundheit strotzend, derb im Auftreten; sie, zerbrechlich, sensibel, musikalisch, ein für Thomas Mann typischer Kontrast, der sich „natürlich" in der körperlichen Erscheinung widerspiegelt. „Er war mittelgroß, breit, stark und kurzbeinig und besaß ein volles, rotes Gesicht mit wasserblauen Augen, die von ganz hellblonden Wimpern beschattet waren, geräumigen Nüstern und feuchten Lippen. Er trug einen englischen Backenbart, war ganz englisch gekleidet ..." (S. 222) Gabriele, in einem dunklen Kleid, tailliert und mit Stehkragen, trägt „ihr lichtbraunes Haar, tief im Nacken zu einem Knoten zusammengefaßt ..., glatt zurückgestrichen, und nur in der Nähe der Schläfe fiel eine krause, lose Locke in die Stirn" (S. 219). Ein „kleines, seltsames Äderchen" über der Braue, „blaßblau und kränklich" (S. 219), kennzeichnet das „feine" ovale Gesicht. „Mein Engel" (S. 220, S. 243) kann nur die angemessene Anrede für diese Frau sein, die „ungewöhnliches Aufsehen" erregt (S. 220), wo auch immer sie in Erscheinung tritt. Gabriele ist ihrem Gatten „von Herzen zugetan" (S. 223), seit der Geburt des kleinen, kerngesunden Anton kränklich,

und deshalb wegen der „Luftröhre" Patientin im Lungen-Sanatorium ‚Einfried' (S. 216, S. 221). Eine Seelenverwandtschaft zwischen dieser morbiden, beinahe körperlos wirkenden Frau und einem Kurgast entwickelt sich dort über die Musik (vgl. S. 245f.), und zwar über das Liebes- und Sehnsuchtsmotiv aus Wagners *Tristan und Isolde*. Detlev Spinell – der Name dieses Mannes klingt eher „sanft" und passt zu der „weichen Stimme" (S. 225) und dem leichten Sprachfehler, nach Draufgängertum klingt er auf jeden Fall nicht. Wieder wird der Leser detailgenau ins Bild gesetzt: „Man vergegenwärtige sich einen Brünetten am Anfang der Dreißiger und von stattlicher Statur, dessen Haar an den Schläfen schon merklich zu ergrauen beginnt, dessen rundes, weißes, ein wenig gedunsenes Gesicht aber nicht die Spur irgendeines Bartwuchses zeigt ..., nicht rasiert ..., weich, verwischt, knabenhaft, war es nur hier und da mit einzelnen Flaumhärchen besetzt ... Der Blick seiner rehbraunen ... Augen war von sanftem Ausdruck, die Nase gedrungen und ein wenig zu fleischig."(S. 223) Eine „poröse Oberlippe", „kariöse Zähne", unverhältnismäßig große Füße (ebd.) ergänzen das Erscheinungsbild. „Knabenhaft" und sichtbar alternd zugleich, ein Widerspruch, der sich nicht nur in den

Kopf- und Gesichtshaaren manifestiert. Ein „Zyniker" unter den Gästen (S. 223) in ‚Einfried' fasst ihn wenig schmeichelhaft zusammen: Ein „verwester Säugling" (ebd. u. S. 238), der allerdings, man könnte sagen „naturgemäß", mehr Empathie für die sterbenskranke Gabriele aufbringt als der plumpe Ehemann.

Der seit seinem fünfzigsten Geburtstag geadelte Schriftsteller Gustav von Aschenbach aus München ist neben, eigentlich zusammen mit dem polnischen Tadzio, einem etwa vierzehnjährigen „langhaarigen Knaben" (S. 469), die Hauptfigur in Manns Novelle *Der Tod in Venedig*. Der Erzähler würdigt die intellektuelle Entwicklung, den geistigen Tiefgang, die Unruhe, kurzum jede Facette von Aschenbachs Künstlertum (Kap. 2) und „präsentiert" ihn selbstverständlich auch als äußere Erscheinung: „Gustav von Aschenbach war etwas unter Mittelgröße, brünett, rasiert. Sein Kopf erschien ein wenig zu groß im Verhältnis zu der fast zierlichen Gestalt. Sein rückwärts gebürstetes Haar, am Scheitel gelichtet, an den Schläfen sehr voll und stark ergraut, umrahmte eine hohe, zerklüftete und gleichsam narbige Stirn …" (S. 456f.) Mund, Nase, Wangen, Stirn, Kopfhaltung – nichts bleibt uner-

wähnt. Dieser alternde Mann nimmt den oben erwähnten polnischen Jungen als sichtbar gewordene gottähnliche, vollkommene Schönheit wahr (vgl. S. 469, S. 473, S. 474 u.ö.), als er ihn zum ersten Mal im Speisesaal seines Hotels in Venedig erblickt. „Sein Antlitz, bleich und anmutig verschlossen, von honigfarbenem Haar umringelt, mit der gerade abfallenden Nase, dem lieblichen Munde, dem Ausdruck von holdem und göttlichem Ernst, erinnerte an griechische Bildwerke aus edelster Zeit …" (S. 469) Aschenbach wird ihn nicht mehr, nie mehr aus den Augen lassen, keine Geste, keine Körperbewegung, keine Veränderung in der Kleidung. Er überhöht ihn als „Narziß" (S. 498), verklärt ihn als „Bewunderungswürdigen" (S. 478). Das „Haupt des Eros … mit dem Geringel des Haares" (S. 474) entzieht sich dem Irdischen, nicht nur neben den „nonnenhaft" wirkenden drei Schwestern mit den aschblonden, an den Kopf geklebten Haaren (vgl. S. 470, S. 473) und dem gleichaltrigen Kameraden Jaschu, ein Pole wie Tadzio, „mit schwarzem, pomadisiertem Haar" (S. 477), sondern in Aschenbachs Wahrnehmung absolut. Er versetzt den schönen Tadzio regelrecht in eine „heilig entstellte Welt voll panischen Lebens" (S. 496). Ohne je ein einziges Wort mit dem Angebeteten zu

Engel einer Mariengruppe, ca. 1510/20 | Liebieghaus, Frankfurt/M.

wechseln, gesteht sich der Schriftsteller: „ ‚Ich liebe dich!' " (S. 498) Gustav von Aschenbach unterzieht sich schließlich bei einem „Coiffeur" einer Verjüngung (S. 518f.; vgl. a. S. 499). Dieser verabreicht dem Kunden „unter seinen pflegenden Händen" (ebd.) wieder die natürliche Haarfarbe, „schwarz wie in jungen Jahren" (S. 519), setzt die Brennschere an, behandelt die faltige, durch das Alter verfärbte Haut, sieht das Ergebnis, wie Aschenbach im Spiegel, „einen blühenden Jüngling" (ebd.) und kann abschließend süffisant äußern: „Nun kann der Herr sich unbedenklich verlieben." (Ebd.) Zunehmend körperlich und geistig schwächer werdend, bleibt Aschenbach wider alle Vernunft in der von der Cholera heimgesuchten Stadt. Ehe er tot in seinem Stuhl am Strand zusammensinkt, fällt ein letzter Blick auf den jungen Tadzio „mit flatterndem Haar" draußen im Meer (vgl. S. 524f.). Aschenbach mag sich erinnern

haben, dass ihn ein ähnlicher Anblick schon einmal fasziniert hat: Tadzio „mit triefenden Locken und schön wie ein Gott" (S. 478) aus dem Meer steigend.

Andeutungen von Todesstimmung lasten von Anfang an auf der Erzählung. Ein Spaziergang Anfang Mai im Englischen Garten – „zart belaubt" und bereits „dumpfig wie im August" (S. 444) –, die sinkende Sonne und die Tram-Haltestelle am Nördlichen Friedhof, Aschenbachs gedankenverlorenes Lesen von Grabinschriften rufen diffuse Assoziationen mit Untergang wach. Aschenbach gewahrt völlig unerwartet, wie aus dem Nichts aufgetaucht, am Eingang des Friedhofs einen Mann, „dessen nicht ganz gewöhnliche Erscheinung seinen Gedanken eine völlig andere Richtung gab. Mäßig hochgewachsen, mager, bartlos und auffallend stumpfnäsig, gehörte der Mann zum rothaarigen Typ und besaß dessen milchige und sommersprossige Haut." (S. 445) Farblose Augen, „rotbewimpert", hässliche „zu kurz" geratene Lippen und dazwischen hervorbleckende Zähne (S. 446) ergänzen die Physiognomie. Kein Einheimischer offensichtlich, aber mit dem „landesüblichen Rucksack" unterwegs, ein Basthut auf dem Kopf, ein Stock mit einer Eisenspitze – Requisiten, die auf den ersten Blick einen Reisenden[13] kleiden. Der Blickkontakt zwischen den beiden Männern signalisiert gegenseitige Abneigung, flüchtig und nachhaltig zugleich. Wer auch immer es ist, vielleicht eine Verkörperung des Todes[14], er verschwindet, wie er gekommen, aber drei weitere Personen von auffallender Ähnlichkeit werden den Weg des Protagonisten kreuzen und jedes Mal eine unbestimmte Gefühlslage auslösen. Von einem „Fluchtdrang" (S. 448) getrieben, begibt sich der Künstler nach der ersten Begegnung auf eine Reise, deren Ziel nach einem kurzen Aufenthalt in Triest Venedig ist, der Ort der Begegnung mit Tadzio und dessen Familie. Weder das Ambiente des „betagten Fahrzeug(s)" (S. 458) noch die Personen an Bord lassen die Schiffspassage atmosphärisch angenehm werden. Ein buckliger, schmuddeliger Matrose und „ein ziegenbärtiger Mann", der die Fahrscheine ausstellt, wirken ebenso wenig vertrauenerweckend wie die Mitreisenden in der zweiten Klasse, allen voran ein „falscher Jüngling". Aschenbachs „Entsetzen" (S. 460) ist groß, als er entdeckt, dass der modische Anzug mit der roten Krawatte völlig unpassend einen Greis kleidet, „...das braune Haar unter dem farbig umwundenen Strohhut Perücke, sein Hals verfallen und sehnig, sein aufgesetztes Schnurrbärtchen und die Fliege am Kinn gefärbt", sein Gebiss künstlich und die Haut mit Schminke aufgefrischt (S. 460) sind. In der Reisegemeinschaft mit jungen Menschen verfehlt dieser Mann sein altersgerechtes Verhalten, er ist nicht der, der er vorgibt zu sein, er spricht dem Weine reichlich zu, „zeigte einen jammervollen Übermut" (ebd.) und löst durch unangenehme Gestik und Mimik in Aschenbach „ein Gefühl von Benommenheit" (S. 462) aus, nicht ganz unähnlich der Stimmungslage nach der Beobachtung des Rothaarigen am Friedhof in München. Eine weitere irritierende Erfahrung lässt nicht lange auf sich warten. Aschenbach benutzt auf der Überfahrt zum Lido zunächst eine Gondel, eine schwarze Gondel, die einem Sarg ähnelt. Der Gondolier, „ohne Konzession" im Einsatz (S. 467), wirkt wenig sympathisch, ganz anders als die „landesübliche Art" der Menschen (S. 465). Sein Äußeres, vor allem das Gesicht, sind ebenso wenig „italienisch": Ein „blonder, lockiger Schnurrbart unter der kurz aufgeworfenen Nase", die rötlichen Augenbrauen (ebd.) lassen ihn fremd erscheinen. Das Ziel der Fahrt bestimmt der unfreundliche, „unheimlich entschlossene Mensch" (S. 466), nicht der Gast, der nach San Marco gebracht werden möchte. Der Gedanke, „einem Verbrecher in die Hände gefallen zu sein, streifte träumerisch Aschenbachs Sinne …" (S. 466) Die Verwirrung ist komplett, als Gondel und Gondolier verschwunden sind, ehe der Fahrgast am Steg sein Entgelt entrichten kann (ebd.). Eine letzte derartige Konfrontation mit einem merkwürdigen Mann erwartet

Aschenbach beim Auftritt einer Gruppe von Straßenmusikanten. Wieder sind es die körperlichen Merkmale des Gitarristen, die die bereits beschriebene Affinität ausmachen: hager, rote Haare, stumpfnäsig, ein sichtbarer Adamsapfel, wie der Wanderer am Friedhof, ein abstoßendes Spiel mit Lippen und Zunge (S. 507f.) wie der „junge Alte" an Bord, „halb Zuhälter, halb Komödiant" (S. 507), abstoßend unterwürfig und herrisch zugleich (vgl. S. 509f.), nicht greifbar und doch ganz nahe bei Aschenbach (ebd.). Auch dieses Mal verfällt der Besucher in einen „Traumbann" (S. 510). Die Todesahnung verdichtet sich durch üblen Geruch, trübe Lichtverhältnisse und die seelische Gestimmtheit, denn die Cholera ist in diesen Wochen in Venedig angekommen. Leitmotivisch und in Variation sind die vier Gesellen, die „Behüteten" unter Basthut, Strohhut, Filz, vom Entschluss zur Reise bis zum Ende des Aufenthalts in Venedig, präsent, ohne dass Aschenbach seinen unmittelbar bevorstehenden Tod ahnt.

Thomas Mann hat in seinem Figuren-Personal noch andere Rothaarige, deren Haarfarbe nicht annähernd solch tragische Bedeutsamkeit anzeigt wie im *Tod in Venedig*. Ihre Haarfarbe prädestiniert sie nicht als „Haupt- und Leitpersonen", in jedem Falle sind sie aber Mitakteure, deren Kopfhaar und, gegebenenfalls, Bart der Autor im Kontext eines Erzähltextes für erwähnenswert hält.

Beispielsweise Dr. Raoul Überbein! Er ist unter den vielen sonderlichen Figuren in dem Roman *Königliche Hoheit* „kein schöner Mann", rotes Haupthaar, roter Bart (S. 61). Es „fügt sich", dass dieser Hilfslehrer im Schloss ‚Fasanerie' „kein angenehmer Mitbürger, kein liebenswürdiger Kollege, kein einwandfreier Beamter" war (S. 87). Unter den fünf handverlesenen Mitschülern von Prinz Klaus Heinrich ist auch Graf Prenzlau, „jener Dicke, Rothaarige, Sommersprossige mit der atemlosen Sprechweise und dem Vornamen Bogumil" (ebd. S. 60), eingebildet, überheblich. Welche Frisur und Haarfarbe Dagobert Graf Trümmerhauff, den treuen Freund von Bogumil, „ausmachen", erfährt der Leser nicht. Wie mag dieser„ windhundähnliche und feine Knabe" (ebd.) wohl frisiert gewesen sein? Die Nachkommenschaft von Katharina, Tante des Prinzen, wird kollektiv als „rotköpfig" (S. 83, vgl. a. S. 3) bezeichnet. Die engere königliche Familie hat allerdings andere Köpfe zu bieten. Der Prinz, die „Königliche Hoheit" selber, ähnelt seiner Frau Mama mit den stahlblauen Augen und den schwarzen Haaren; als er heranwächst, ist sein Kopf dem „akkuraten" Kammerlakai Neumann anvertraut und damit in besten Händen, denn der hat das Handwerk gelernt. „Er barbierte nicht wie irgendeiner ... er barbierte so, daß jeder Schatten des Bartes, jede Erinnerung daran ausgetilgt wurde ... Er beschnitt Klaus Heinrichs Haar genau rechtwinklig über den Ohren ..." (S. 81f.) Bruder Albrecht und Schwester Ditlind sind blond wie der Papa (S. 45). Ditlind, seit ihrer Heirat Gräfin Ried-Hohenried, ist eine zarte Person, „üppig nur ihr aschblondes Haar, das sich ehemals gleich Widderhörnern um ihre Ohren gelegt hatte und nun in dichten Flechten über ihrem ... Antlitz ... lastete" (S. 103). Wahrlich nicht beneidenswert dieses Kunstwerk auf dem Kopf! Wodurch auch immer – erst nach der Geburt des Töchterchens schien die Last „ihrer aschblonden Flechten" leichter geworden zu sein (S. 213).

Nomen est omen gilt nicht immer und ausnahmslos in Sachen „Haare". Graf Braunbart-Schellendorf, Garde-Hauptmann von Klaus-Heinrich und Nachfolger von Dr. Überbein, ist ein „blonder Kavalier" (S. 92). Eine ganz außerordentliche Frau,

Innen und Außen harmonieren perfekt, ist die „Madame aus der Schweiz", die die adligen Kinder betreut. Die kontrastgenaue Moral der „calvinistischen Pfarrerswitwe" spiegelt sich äußerlich bis in die Haarspitzen wider – „ganz schwarz und weiß: ihr Häubchen war weiß und schwarz ihr Kleid, weiß war ihr Antlitz mit der ebenfalls weißen Warze auf einer Wange und schwarzweiß gemischt ihr metallisch glattes Haar." (S. 40) Ein anderes „Format" ist Imma mit „indianischem Blut" in den Adern (vgl. S. 203 u.ö.), Tochter des Milliardärs Samuel Spoelmann, ein echter „Sonderfall": „Wie perlblaß ihr Gesichtchen war gegen das schwarze Haar unter der Pelzmütze, und wie ihre Augen redeten!" (S. 155) Unerschrocken durchschreitet sie „die Gasse der großen, blonden Grenadiere" (ebd.) und fällt so in ihrer zierlichen Körpergröße erst recht im Residenzstädtchen auf. Zur Schönheit gesellen sich Intelligenz und Reichtum, keine alltägliche Mischung! Dieses junge Mädchen aus Amerika wird Klaus Heinrichs Gattin. Als Braut „in Schleier und Kranz" fällt „eine glatte Strähne blauschwarzen Haares in ihre Stirn, während ihre Augen, so kohlschwarz und übergroß" (S. 276), den Kontakt zum jubelnden Volk aufnehmen. Eine „echte" Prinzessin aus adligem Haus kann schöner

wohl kaum gedacht werden! Imma ist „zierlich" wie Samuel. Dieser hat einen kleinen Mund im glatt rasierten Gesicht, „kleine Rundaugen", die von metallisch unbestimmtem Blauschwarz waren", ungewöhnlich kleine Füße, aber einen außerordentlichen Kopf: „Der obere Teil seines Schädels war kahl, aber am Hinterkopf und an den Schläfen" wächst „reichliches graues Haar, das auf eine bei uns nicht übliche Art gehalten war … weder kurz noch lang, sondern hochaufliegend, voll nur im Nacken abgeschnitten und um die Ohren rasiert." (S. 175f.) Um diesen Kopf in Fülle und Kargheit zu „begreifen", braucht selbst der „Frisur-erprobte" Thomas Mann-Leser einiges Vorstellungsvermögen. Ganz einfach und rührend ist es dagegen, wenn Imma die „Glatze" ihres alten „Väterchens" küsst (ebd.).

Lastende Fülle, spärlicher Wuchs – „Oberhofmarschall, Oberzeremonienmeister und Hausmarschall" von Bühl zu Bühl (S. 82) kann nicht das eine und kaum das andere aufweisen; die „Fülle" der Titel kann nicht den Mangel auf dem Haupt kompensieren, er muss sich mit einem „braunen Toupet" behelfen (S. 82). Die Gräfin Löwenjoul im Hause Spoelmann, wirkungsvoll „in ein Hausgewand aus ziegelfarbener Rohseide" mit einer Goldstickerei auf dem Bruststück gekleidet, mit einem Edelstein groß wie ein Ei an einer langen Perlenkette geschmückt, trägt ihr Haar so eindrucksvoll wie einfach frisiert: blauschwarz und glatt, „seitwärts gescheitelt" und „schlicht geknotet" (S. 172), allerdings so locker, dass Strähnen in Stirn und Schläfen fallen.

Auch weitere Männer- und Frauenköpfe stehen in anderen Mann-Romanen nicht hinter diesem Variantenreichtum zurück. Das Kopfhaar von Frau Luder zum Beispiel (*Doktor Faustus*)! Dieses ist unter einer Witwenhaube verborgen, sicherlich straff und korrekt weggesteckt. Haube und Gesichtsausdruck, der „ungewöhnlich würdevoll" ist, signalisieren jedermann, dass „die Verwalterin des Molkereiwesens" auf dem elterlichen Hof von Adrian Leverkühn (S. 26) ihren Namen quasi „über den Kopf" widerlegt. Die beiden Schwestern Ines und Clarissa Rodde in demselben Roman haben (wie Ditlind) an ihren „schwergewichtigen" Haaren zu tragen. Das „bescheinigt" der Erzähler ausdrücklich der „aschblonden" Ines (vgl. S. 197). Der „hochgewachsene(n) Blondine" (S. 197) Clarissa, einer nur mittelmäßigen Schauspielerin, wird es mit ihrer „gewagte(n) Frisur" – was immer der

Adamo Tadolini, Weibliche Porträtbüste, 1. Hälfte 19. Jahrh. | Liebieghaus, Frankfurt/M.

Leser sich darunter vorstellen mag – kaum anders ergangen sein, zumal sie die „goldblonde" Pracht noch zusätzlich durch Hüte in „Radgröße" (ebd.) betont oder verbirgt und sogar gelegentlich – unfähig zwischen Bühne und Alltag zu unterscheiden – „aufpolstert" (S. 380).

Neben diesen „tragenden" Frauenköpfen in Thomas Manns Romanwelt muss sich Sesemi Weichbrodt nicht verstecken. „Graue gepolsterte Ohrenlocken unter einer Haube mit grünen Bändern, die über die schmalen Kinderschultern hinabfielen" – das ist ein respektabler „Aufbau" (*Buddenbrooks*, S. 75) für eine kleine Person, die bucklig und gerade einmal etwas höher gewachsen ist als ein Tisch. Dass sie, der nicht nur die schulische Erziehung von Tony Buddenbrook anvertraut ist, eine Respektperson ist, daran gibt es nicht den geringsten Zweifel. Ihre klugen Augen und ihre ein wenig eigentümliche Sprache, vor allem ihre lebenskluge Weltsicht tragen dazu bei.

Grete Minde, Stine, Jenny Treibel – Frisuren von beträchtlicher Signifikanz

Theodor Fontane lässt in seiner Romanwelt Figuren agieren, deren äußere Erscheinung weniger und seltener „festgelegt" ist im Detail, ihre Sprache, der Inhalt „macht" die Menschen. Der Leser ist gefordert, sich das „Bild" zu vervollständigen.

Grete Minde z. B., die titelgebende Figur in der gleichnamigen Erzählung, ist ein „schönes" Mädchen (S. 27 u.ö.), „zart gebaut", schwarze Augen (S. 97, S. 86), die sicherlich auf die spanische Mutter (S. 4) hinweisen. Rothaarig, wohl eher nicht, langhaarig, vermutlich. In ihrem Verhalten scheint sie für ihre hartherzige, misstrauische Schwägerin Trud und den Halbbruder Gerdt undurchschaubar, „eine verwunschene Prinzessin oder eine Hexe" (S. 68 u.ö.), die sich für erfahrenes Unrecht in der Familie schließlich mit einem mörderischen Brandanschlag rächt. Bei den Puppenspielern, mit denen sie und Valtin über Land ziehen, spielt sie die Rolle des Engels (S. 81). Als Racheengel legt sie Tangermünde in Schutt und Asche und vernichtet auch sich selbst und ihr Kind dabei.

Fremd und unbekannt von ihrer Herkunft ist auch das Gauklerkind Marie Kniehase, das im Hause Vitzewitz „Feenkind" und „Zauberkind" genannt

wird (*Vor dem Sturm*). Der Bezug zur Märchenwelt entrückt dieses sensible, unverfälschte Mädchen „mit den dunklen Augen und den unvergleichlichen Wimpern" aus der sozialen Enge des Adels. Marie ist wohl die Erfüllung der weit zurückliegenden Prophezeiung, eine Prinzessin werde das Geschlecht vor dem Untergang bewahren, als sie Lewin von Vitzewitz heiratet (vgl. Grawe, S. 183 u. S. 326f.). Ein ähnlicher Mädchen-Typ ist auch die schwarzhaarige Kellnerin Marie im Gasthaus „Zur Schneekoppe" (*Quint*), die womöglich vom fahrenden Volk abstammt (Grawe, S. 209). Hilde in *Ellernklipp* ist von unehelicher Herkunft, fremdartig, aber mit rotblonden Haaren und langen Wimpern äußerlich gekennzeichnet (ebd. S. 145). Melanie, das heißt „Schwarze", van der Straaten, geborene de Caparoux, das heißt „Rotkäppchen", ist brünett (ebd. S. 323), eine attraktive Schönheit, die „alle Vorzüge französischen Wesens" (*L'Adultera*) in sich vereinigt. Ihre jüngere Schwester Jacobine Gryczinski – rotblond – steht ihr an Schönheit etwas nach, an Verführungskünsten nicht (ebd. S. 128).

In Fontanes Roman *Stine* stehen zwei Schwestern, zwei Frauenschicksale, zwei „Köpfe" im Mittelpunkt der Handlung: „Flachsgelb ... mit einem gewellten Scheitel" und „überaus freundlichen Augen" (S. 13) – das ist Ernestine Rehbein, genannt Stine, ledig, zurückgezogen lebend, integer, realistisch eingebunden in die soziale Hierarchie ihrer Zeit. Sie verzichtet auf eine Heirat mit dem jungen, blassen Grafen Waldemar von Haldern „ohne Schnurrbart" (S. 22), weil sie sich bewusst ist, dass soziale Schranken auch bei einer Auswanderung nach Amerika nicht aufgehoben werden. Ihre Schwester Pauline Pittelkow, geborene Rehbein, der „Gegenentwurf": „Eine schöne, schwarze Frauensperson mit einem koketten und wohlgepflegten Wellenscheitel" (S. 7); sie ist verwitwet, liebevoll-derb, Mutter von zwei Kindern verschiedener Väter, Geliebte von Graf von Haldern, Waldemars Onkel. „Die brünette Witwe war das Bild einer südlichen Schönheit, während die jüngere Schwester (Stine) als Typus einer germanischen, wenn auch freilich etwas angekränkelten Blondine gelten konnte." (S. 13)

„Aschblond" und „flachsblond" – Farbabstufungen, die in dem Roman *Irrungen, Wirrungen* (vgl. S. 13, S. 46, S. 52) Welten trennen: Lene Nimptsch und Käthe von Sellenthin. Baron Botho von Rienäcker muss sich entscheiden: unverstellte Natür-

lichkeit und Liebe, dafür steht Lene, die Aschblonde, oder Konvention einer standesgemäßen, adligen Ehe mit wirtschaftlicher Absicherung, dafür steht Käthe, die Flachsblondine. Lene sagt es ganz unsentimental: „ ‚Alle schönen Männer sind schwach und der Stärkre beherrscht sie ... ja, wer ist dieser Stärkre? ... entweder ... deine Mutter ... oder das Gerede der Menschen, oder die Verhältnisse. Oder vielleicht alles drei ...' " (S. 33) Und Lene kann sich Bothos Mutter nur vorstellen wie Botho selber – „ ‚groß und schlank und blauäugig und blond' " (S. 32) – und bedient damit selber ein Klischee, vielleicht eine Erfahrung. In dieser Hinsicht, allerdings nur in dieser, ganz äußerlich betrachtet, irrt sie, und Botho korrigiert: „ ‚, ... Meine Mutter ist eine kleine Frau mit lebhaften schwarzen Augen und einer großen Nase.' " (Ebd.) Die abergläubische Redensart der alten Nimptsch „Haar bindet" (S. 71), die sie Botho warnend entgegenhält, als er trotzdem einen Immortellen-Strauß mit einem „schönen langen Haar" aus Lenes Frisur (ebd.) zusammengeflochten wünscht, kann diese Liebesbeziehung nicht „halten". Botho heiratet Käthe, die „Flachsblondine mit den Vergißmeinnichtaugen" (S. 52; vgl. S. 108), Lene, Jahre später, Gideon Franke. Der lässt sich gestiefelt und ge-

*'Tag, Frau Hebestreit,' sagte plötzlich jemand.
Es war Frau Postinspektor Pfeffer.
'Ich bin gerade auf dem Weg zu Ihnen.
Mein Kopf ist reif. Muß gewaschen werden.
Und bißchen durchondulieren.
Mein Mann hat Theaterkarten ...'*

ERICH KÄSTNER, WERKE: ROMANE FÜR KINDER II.
MÜNCHEN (HANSER) 1998, S. 336F.

schniegelt bei Botho anmelden, um über seine zukünftige Frau Erkundigungen einzuholen. „Er trug einen bis oben hin zugeknöpften schwarzbraunen Rock, übermäßig blanke Stiefel und blankes schwarzes Haar, das an beiden Schläfen dicht anlag. Dazu schwarze Handschuh und hohe Vatermörder von untadliger Weiße." (S. 142) Das Erscheinungsbild – „spießbürgerlich" in Bothos Augen (S. 143) – entspricht eindrucksvoll seiner sektiererisch-geradlinigen Weltsicht (vgl. S. 146f.) und – seinem Namen.

Aschblondes Haar hat auch Mathilde Möhring. Der Erzähler ist allerdings der Meinung, dass, warum auch immer, Vorname und Haarfarbe „nicht recht" zusammenpassen (S. 5). Diese 23-Jährige ist keine, bestenfalls eine gewöhnungsbedürftige Schönheit (vgl. S. 39) – „griser Teint" (ebd. u. S. 50), hager, ein zu klein geratenes Ohr,

schmale Lippen, angeklebtes Haar (S. 6) –, ohne Ausstrahlung, aber „sauber und gut gekleidet" (S. 5), zielstrebig und klug. So wird sie die Ehefrau des Untermieters Hugo Großmann, eines „schönen Mann(es)", breitschultrig, mittelgroß, mit schwarzem Vollbart (S. 7, S. 8 u.ö.), dem das entsprechende intellektuelle Format, zumindest für die Juristerei, fehlt (vgl. S. 73 u.ö.), dem aber Theater und Literatur gefallen. Die Einladung zu einem Theaterbesuch ist für die alte Möhring und ihre Tochter Anlass, sich herauszuputzen, soziales Ansehen zu gewinnen. Selbstverständlich zuerst der Kopf, der ist der Blickfang, und Thilde ist sich si-

Gustav Kaupert,
Junge Frau mit Kind im Schoß, 1856 |
Liebieghaus, Frankfurt/M.

cher: „ ,… Ich werde dich schon zurechtmachen, mit ein paar Schleifen zwingen wir's schon … Die Haube ist für'ne alte Frau immer die Hauptsache, und deine Haube ist noch ganz gut, ein bißchen auftollen und aufplätten, und du siehst aus wie'ne Gräfin.' " (S. 28) Genauso zielstrebig geht Mathilde Hugos juristisches Examen an. Mit ihrer Hilfe schließt er das Studium erfolgreich ab (vgl. S. 43, S. 49, S. 63, S. 69f.) und beschert so seiner Gattin den ersehnten, wohl kalkulierten, nur so möglichen sozialen Aufstieg zur Bürgermeistersgattin von Woldenstein, den sie selber eingefädelt hat (vgl. S. 92, S. 102). Das Glück währt nicht lange. Hugo stirbt nach kurzer Amtszeit an Schwindsucht, sicher auch überfordert und amtsmüde. Schein und Sein – im Ansatz begreift die junge Witwe, die sich danach in Berlin als Lehrerin emanzipiert: „,Er sah so stark aus mit seinem Vollbart, aber er war nur schwach auf der Brust, und ich bin ganz sicher, es (die Heirat, die soziale Rolle) hat ihm geschadet …' " (S. 114)

Auch Jenny Treibel, geborene Bürstenbinder, die „Frau Commerzienrätin", eine Aufsteigerin aus kleinen Verhältnissen zur Gattin eines Fabrikbesitzers mit einer Villa „auf einem großen Grundstü-

cke" (S. 20), weiß sehr genau, was sie will, vor allem aber, was sie nicht will. Auf keinen Fall will sie Corinna Schmidt als Schwiegertochter! Fontane stellt diese „sehr gut aussehende Dame" (S. 7) in den Fünfzigern, korpulent und etwas asthmatisch, modebewusst und standesbewusst, in den Mittelpunkt des nach ihr betitelten Romans, eben *Frau Jenny Treibel*. Bereits die Mutter aus dem Colonialwaren-Laden hatte dem Äußeren, speziell den Haaren ihrer Tochter Aufmerksamkeit geschenkt. Sie wickelte sie „mit rührender Sorgfalt" (S. 11), was die Wirkung auf die Männerwelt auch nicht verfehlte (ebd.). Frau Treibel macht es der jungen Corinna rückblickend und durchaus vergleichend bei einem Besuch im Hause Schmidt deutlich: „ ,… Denn damals, meine liebe Corinna, war das Rotblonde noch nicht so Mode wie jetzt, aber kastanienbraun galt schon, besonders wenn es Locken waren …' " (Ebd.) Auch Corinnas Vater gefielen Jennys Locken damals, „ ,… bis endlich Treibel erschien und dem Zauber ihrer kastanienbraunen Locken und mehr noch ihrer Sentimentalität erlag …' " (S. 105f.) So sieht es der alte Professor Schmidt ganz unsentimental aus der Rückschau. Neben ihrer Schwiegertochter Helene möchte sich Jenny beim Abenddiner mit Mr. Nelson aus Liverpool „be-haupten". Dass das gelingt, daran hat der Leser keinen Zweifel! Sie ordnet, rafft und zupft vor dem Spiegel, mit Sicherheit auch die Frisur (vgl. S. 22). „Der Sinn nach oben" (S. 15), „die Obersphäre der Gesellschaft" (S. 34) ist die „Haupt-Sache", eben auch eine „Kopf-Sache" in des Wortes doppelter Bedeutung, das hat Frau Treibel schon immer beherzigt, und das rät sie auch dem Fräulein Schmidt. Wedderkopp, ein „Widderkopf", das ist nach Jennys Meinung die angemessene Partie für das Professorentöchterchen. An dem jungen Mann gibt es bis auf den „störrischen Namen" (ebd.) rein gar nichts auszusetzen. Das Wichtigste ist: Leopold Treibel, der eigene Sohn, darf nicht von einer Schmidt „eingefangen" werden! „ ,Leopold ist ein Kind und darf sich nicht nach eigenem Willen verheiraten ... Leopold, trotz allem, was ihm fehlt, soll höher hinaus (als sich mit Helenes Schwester zu vermählen, geschweige denn mit Corinna) ...' " (S. 164f.) Entscheidungen in dieser Angelegenheit verantwortet allein Jenny! Die Schwiegertochter Helene aus der Hamburger Kaufmannsfamilie Munk-Thompson war eine sichtbar „glänzende" Partie, eine Frau „blink und blank" (S. 157) für Otto, den älteren der beiden Treibelschen Sprösslinge. „Die junge Frau Treibel sah sehr gut aus, blond, klar, ruhig" (S. 43), in ihrer ganzen Aufmerksamkeit ausschließlich fixiert auf Äußerlichkeiten, in der Erziehung ihrer Tochter Lizzi ebenso wie bei der „Begutachtung" anderer Menschen. Dieses „Musterkind" Lizzi (S. 117) mit seinem noch nicht voll ausgebildeten „Herzmund" (S. 119), hüftlangen, leicht welligen, „natürlich" blonden Haaren, ganz in Weiß gekleidet, wirkt außerirdisch, eben wie ein „Engel" (S. 145f.; vgl. a. S. 221), den der alte Treibel lediglich als Produkt einer unnatürlichen Erziehung und Körperpflege, als einen „Wasch-Engel" (S. 146) bezeichnet. Er äußert Fräulein Honig gegenüber herbe Kritik: „ , ... Und wenn es ... das eigene Enkelkind ist, dessen flachsene Haare ... vor lauter Pflege schon halb ins Kakerlakige fallen, so wird einem alten Großvater himmelangst dabei ...' " (S. 146) Helene schwärmt auch von Mr. Nelson, dem jungen englischen Gast im schwiegerelterlichen Haus, vorrangig bezüglich seiner „Sauberkeit": „ , ... Und so sauber wie die Manschetten, so sauber ist alles an ihm ..., auch sein Kopf und sein Haar. Wahrscheinlich, daß er es mit Honey-water bürstet, oder vielleicht ist es auch bloß mit Hülfe von Shampooing.' " (S. 26) Diese Würdigung des Engländers kann der kritischen Einschätzung ihrer Schwieger-

Johann Heinrich von
Dannecker, Ariadne auf dem
Panther, 1803-1814 |
Liebieghaus, Frankfurt/M.

mutter Jenny, abgesehen von den Manschetten, allerdings nicht standhalten (S. 26), nicht allein wegen des „ungebürsteten Cylinders im Nacken" (ebd.). Die junge Corinna mit ihrem „Wuschelhaar", auf dessen „Bearbeitung" sie täglich mindestens eine halbe Stunde vor dem Spiegel sitzend verwendet (S. 174), muss sich von dem eifersüchtigen Marcell Wedderkopp nach dem Diner-Abend, an dem sie zwischen Mr. Nelson und Leopold platziert war (S. 43), vorhalten lassen, sie habe dem jungen Treibel „den Kopf verdreht" (S. 64); das

… Geben, nehmen, nehmen, geben,
Und dein Haar umspielt der Wind,
Ach, nur das, nur das ist Leben,
Wo sich Herz zum Herzen find't.

THEODOR FONTANE, FRAU JENNY TREIBEL. MÜNCHEN (DTV) 2007, S. 254

Ergebnis ist gewissermaßen „total", so dass Leopold „von Kopf bis Fuß die helle Bewunderung" (S. 102) für sie war. Eben diesen Kopf würde sich die Rätin am liebsten „mit einem Schnurrbart" im Gesicht vorstellen (S. 116). So könnte ihr in jeder Hinsicht „farbloser" Sohn, dieses Milchgesicht (vgl. S. 114) mit dem ärztlich verordneten täglichen „großen Glas Milch", das weiß sie selber, männliche Ausstrahlung gewinnen. Als der Wuschelkopf Corinna und Leopold sich – ohne Zustimmung der Mutter, sogar gegen deren entschiedenen Willen (vgl. z.B. S. 192) verloben – , wird Hildegard, Helenes Schwester, auf den Plan gerufen. Auch sie ist nicht sonderlich erwünscht – e i n e Schwiegertochter aus dem Hause Munk ist genug (vgl. S. 164f.), aber – auf dass sich Geld zu Gelde finde –, kann die Rätin auf die Schnelle keine andere Kandidatin

an den Haaren herbeiziehen. Corinna löst die Verlobung ihrerseits, und so können sie und Dr. Marcell Wedderkopp schließlich Hochzeit feiern. Wie gut, dass der Bräutigam dem Rat seines zukünftigen Schwiegervaters gefolgt ist, sich wegen Leopold „keine grauen Haare wachsen" zu lassen (S. 104)! Gleichermaßen abgeklärt hatte der alte verwitwete Professor Schmidt an einem Herrenabend, zu dem Marcell und Corinna nach der Treibelschen Einladung auch noch gestoßen waren, eine auf Lebenserfahrung beruhende Einsicht verkündet: „ , … Ist man jung, so heißt es *hübsch oder häßlich, brünett oder blond*, und liegt dergleichen hinter einem, so steht man vor der vielleicht wichtigeren Frage *Hummer oder Krebs* …' " (S. 95) Über diese letztere Alternative lässt sich unter älteren Herren trefflich philosophieren.

Wenzel Strapinski, Pankraz, John Kabys – Verräterische Eitelkeiten

Kleider machen Leute, und Köpfe machen Leute, wie oben bereits zu lesen war. Das arme, hungrige „Schneiderlein" in **Gottfried Keller**s gleichnamiger Novelle, in einen Radmantel gehüllt, das lange schwarze Haar mit einer polnischen Pelzmütze vor der nassen Novemberkälte auf der Landstraße geschützt (vgl. S. 512), passt so gar nicht in das „Bild" der Leute in Goldach. Dort wird er nämlich vor dem Gasthof „Zur Waage" von einem Kutscher abgesetzt, der ihn aus Mitleid buchstäblich nicht im Regen hat stehen lassen wollen. So einer muss einfach „mehr" sein, ein Graf (S. 513f.) zum Beispiel! Zum gepflegten Textil, dem einzigen, das er besitzt, gehört ein gepflegter Kopf, und den kann er vorweisen. „Er nahm sich mit seiner bewölkten Stirne, seinem lieblichen, aber schwermütigen Mundbärtchen, seinen glänzenden schwarzen Locken, seinen dunklen Augen, im Wehen seines faltigen Mantels vortrefflich aus …" (S. 522) Und ehe er sich versieht, ist er in eine Rolle gedrängt, er „ist" ein „vornehmer und interessanter junger Edelmann" (S. 523). Haare müssen gepflegt sein, das weiß Wenzel Strapinski! Und deshalb ist er ziemlich kleinlaut, als er feststellen muss, dass das kleine Päckchen mit den notwendigen Utensilien zur Haarpflege, Haarbürste, Kamm, Pomade und

„ein Stengel Bartwichse" (ebd.), in der Kutsche liegengeblieben ist. Aber wer so vornehm ist, bekommt am nächsten Morgen Ersatz „vom Hause" (S. 524). Eine Goldacherin, die Tochter des Amtsrates, weiß es vom ersten Augenblick an genau: Das ist ihr Typ! Das hatte sie dem Vater, der es freimütig dem Schneider-Grafen erzählt, schon „immer" gesagt: „ , … Schon als Schulkind behauptete sie fortwährend, nur einen Italiener oder einen Polen, einen großen Pianisten oder einen Räuberhauptmann mit schönen Locken heiraten zu wollen …' " (S. 530) Gegen einen solchen Mann ist der tüchtige Melchior Böhni mit dem rötlichen Backenbärtchen (ebd.) wirklich keine Konkurrenz! Das hübsche Nettchen, mit reichlich Schmuck verziert und einem „abenteuerlich und reizend frisierten Kopf" (S. 523), mit Locken, das versteht sich von selbst (S. 544), lässt nicht mehr von Strapinski ab, sie wird seine strahlende Braut. Auch als seine wahre Identität bei einer großen, festlichen Schlittenfahrt mit Trachtenumzügen von Goldachern und Seldwylern aufgedeckt wird, gibt es für Nettchen keinen Grund, sich von ihm abzuwenden. „Barhäuptig", „gesenkten Hauptes" (S. 535) verlässt der falsche Graf die Veranstaltung. Die Kopf-Körpersprache korrespondiert mit seiner seelischen

Hans Multscher, Heilige
Maria Magdalena, ca. 1465 |
Liebieghaus, Frankfurt/M.

Verfassung: Er spürt es, „eine ungeheure Schande", ein Gefühl von „erlittenem Unrecht", Selbstverachtung (S. 536). „Festen Schrittes" macht sich Nettchen auf den Weg zum Hof mit den Pferdeschlitten, nimmt wortwörtlich die Zügel in die Hand (S. 538f.) und findet den Geflohenen in der Schneelandschaft. Ihre Augen richten sich „auf einen länglichen, dunklen Gegenstand …, welcher zur Seite der Straße sich vom mondbeglänzten Schnee abhob. Es war der langhingestreckte Wenzel, dessen dunkles Haar sich mit den Schatten der Bäume vermischte, während sein schlanker Körper deutlich im Lichte lag." (S. 539) Sein Samtmantel ist der endgültige Identitätsbeweis. Nettchen wird in dieser kalten Winternacht seine „Retterin" (S. 540), der er ein „Geständnis" ablegt und sein bisheriges Leben ausbreitet. Kein Pole, kein Italiener, kein Pianist, kein Räuberhauptmann, ein nur halbfreiwilliger Hochstapler, aber ein Mann „mit langen schwarzen Locken", „ein guter Wenzel" (S. 545) – das ist Nettchens Erkenntnis und endgültige Wahl! Weder der Vater noch Böhni, auch nicht beide zusammen mit anwaltlicher Unterstützung, können diese Liebesheirat verhindern (vgl. S. 546f.). *Kopf und Kragen*, der hat sicherlich den imposanten Radmantel am Hals abgeschlossen, beides hatte

Nettchen zunächst im Auge; aber als sie die Augen einmal während der nächtlichen Rettungsaktion schließt (vgl. S. 540), spürt sie ihr Herz schlagen (vgl. S. 541 u.ö.) und ist ganz sicher: „ ‚Ich will dich nicht verlassen! Du bist mein… ' " (S. 544) Wenzel Strapinski hat sich nicht *um Kopf und Kragen gebracht*, das hätten die Seldwyler gerne miterlebt!

Pankraz, der Schmoller ist der Sohn eines Seldwylers. Er ist so „unansehnlich", dass seine Haare nicht einmal Erwähnung finden, dazu wortkarg, ein Eigenbrötler, launisch, ein Junge, an dem seine verwitwete Mutter so recht keine Freude hat. Die jüngere Schwester Esther – das genaue Gegenteil,

205

ein echtes Schneewittchen: „ … ein bildschönes Kind mit langem und dickem braunem Haar, großen braunen Augen und der allerweißesten Hautfarbe." (S. 298) Pankraz nimmt schließlich sein Leben in die Hand und zieht in die weite Welt. Lydia, die Tochter eines britischen Kommandeurs in Indien, bei dem Pankraz in Diensten steht, offenbart ihm, was Schönheit bedeutet. Das „Maß" dafür sind – wieder einmal – die Haare, blonde, üppige Locken, und die dunkelblauen Augen (vgl. S. 315), dazu auch innere Werte, „Bescheidenheit und Sittsamkeit" in Person (ebd.). Pankraz vergleicht diese weibliche Schönheit mit Desdemona, Helena und Imogen, aber aus „Fleisch und Blut mit wirklichen Herzschlägen und einem tatsächlichen Nacken voll goldener Locken" (S. 322). Für Pankraz bleibt diese Frau unerreichbar. Er demaskiert sie nach Jahren als selbstverliebt, beschimpft sie als „Esel" (vgl. S. 330ff.); sie wehrt sich mit Tränen und „schüttelt die Wucht ihrer Locken" (ebd.). Schließlich verlässt er sie für immer. Der verlorene Sohn kehrt nach Seldwyla zurück, verwandelt als ein freundlicher Mann. Verwandelt ist auch seine äußere Erscheinung: Ein erwachsener Mann mit französischer Offiziersmütze, Schnurr- und Kinnbart im gebräunten Gesicht (vgl. S. 304), höfliches Auftreten – Mutter und Schwester erkennen ihn erst an vertrauten Gesten und können die Läuterung kaum fassen (vgl. S. 305f.) Eine märchenhafte Welt-Erfahrung, die Gottfried Keller in dieser Erzählung entwirft, mit Aufbruch, Heimkehr, Locken-Schönheit, Liebesschmerz, Todesbedrohung durch einen Löwen in Afrika und einem Happyend.

Jeder ist *Der Schmied seines Glückes*, diese platte Weisheit treibt John Kabys, vormals Johannes Kabis, um, entschlossen, immer wieder allerlei Versuche zu unternehmen, sein „Glück" selber zu „schmieden", Reichtum und Ansehen ganz leicht zu gewinnen. Der englisch angehauchte Name reicht noch nicht aus, um wirtschaftlich in Seldwyla zu reüssieren. Die Konkurrenz ist findig: Ein Doppelname, der Name der Ehefrau muss angehängt werden. So wird es modern. Woher nehmen? John sucht sich ein „Anhängsel" für seinen Namen. Oliva soll es sein. Die passende Namensträgerin findet er, also zukünftig Kabys-Oliva! Die amtlichen Papiere der Braut offenbaren jedoch, dass die Glücksschmiedekunst nicht so einfach ist wie gedacht. Die Braut, ein außereheliches Kind von Frau Oliva, heißt Häuptle! Offensichtlich ist „ihr einziger Fehler", nämlich ein „unverhältnismäßig großer Kopf" (S. 552), offenbar genetisch bedingt und daher so wohl zum Hausnamen geworden. „Sprechender" kann ein Name nicht sein! John Kabys-Häuptle – der künftige Firmenname „zu deutsch: Hans Kohlköpfle" (ebd.), das geht gar nicht! Die Heirat kommt nicht zustande, der Name, der deutsche, bleibt hängen, und zurückgeworfen auf die Notwendigkeit, wieder zu arbeiten, wird „Häuptle" quasi zur Berufung. Das, was Hans-John nach reiflicher Überlegung wirklich kann, ist rasieren. Ein winziges Barbier-„Stübchen" ist keine große Firma, aber die Fama der Namenspleite führt ihm über Jahre genügend viele Kunden-Häupter und -Gesichter zu (vgl. S. 553), so dass er ein leidliches Auskommen hat. Und nachdem ihn ein Kunde auf einen entfernten Verwandten namens Litumlei in Augsburg aufmerksam gemacht hat, versucht John sein Glück noch einmal. Wieder ist es die Profession des Barbiers, die ihm weiterhilft. In einem mehrstöckigen vornehmen Patrizierhaus mit Erkern, kunstvoll verzierten Wänden und Sälen sucht John den Ahnen und wird fündig. Er vernimmt Geschrei, geht diesem nach und entdeckt vor einem Kaminspiegel stehend ein „winziges eisgraues Greislein ... mit eingeseiftem Gesicht. Das ... schrie weinerlich ... : ,Ich kann mich nicht mehr

Männer müssen sich rasieren.
Männer müssen sich beschmieren.
Die Finger voll mit weißem Schaum.
Ihren Mund, den sieht man kaum.
Männer denken ohne Worte
Jeden Morgen:
Sahnetorte.

EDWARD VAN DE VENDEL, SCHAUM. IN: WEIL LACHEN FRÖHLICH MACHT. DAS GEDICHTE-SCHNUPPERBUCH, HG. V. WILFRIED WITTSTRUCK, KÖLN (BOJE) 2011, S. 54

rasieren. Mein Messer schneidet nicht! Niemand hilft mir, o je, o je!' " (S. 557) Das ist d i e Gelegenheit für John zu zeigen, was er kann. Er wetzt das stumpfe Messer, „prüfte hierauf die Seife und schlug einen dichtern Schaum, kurz er barbierte das Männchen in weniger als drei Minuten auf das herrlichste." (Ebd.) Das lässt sich gut an, aber so verheißungsvoll der „Einstieg" mit Rasiermesser und Schaum in die Ahnenreihe Litumlei-Kabis mit der Aussicht auf das Alleinerbe ist, tragfähig ist das Unterfangen letztendlich nicht. Zurück in Seldwyla, lebt John fortan als „Nagelschmied" (S. 572ff.). Als Barbier hätte er aber auch getaugt ...

Eckbert, Wienke Haien, Vater und Sohn Thiel – Signale in Blond und Rot

Eher nur beiläufig sind Haarfarben und Frisuren, wörtlich und redensartlich, selbstverständlich noch in anderen dichterischen Werken erwähnt. Ganz wenige Beispiele sollen hier angeführt werden.

Karl Moor, der Räuberhauptmann in Friedrich Schillers Drama *Die Räuber*, trägt seinem Vertrauten Schweizer auf, seinen Bruder Franz gefangen zu nehmen und ihm, Karl, persönlich zu übergeben, ohne diesem *ein Haar zu krümmen* (IV, 5). Franz unterläuft dieses Vorhaben: Er erdrosselt sich mit „seiner goldenen Hutschnur" (V, 1), ehe er gestellt wird. In der Erzählung *Der Verbrecher aus verlorener Ehre* beschreibt derselbe Dichter Christian Wolf, den vom Schicksal benachteiligten, sozial ausgegrenzten Protagonisten sicher nicht zufällig als kraushaarig „von einer unangenehmen Schwärze" und mit „eine(r) plattgedrückte(n) Nase". (Stuttgart, Reclam, 1986, S. 6).

Der blonde Eckbert, das Kunstmärchen von **Ludwig Tieck**, 1797 erschienen, benennt im Titel ein offensichtliches Merkmal des Protagonisten und verbindet es als Attribut mit dem Namen. Der Ritter aus dem Harz „war ohngefähr vierzig Jahre alt, kaum von mittlerer Größe, und kurze, hellblonde Haare lagen schlicht und dicht an seinem blassen, eingefallenen Gesichte. Er lebte sehr ruhig für sich …" (S. 9). So wenig spektakulär sein Äußeres ist, so tragisch ist das Schicksal dieses Menschen: Inzestuös verheiratet, Mörder seines engsten Freundes Walther, schließlich dem Wahnsinn verfallen, begreift er sterbend die Verstrickungen seines Lebens.

Blond wie Marie, das hübsche Mädchen, das Franz Sternbald nach einer ersten flüchtigen Begegnung sucht und schließlich auf seiner Künstlerreise in Rom wiedertrifft, ist auch Emma, deren Nähe er genießt (S. 45, S. 73f., S. 92f., S. 399); Elisabeth, Christians Frau, in dem Kunstmärchen *Der Runenberg*, gehört ebenfalls in dieser Hinsicht zu den genannten Frauengestalten (vgl. S. 42). Diese Haarfarbe ist in den frühromantischen Dichtungen wohl am ehesten selbstredender Hinweis auf das regional Volkstümliche, das irdisch Schöne. Den extremen Kontrast bildet die „überirdische Schönheit" (S. 39) ab, die Christian in ihre Welt der Edelmetalle und -steine lockt.[15] Er betrachtet sie selbstvergessen hinter einem Fenster stehend: Sie entkleidet sich, nimmt „den goldenen Schleier vom Haupte, und ein langes schwarzes Haar floß in geringelter Fülle bis über die Hüften hinab; dann löste sie das Gewand des Busens ..." (Ebd.)

Flachsblond, goldblond, weißblond, semmelblond, strohblond, bastblond, aschblond – die Farbpalette von Blond ist respektabel. „Fahlblond" ist die kleine Wienke, das lang ersehnte einzige Kind von Hauke und Elke Haien in Theodor Storms *Schimmelreiter* (S. 96, S. 97); das „dürftige" Haar (S. 94) ist gegen den Wind an der rauhen Nordsee-Küste meist mit einer Kapuze geschützt (ebd.); das Köpfchen ist „auffallend" klein (S. 97). Farbnuance und Beschaffenheit des Haares sind Symptome für die Zerbrechlichkeit des kleinen Mädchens. Elke ahnt es, wenn sie ihr Kind mit dem gleichaltrigen „dicken Jungen" von Stina vergleicht, der „natürlich" einen Krauskopf hat (S. 86). Still, zärtlich im Umgang mit dem aus dem Wassergraben geretteten Hündchen und der Möwe der alten Trin' Jans, voller Angst vor dem unberechenbaren Meer mit seinen unheimlichen Phantasiegestalten –, die Eltern müssen es sich eingestehen, dass ihr kleines Mädchen in seiner Entwicklung zurückgeblieben ist (vgl. S. 86, S. 95, S. 101 u.ö.). In der Beschreibung einer rührenden Geste verdeutlicht der Erzähler das kindliche Vertrauen und die väterliche Liebe. Bei

Ich weiß nicht, was soll es bedeuten,
Daß ich so traurig bin;
Ein Märchen aus alten Zeiten,
Das kommt mir nicht aus dem Sinn.

Die Luft ist kühl und es dunkelt,
Und ruhig fließt der Rhein;
Der Gipfel des Berges funkelt
Im Abendsonnenschein.

Die schönste Jungfrau sitzet
Dort oben wunderbar,
Ihr goldenes Geschmeide blitzet,
Sie kämmt ihr goldnes Haar.

Sie kämmt mit goldenem Kamme,
Und singt ein Lied dabei;
Das hat eine wundersame,
Gewaltige Melodei.

Den Schiffer im kleinen Schiffe
Ergreift es mit wildem Weh;
Er schaut nicht die Felsenriffe,
Er schaut nur hinauf in die Höh.

Ich glaube, die Wellen verschlingen
Am Ende Schiffer und Kahn;
Und das hat mit ihrem Singen
Die Lore-Ley getan.

HEINRICH HEINE, DIE LORELEY. IN: ECHTERMEYER, DEUTSCHE GEDICHTE.
NEUGESTALTET VON BENNO VON WIESE, DÜSSELDORF (BAGEL) 1963, S. 446F.

einem Gang auf den alten Deich sind sich Tochter und Vater – über die Haare – ganz nahe: „ ‚So, mein Wienke ... so, wärm dich bei mir! Du bist doch unser Kind, unser einziges ...!' Die Stimme brach dem Manne; aber die Kleine drückte zärtlich ihr Köpfchen in seinen rauhen Bart." (S. 101) Vor dem Wassertod während der Sturmflut kann Hauke weder das

Kind noch seine Frau, auch nicht sich selber retten.

Gerhart Hauptmann hat im *Bahnwärter Thiel* auch über ein Vater-Kind-Verhältnis erzählt, das sich tragisch entwickelt und schließlich auch tragisch endet. Der kleine Tobias und sein Vater, der Bahnwärter, sind – in naturalistischer Detailgenauigkeit – durch rote Haare in ihrem verwandtschaftlichen Verhältnis zu erkennen, bemerkenswert insofern, als keine andere Figur in der Erzählung in Bezug auf den Kopf beziehungsweise die Frisur beschrieben wird. Stiernackig, sommersprossig ist Thiel, beim sonntäglichen Gottesdienst „waren seine roten Haare … wohl geölt und militärisch gescheitelt" (S. 3). Das Kind, dessen zierliche Mutter bald nach der Geburt gestorben ist, ist „zurückgeblieben" (S. 9), äußerlich erkennbar an seinem ungewöhnlichen Kopfumfang: „ … die brandroten Haare und das kreidige Gesicht darunter machten einen unschönen und im Verein mit der übrigen kläglichen Gestalt erbarmungswürdigen Eindruck." (Ebd.) Das Gegenbild ist „das kleine, vor Gesundheit strotzende Brüderchen" (ebd.) aus der zweiten Ehe des Vaters mit der grobschlächtigen Kuhmagd Lene (vgl. S. 4ff. u.ö.). Von der Stiefmutter seelisch und körperlich malträtiert, fristet Tobias ein „schlimmes" Dasein (S. 8). Der Vater weiß ihn nicht zu schützen, begreift allerdings durch den zufällig selbst erlebten Eindruck (vgl. S. 15f.) „mit ungläubigem Kopfschütteln das Haarsträubende" (S. 20), das sich seit zwei Jahren in seinem Hause abspielt. Durch die Nachlässigkeit der Stiefmutter verunglückt Tobias bald darauf auf der Bahnstrecke, die sein Vater kontrolliert, tödlich (vgl. S. 29ff.). Als den Bahnwärter die Unglücksnachricht erreicht, zeigt sich sein sprachloses Entsetzen sozusagen über den Kopf: Seine „Augen spielen seltsam. Die Mütze sitzt schief, die roten Haare scheinen sich aufzubäumen … sein Gesicht ist blöd und tot." (S. 30) Sogar Lene erkennt die furchteinflößende Veränderung: „Thiel würdigte sie keines Blickes; sie aber erschrak beim Anblick ihres Mannes. Seine Wangen waren hohl, Wimpern und Barthaare verklebt, der Scheitel, so schien es ihr, ergrauter als bisher. Die Spuren vertrockneter Tränen überall auf dem Gesicht …" (S. 37) In der folgenden Nacht ermordet Thiel seine Frau und den jüngeren Sohn (S. 39f.). Das braune Mützchen von Tobias ist der zärtlich gehütete Gegenstand, den der wahnsinnig gewordene Mörder in die „Irrenabteilung der Charité" hinüberrettet (S. 40).

Beispiele aus der Literatur
seit der Mitte des 20. Jahrhunderts

Wie oben schon dargestellt, ist das Musical *Hair* aus dem Jahre 1968/69 ein selbstredendes Beispiel, dafür, dass Haare sogar zum revolutionären Thema[16] werden können: Lange Haare und schmuddelige Jeans werden das unübersehbare Outfit der Hippies, die gegen das „Establishment" protestieren, das in ihren Augen Gewalt, Unterdrückung, starre Hierarchien verkörpert. Die ideologische Gegenbewegung der Skinheads profiliert sich ebenfalls auf den ersten Blick über die Haare, in dem Falle die fehlenden.

Als Demonstration politischen Protestes zu Beginn der 1940er Jahre wertet auch **Ralph Giordano** in seinem autobiografisch beeinflussten Roman *Die Bertinis* lange Männer-Haare. Er erzählt von den männlichen Gästen im *Café Kaiser* in Barmbek (Hamburg), in dem sich „meist junge Männer mit langen Haaren, Frisuren, die in offenem Gegensatz standen zum militärischen Streichholzschnitt, der

Forderung der Zeit," trafen (S. 255). Roman Bertini war der Aufforderung in seinem Betrieb, „die Tolle" zu schneiden, „die schöne Welle" zu stutzen und „die ganze schwere Wolle" neu zu ordnen (S. 273) nicht nachgekommen. NS-„Geradlinig-

zwei frauen stehen an der ecke
einer mit langen haaren
rennt vorbei
rutscht aus
schlägt hin
die frauen kucken
das geschieht ihm recht
sagt eine.

RALF THENIOR, HAARE. IN: ZEITSCHRIFT FÜR DICHTUNG 2, 1970

keit" wird in Zentimetern gemessen, Zentimeter-Abweichungen a u f dem Kopf werden zu Rück-schlüssen auf ideologische Abweichungen im Kopf missbraucht (ebd.).

Einen literarischen Topos greift **Friedrich Dürren-matt** auf, wenn er Claire Zachanassian, die „alte Dame", mit roten Haaren „ausstattet" (S. 37), und Ill, der frühere Geliebte, um dessentwillen sie ihren Besuch als „Rachegöttin" unternommen hat, sie als „mein Zauberhexchen" (S. 45) zu umgarnen versucht. Er verkennt, wie alle Mitbewohner von Güllen, den Ernst der Lage, die vernichtende Macht einer Hexe …

Mädchen-Haare, besonders rote Haare, werden für den genialen Parfumeur und Mörder Jean Bap-tiste Grenouille in Patrick Süskinds Roman *Das Parfüm*[17] zum Ingredienz außerordentlicher Duft-noten. Die rothaarige Laure Richi, sein fünfund-zwanzigstes und letztes Opfer, mit ihrem Vater unterwegs nach Grasse, ist ahnungslos, als sie im Schlaf getötet wird. „Er (Grenouille) drückte den Fensterflügel auf, schlüpfte in die Kammer und legte das Laken ab. Dann wandte er sich dem Bett zu. Der Duft ihres Haares dominierte, denn sie lag

… Nicht immer Soldat sein.
Einmal die Locken offen tragen und den
weiten offenen Kragen und in seidenen
Sesseln sitzen und bis in die Fingerspitzen
so: nach dem Bad sein …

RAINER MARIA RILKE, DIE WEISE VON LIEBE UND TOD DES CORNETS CHRISTOPH RILKE. WERKE BD. III, 1, PROSA. FRANKFURT/M. (INSEL) 1980, S. 100

auf dem Bauch …, so daß sich ihr Hinterkopf in geradezu idealer Weise dem Keulenschlag präsen-tierte … Mit raschen Scherenschnitten schlitzte er das Nachtgewand auf, zog es ihr aus, ergriff das befettete Laken und warf es über ihren nackten Körper." (S. 274ff.) Schließlich schneidet ihr der Mörder das Haar „dicht über der Kopfhaut" ab (S. 276), zelebriert jede kleinste Geste und konser-viert dann das Haar mit dem Hautfett bis zum An-bruch des nächsten Morgens in dem mitgebrachten Laken und verlässt den Tatort. Wie es der Vater in einem Traum gesehen hat, findet er seine Tochter am nächsten Tag – „nackt und tot und kahlrasiert und blendend weiß" (S. 281). Der Täter wird ge-fasst, in einer Werkstatt werden „das zerschnittene

Nachtgewand, das Unterhemd und die roten Haare der Laure Richis" (S. 287) sichergestellt, im Boden vergraben die entsprechenden Überreste der anderen Mädchen. Am folgenden Tag werden „die Beweisstücke öffentlich ausgestellt … die fünfundzwanzig Gewänder mit den fünfundzwanzig Haarbüscheln, wie Vogelscheuchen an Stangen aufgezogen" (S. 288). Im eigenen Haus identifiziert der Vater Richi Haare und Kleider als seiner Tochter gehörig und „breitete" anschließend „die roten Haare übers Kissen und setzte sich davor und verließ die Kammer Tag und Nacht nicht mehr …"

(S. 294f.) Der Mörder wird zum Tode verurteilt, die Hinrichtung zum öffentlichen Spektakel mit allen Honoratioren aus Kirche und Politik und dem Volk ausgerufen, bis Grenouille in einer Kutsche vorgefahren wird und aussteigt. Ein Wunder nicht gekannten Ausmaßes geschieht: Tausende Menschen, darunter auch Herr Richi, geraten in Exstase, fallen nieder und verehren den Mörder gottgleich als „den Großen Grenouille" (S. 306)! „ … sie nahmen von ihm nichts wahr als seine angemaßte Aura, seine Duftmaske, sein geraubtes Parfum, und dies in der Tat war zum Vergöttern gut." (Ebd.) In einem Taumel höchster Glückseligkeit verliert Grenouille das Bewusstsein, findet sich schließlich in Laures Bett wieder, von ihrem Vater als Sohn angenommen: „ , … Du bist schön wie sie, deine Haare, dein Mund, deine Hand …' " (S. 309) Als wieder Ernüchterung eingetreten ist, wird Dominique Druot, in dessen Werkstatt der außerordentliche Parfumeur gearbeitet hat, nach einem kurzen Prozess hingerichtet (vgl. S. 313f.). Grenouille, der Mann ohne eigenen Körperduft, verlässt den Ort des Geschehens, macht sich nachts auf die Wanderschaft und erreicht eines Tages wieder seinen Ausgangsort, Paris. Auf dem ‚Friedhof der Unschuldigen' mischt er sich unter die Bettler,

Huren, Mörder an diesem Platz, entstöpselt einen Flakon und erstrahlt in deren Duft-Wahrnehmung als engelsgleiche Schönheit. Liebe ist das Movens, das das besinnungslose Treiben wie eine Heiligenverehrung auslöst. „Dann brach mit einem Schlag die letzte Hemmung in ihnen ... Sie stürzten sich auf den Engel, ... rissen ihn zu Boden. Jeder wollte ihn berühren ... Sie rissen ihm die Kleider, die Haare, die Haut vom Leibe, sie zerrupften ihn ..." (S. 319) Am Ende ist Grenouille kannibalisch vernichtet *mit Haut und Haar* und Knochen, für immer vom Erdboden verschwunden.

„Es gäbe die Möglichkeit, wirklich die Frisur zu wechseln. Die Haare wachsen lassen, einfach ein anderer Typ sein ..." Diese Reflexion einer Zwanzigjährigen mit „stakig kurzem Punkhaar, steife(n) Strähnen ... Vanilleton mit schneeweißen Streifen" angesichts eines zufällig auf dem Boden gefundenen „Zierkamms" (**Botho Strauß**, *Mädchen mit Zierkamm*. In: Niemand anders. München, Hanser, 1987) mag der namenlose Protagonist aus dem Roman *Die Geschichte der Haare* des argentinischen Autors **Alan Pauls** so oder ähnlich teilen. Der Besuch in einem Friseursalon mit seinen spezifischen Geräuschen von Scherengeschnippel, Was-

Mit Haut und Haar

Ich zog dich aus der Senke deiner Jahre
und tauchte dich in meinen Sommer ein
ich leckte dir die Hand und Haut und Haare
und schwor dir ewig mein und dein zu sein.

... Du verbargst mich tief.

Bis ich ganz in dir aufgegangen war:
da spucktest du mich aus mit Haut und Haar.

ULLA HAHN, HERZ ÜBER KOPF. GEDICHTE. STUTTGART (DEUTSCHE VERLAGSANSTALT) 1981, S. 7

serrauschen und Föhngesumme wird für einen Mann unerwartet zum erinnerten Eintauchen in die persönliche und politische Geschichte der Militärdiktatur im Argentinien der 70er Jahre des 20. Jahrhunderts. Eigene und fremde wechselnde Haarschnitte, Haarlängen, Haarfarben und Haarlosigkeit werden dem Mann bewusst als Moden, eher noch als Verhaltensweisen, die politisch motiviert waren: Protest, Anpassung, Zwang, Befreiung. Die „blonde Glatthaarigkeit", die gleichgesetzt ist mit Bürgerlichkeit, wird phasenweise in den Afrolook, „die stilistische Nummer eins", „das Maß der Dinge" (S. 23), „ein Akt politischer Selbstbestimmung"

(S. 24), eine Art Konversion (S. 25) diametral gegensätzlich verändert. Der Prozess der „Kopf-Veränderung", den Händen, vor allem aber der Schere eines Friseurs, freiwillig anvertraut oder gezwungenermaßen in den Folterkellern und Gefängnissen ausgeliefert (S. 200f. u.ö.), ist eine existenzielle Frage (S. 128f. u.ö.), der sich der Kunde stellt. „Jeder Frisiersalon, den er nicht kennt und in den er sich wagt, ist eine Gefahr und eine Hoffnung, eine Verheißung und eine Falle." (S. 16) Das eigene Haar und künstliches, eine Perücke, schützt, imitiert, karikiert und täuscht. Das erlebt der Protagonist und mit ihm der Leser. Am Ende des Romans wird eine Perücke, von der fast leitmotivisch wiederholt die Rede ist, geradezu zur politischen Haar-Devotionalie. Es ist „die Perücke von Norma Arrostito, die blonde, leicht glitzernde Prothese …, die sie (die Montonero-Kämpferin) sich an einem Morgen im Mai 1970 … über den Kopf streift, um … die überragende Symbolfigur des militärischen Feindes … aus seinem Büro zu entführen." (S. 213) Norma taucht anschließend unter, wird aufgespürt und dann eines Tages „gut frisiert und in Handschellen, vierhundertzehn Nächte lang in der Mechanikschule der Marine ausgestellt" (S. 216), ehe sie 1978 ermordet wird (ebd.).

Erinnern und Vergessen, Verdrängen und Verarbeiten – das sind Lebensthemen, denen sich (auch) Iris, die Ich-Erzählerin in dem Roman *Der Geschmack von Apfelkernen* von **Katharina Hagena** nach dem Begräbnis ihrer Großmutter Bertha, Witwe von Hinnerk Lünschen, stellen muss. Schmerzliche Prozesse, aber auch geradezu eruptiv emotionale Ereignisse, die Jahrzehnte zurückliegen oder die sie selber als Kind oder Jugendliche miterlebt hat, werden Iris im großelterlichen Haus, das ihr Erbe wird, als Teil des eigenen Lebens bewusst. Wieder sind Veränderungen der Lebensumstände, neue Lebensabschnitte auch ablesbar in veränderten Haarschnitten und Haarfarben.

Berthas drei Töchter Christa, die Mutter der Erzählerin, Inga und Harriet unterscheiden sich deutlich in ihren Lebensumständen und -ansichten und – in ihrer Haarpracht: Christa, der Liebling der Eltern, die „Normale" mit Mann und Tochter Iris, in Süddeutschland von Heimweh nach Bootshaven geplagt (S. 182f.), hat dickes, braunes Haar (S. 77, S. 181); Inga, die funkensprühende Bernstein-Frau, groß und schlank, mit sehr dunklen Haaren und blauen Augen (S. 49 u.ö.) ist wohl nicht Hinnerks eigene Tochter, sondern die von Carsten Lexow;

ihm ähnelt sie *aufs Haar*. Harriet, die Jüngste, mit dem immer ein wenig zerzausten kastanienbraunen Haar (S. 49), „die geborene Vermittlerin zwischen zwei Welten" (S. 118), die „schweben" kann, frischt sich in der Hippie-Zeit ihr Haar mit Henna auf (S. 119, S. 248) und lässt sich keine Glatze rasieren, als sie sich nach dem Tod ihrer fünfzehnjährigen Tochter dem Bhagwan anschließt (S. 13f.); ihre Tochter Rosmarie, das „schöne Mädchen" mit den langen roten Haaren (S. 202, S. 220, S. 248 u.ö.) ist aus der kurzen, aber leidenschaftlichen Beziehung mit dem rothaarigen Studenten Friedrich Quast hervorgegangen (S. 249f. u.ö.). Sie ist von einer Aura umgeben, die sie in den Augen ihrer Cousine Iris als „Reptil" (S. 220), als „die Geheimnisvolle" (S. 156), als „bunt und unstet und schillernd" (S. 32) erscheinen lässt. So unterscheidet sie sich geradezu haartypbedingt von der Freundin Mira Ohmstedt mit dem schwarzgefärbten Bob (S. 31) und der pummeligen blonden Cousine Iris. Außergewöhnlich und deshalb wohl der Erzählerin auch nach Jahren im Gedächtnis geblieben, ist das „silberne Haar" des erst vierundzwanzigjährigen Peter Klaasen (S. 208ff.), der sich in ihre Tante Inga verliebt und ungewollt in eine sehr vielschichtige, leidenschaftliche Beziehung mit Rosmarie und Mira

hineingezogen wird (S. 215, S. 220f., S.235f.). Eine tragische Folge ist möglicherweise Rosmaries rätselhafter nächtlicher Todessturz (S. 241ff.). Diese existenzielle Erfahrung führt zu einer allmählichen Veränderung von Miras Erscheinungsbild. Ihr Bruder Max, der als Rechtsanwalt die Erbschaft für Iris verwaltet, zeigt der Freundin aus Kindertagen ein Foto seiner Schwester Mira. „Was ich in den Händen hielt, war das Bild einer schönen Frau mit langem kupferrotem Haar und kupferroten Augenbrauen … Ihre Augen sahen ohne den dicken Lidstrich ganz anders aus. Die Wimpern waren dunkel getuscht" (S. 230). Fast sprachlos muss Iris erkennen, dass Mira mit ihrem Aussehen sich der toten Freundin angenähert hat, sie „kopiert", das Erlebte ganz offensichtlich durch eine Typveränderung zu verarbeiten versucht hat. Haare wachsen lassen, Haare färben – Max erklärt: „ … Sie hat sofort aufgehört, sie schwarz zu färben, als das mit Rosmarie passierte. Dann ließ sie sie wachsen, das Rot kam erst später." (S. 231) Und jetzt sieht sie aus wie die verstorbene Rosmarie (ebd.)! Haare spiegeln Jahre. Anrührend für die Ich-Erzählerin wie für den Leser ist ein anderes erlebtes „Bild", das sich beinahe wie eine statische Fotografie einprägt. Iris, die in den Tagen nach dem Tod ihrer Groß-

Die dreijährige Nora hat sich was angeschaut,
nämlich jene Bewegung des Kopfes,
mit der sich jene Frau die Haare aus dem Gesicht wirft. Nun tut
sie das auch – für ihr ganzes Leben – und ist auch eine Frau.

PETER BICHSEL, EINE FRAU. IN: KIM BAGUS UND FRANZ-JOSEF GÖTZE (HG.), GLATZE, ZOPF UND DAUERWELLE.
EIN HAARIGES LESEBUCH. LEIPZIG (RECLAM) 1996, S. 123

mutter häufig auf dem Friedhof verweilt, erblickt einmal schon von weitem Carsten Lexow, den alten Mann, der nicht nur während des Heimaufenthalts im Hause der Verstorbenen nach dem Rechten gesehen hat, sondern Jahrzehnte vorher eine innige Nähe (vgl. S. 57f., S. 70ff.) zu ihr hatte. „Sein weißes Haar leuchtete vor dem Laub der immergrünen Hecken. Er saß auf einer Bank, die einige Meter entfernt von Berthas Grab stand." (S. 96) Den großen, schlanken Carsten Lexow von früher mit den lebhaften blauen Augen und dem fülligen dunklen Haar, das er kaum zu bändigen wusste (S. 61), kennt Iris nur aus Erzählungen, sie ahnt aber ihn in Ingas Haaren wiederzuerkennen. Auch Berthas blonde lange Haare, einst toupiert und hochgesteckt (S. 126, S. 190), wurden weiß im Laufe der Jahre, flatterten lose, ja beinahe gespenstisch, wenn sie altersverwirrt und orientierungslos nachts umherging (S. 240). Nüchtern und vielleicht ein wenig bitter muss die Enkelin erkennen: „Je kürzer ihr Gedächtnis wurde, desto kürzer schnitt man ihr die Haare. Berthas Hände jedoch behielten bis zu ihrem Tod die Bewegungen einer Frau mit langem Haar."(S. 196) Das Wegstreichen der Haare im Nacken ist offensichtlich etwas so genuin Weibliches, dass es selbst durch geistige Umnachtung nicht ausgelöscht wird.

Das graue Haar

Ein welkes Sommerblatt fiel mir zu Füßen.
Dein erstes graues Haar. Es sprach zu mir:
Mai ist vorbei. Der erste Schnee lässt grüßen.
Es dunkelt schon. Die Nacht steht vor der Tür.

Bald wird der Sturmwind an die Scheiben klopfen.
Im Lindenbaum, der so voll Singen war,
Hockt stumm und düster eine Krähenschar.
Hörst du den Regen von den Dächern tropfen?

So sprach zu mir das erste graue Haar.
Da aber ward ich deinen Blick gewahr,
Da sah ich, Liebster, lächelnd dich im Spiegel.
Du nicktest wissend: Ja, so wird es sein.

Skulptur |
Park von Sanssouci, Potsdam

Und deine Augen fragten mich, im Spiegel,
Lässt mich die Nachtigall im Herbst allein?
Und meine Augen sagten dir, im Spiegel:
Kommt, Wind und Regen, kommt! Wir sind zu
zwein.

Das graue Haar, ich suchte es im Spiegel.
Der erste Kuss darauf, das war mein Siegel.

MASCHA KALÉKO, AUS: DER STERN, AUF DEM WIR LEBEN.
VERSE FÜR ZEITGENOSSEN. O.O. (ROWOHLT) 1984, S. 41

Zum Abschluss:
Haare sind die Verräter der Jahre

Nicht den Blondschöpfen, nicht der dunklen Lockenpracht, nicht den Feuerköpfen und nicht den Langhaarmähnen, sondern weißen Haaren auf greisen Köpfen soll abschließend das letzte Wort gelten. *Haare sind die Verräter der Jahre*, sagt eine Redensart. Sie zeigen Älterwerden und Altsein, Lebenserfahrungen und Lebensenttäuschungen, allerdings nicht immer.

Für Letzteres präsentiert Thomas Mann zwei Persönlichkeits-Köpfe, die den Leser, eher noch die Leserin vielleicht schmunzeln lassen.

Tony Permaneder, geborene Buddenbrook, hat nach zwei gescheiterten Ehen, dem Verlust ihres zweiten Kindes, dem Tod von Eltern und Bruder Thomas und des Neffen Hanno, dem wirtschaftlichen Niedergang des Hauses, kurz, „trotz des bewegten Lebens, das hinter ihr lag" (S. 698), kein einziges graues Haar – mit fünfzig Jahren! Ihre Mutter, die Konsulin, hatte das Ergrauen für den eigenen Kopf gefürchtet und daher das „Rezept einer Pariser Tinktur" angewendet, um es hinauszuzögern. „Die Konsulin war entschlossen, niemals weiß zu werden. Wenn das Färbemittel sich nicht mehr als tauglich erwiese, so würde sie eine Perücke von der Farbe ihres jugendlichen Haares tragen." (S. 161) Diesen Vorsatz hat sie konsequent realisiert. Noch auf dem Totenbett ziert sie unter der Sonntagshaube ein Toupet mit rötlichbraunen Haaren (S. 524).

Weibliche Eitelkeit hin oder her, auch Gustav von Aschenbach (*Tod in Venedig*) hat sich einer Verjüngung über Haare und Gesichtshaut unterzogen, wie es übrigens auch Johann Wolfgang von Goethes *Mann von fünfzig Jahren* beabsichtigt. „Einige graue Haare konnte er nicht leugnen, und von Runzeln scheint sich auch einiges eingefunden zu haben. Er wischte und puderte mehr als sonst und mußte es doch zuletzt lassen …" (S. 171) Einen Versuch, das Erscheinungsbild zu verändern, scheint es dem alternden Major wert. Ein Freund, Schauspieler von Beruf, kann helfen, und so bittet er ihn: „ ,… Teile mir etwas von deinen Tinkturen, Pomaden und Balsamen mit …' " (S. 176) Aber er muss sich sagen lassen, dass schön und jugendlich nur derjenige ist, bei dem auch „eine Freude am Dasein" (S. 175 u. ff.) nach außen sichtbar wird. Dann kann man von „Ausstrahlung" sprechen.

Die vom Schicksal gezeichneten Grau- und Weißhaarigen stimmen dagegen nachdenklich …

Annette von Droste-Hülshoff beschreibt eindrucksvoll und einprägsam einen „Ergrauten" in ihrer 1842 entstandenen Novelle *Die Judenbuche*. Der junge Friedrich Mergel, „fein und schlank für sein Alter, mit zarten, fast edlen Zügen und langen blonden Locken, die besser gepflegt waren als sein übriges Äußere erwarten ließ …" (S. 14), kontrastiert mitleiderregend mit dem Heimkehrer Friedrich Mergel. Vergangene Lebens- und Leidenszeit auf verschiedenen Kriegsschauplätzen in achtundzwanzig Jahren, Schuld und Sühne haben ihre Spuren in seiner Gestalt hinterlassen. Am Weihnachts-

abend 1788 kehrt der Verschollene in seine Heimat zurück, klopft an eine Tür und findet Einlass. „Eine armselige Figur! Mit schiefem Halse, gekrümmtem Rücken, die ganze Gestalt gebrochen und kraftlos; langes, schneeweißes Haar hing um sein Gesicht, das den verzogenen Ausdruck langen Leidens trug." (S. 49)

Der blinde König, ergraut, „auf seinen Stab gelehnt", in **Ludwig Uhland**s Ballade ist auch eine Gestalt, die Mitleid weckt. Die Sehnsucht nach der von Räubern entführten Tochter hat ihn gezeichnet. Erst in einem mutigen Befreiungsschlag mit dem Skalden-Schwert des Vaters tötet der Sohn den Räuber und bringt die Schwester zurück. Der blinde König muss es sich beschreiben lassen. „ , … Sie kommen angefahren, / Dein Sohn mit Schwert und Schild, / In sonnenhellen Haaren / Dein Töchterlein Gunild.' " (S. 399)

Friedrich Dürrenmatts Roman *Das Versprechen* bekommt am Schluss durch eine Greisin eine unerwartete, beinahe unfassbare Auflösung einer unaufgeklärten Mädchen-Mordserie. Dieses kleine „Frauchen, alt, fein verrunzelt, die Haare dünn und schlohweiß, ungemein sanft, offenbar schwerreich …" (S. 109), deckt auf dem Sterbebett den dreifachen Mord ihres Ehemannes in einer Art Lebensbeichte auf, die sich allerdings eher wie eine Plauderei am Kaffeetisch anhört. Weder der herbeigerufene Kommissar noch der ohnehin schon anwesende „gewaltige Priester mit einem derben roten Gesicht und einem grauen Bart" (S. 109) ahnen, was auf sie zukommt. Der Priester drängt während der weitschweifigen Erzählung wiederholt zur Eile, weil er das Sterbesakrament spenden möchte (vgl. S. 111, S. 112 u.ö.), indem er, allerdings ohne Erfolg, „hin und wieder mit der Rechten wie ein Moses durch seinen wilden grauen Bart streichend" (S. 111), seine geistliche Autorität betont. „Lebenslustig wackelt" der kleine Kopf der Patientin (S. 112) dabei, als sie von „Albertchen", ihrem zweiten Ehemann, erzählt. Mehr als dreißig Jahre jünger als sie, ist er von ihr wie ein großes Kind in Haus und Hof in die Pflicht genommen worden. Gutmütig, aber beschränkt wird er zum Triebtäter: Drei kleine Mädchen im roten Röckchen und mit blonden Zöpfen „spürt" er „auf", steckt ihnen Schokoladen-Trüffel zu und ermordet sie später mit einem Rasiermesser. Die alte Dame durchschaut das Verhalten ihres monströsen Ehemannes, „entschuldigt" es jeweils, nimmt es in keinem Falle adäquat ernst. Dieser Mann, auf den der verantwortliche Kommissar Matthäi jahrelang vergeblich an einer Tankstelle gewartet hat, um ihn bei seinem erneuten Erscheinen als Täter zu überführen, ist auf eben dieser Strecke – unterwegs zu einem weiteren Kindermord – vor Jahren tödlich verunglückt. Die Richtigkeit seiner ursprünglichen Theorie begreift Matthäi tragischerweise nicht mehr, als ihm die Aufklärung mitgeteilt wird (S. 121). Das jahrelange vergebliche Warten hat ihn in den Alkohol getrieben und regelrecht um den Verstand gebracht.

Ein Ergrauen der Haare hinterlässt beim Leser noch nach einem weiteren Lektüre-Erlebnis einen nachhaltigen Eindruck. Trotz der vielen Jahre der Diskriminierung als Juden, Verfolgung und Todesangst sind Lea Bertini und ihr Sohn Cesar erst nach der vergleichsweise kurzen Zeit in ihrem Kellerversteck auf den ersten Blick sichtbar gezeichnet, physiologisch fast unbegreiflich. Ralph Giordano erzählt in dem oben genannten Roman: Der ältere Sohn Roman „gewahrte … durch einen Schlitz seiner schmerzenden Augen, daß das Haar der Mutter schneeweiß geworden war, daß nicht ein einziger dunkler Faden es mehr durchzog, daß die

Kopf eines Geistlichen, um 1830 |
Liebieghaus, Frankfurt/M.

schwarze Pracht, mit der Lea das Versteck vor fast einem Vierteljahr betreten hatte, erloschen war. Aber erst, als er Cesar (seinen Bruder) unter freiem Himmel erblickte, weinte er – wie von einem schnurgeraden Scheitel getrennt, war die rechte Hälfte seines Haupthaares silbern verfärbt, während die linke das gewohnte dunkle Braun zeigte." (S. 638)

Erleichterung stellt sich dagegen nach einem „furchtbaren Schreck", der Brunos ganzen kindlichen Körper erfasst hat, ein (S. 305), als der wort-

wörtlich „schneeweiß" gewordene Bart des Vaters „wieder ganz rot" (S. 311) war. Feinfühlig konfrontiert Wolfdietrich Schnurre den Leser mit politisch Unpolitischem in Kalünz, weit weg im Osten der Hauptstadt Berlin zur Jahreswende 1938/39, wohin Vater und Sohn einer Einladung gefolgt sind. Auf der Suche nach der greisen Baronin, die zu der „Wohngemeinschaft" auf dem gottverlassenen Gut gehört, hat das Gesicht, vielleicht auch das „Herz" des Vaters eine derartig erschreckende Veränderung erfahren. In der Silvesternacht wird die alte Dame erfroren in der eiskalten Schneelandschaft, die von Wolfsfährten durchzogen und von Wolfsgeheul erfüllt ist, aufgefunden und geborgen. „Die bohnenstangenhaft steifen Beine der alten Baronin ragten über Vaters Schulter hinweg … Das Grauenhafteste jedoch war Vaters Gesicht … Vaters rauchender Atem hatte sich in seinem Schnurrbart als Reif abgesetzt; und was die Grimasse betraf, die kam durch Vaters Erschöpfung zustande." (S. 305) Er ist sich bewusst, dass der Tod dieser Frau das Ende eines Zeitalters „der Tugenden" ist (vgl. S. 310, S. 321, S. 314). Tauwetter wird so bald nicht mehr zu erwarten sein …

Anmerkungen

[1] Die in Klammern stehende Seitenzahl bezieht sich, sofern mehrfach zitiert wird, jeweils auf die im Literaturverzeichnis angegebene Ausgabe.

[2] Lange Haare bei Jungen sind heute Ausdruck von „Coolness"; zur Tradition und Bedeutung des langen Haares bei Männern vgl. Bolt, S. 125f., S. 133, S. 150 u. den aktuellen Artikel von Simone Blaß, Muss das sein? Wenn Jungs lange Haare haben – auf eltern.t-online am 29. 05. 2012.

[3] Eine ähnliche Grundthematik behandelt der autobiografisch angeregte Roman von Jules Renard, Rotfuchs. Geschichte einer sonderbaren Familie und eines sonderbaren Kindes. Aus dem Französischen übertragen von Walter Widmer. Zürich (Classen) 1946, später dann neu übersetzt als Muttersohn. Der frz. Titel lautet: Poil de carotte. – Iring Fetscher stellt ein „vergessen geglaubtes Märchenfragment" (Wer hat Dornröschen wachgeküßt? Das Märchenverwirrbuch. Erweiterte Neuauflage Hamburg und Düsseldorf, dtv, 1974, S. 39ff.) vor, in dem Rotkäppchen die jüngere Schwester von „Rotschöpfchen", einem rothaarigen Jungen, ist, der wegen seiner ausgefal-

lenen Haarfarbe abgelehnt wird. Rote Haare sind sehr häufig negativ konnotiert (Falschheit, Intriganz usw.); der Verräter Judas wird im 14. Jh. mit roten Haaren dargestellt; der Donnergott Thor gilt als rothaarig. Der rothaarige Simon Semmler, Onkel von Friedrich Mergel (A. v. Droste-Hülshoff, Die Judenbuche), ist ein „unheimlicher Geselle" (S. 12 u. S. 13), ein Waldfrevler und Wilddieb. Diese Haarfarbe kennzeichnet auch oft Wesen mit übernatürlichen Kräften, z. B. Hexen; vgl. dazu Bolt, S. 161ff. Sehr ausführlich mit Beispielen aus Kunst, Literatur und Film auch Giardina, hier bes. S. 7-S. 10, S. 26, S. 48-S. 82, S. 104-S. 129, S. 154f. (mit einigen Abbildungen). Kunst- und Comicfiguren wie z. B. Arielle, die Meerjungfrau aus der TV-Serie von 1995, und Tim (Tintin), der junge Reporter, der von seinem Hund Struppi begleitet wird, sind rothaarig. Zu rothaarigen Comic-Figuren Giardina, S. 143-S. 154.-Auf einer deutschen Briefmarke von 1962 wird Schneewittchens böse Stiefmutter rothaarig dargestellt, worauf der Grimmsche Text keinen Hinweis gibt. In einer Detektivgeschichte (Der Bund der Rothaarigen) von Arthur Conan Doyle wird das „feuerrote Haar" zum Auswahlkriterium, um ein Verbrechen vorzubereiten.

[4] Zu der Art der Zöpfe Christian Janecke (Hg.), Haare tragen. Eine kulturwissenschaftliche Annäherung. Köln (Böhlau) 2004, S. 23.

[5] Vgl. Bolt, S. 172f.; Professor McGonagall, „eine große Hexe mit schwarzen Haaren und einem smaragdgrünen Umhang", begrüßt die neuen Schüler in Hogwarts (Harry Potter, S. 126). Trine Jans in Storms Novelle Der Schimmelreiter hat Züge einer Hexe: Wehendes Haar unter einem roten Tuch, die lange Nase, ein Krückstock, ein Kater in ihrer Nähe und die Verwünschung, die sie gegenüber Hauke ausspricht (S. 17f.).

[6] Vgl. Diederichs, S. 159f. (Stichwort „Hexe")

[7] Vgl. Kretschmer, S. 172 (Stichwort „Haarkleid")

[8] Vgl. Karl Julius Weber, Bärte und Perücken; aus: Ders., Demokritos. In: Glatze, Zopf und Dauerwelle … S. 91-S. 103, bes. S. 91-S. 96; auch Bolt, S. 148-S. 155

[9] „Oft befindet sich das Leben, die Seele und die Kraft … in nur einem oder drei Haaren." Bolt, S. 167 u. ff.

[10] Haaropfer bei Trauer ebd. S. 126, S. 133, S. 150 sowie S. 186ff.

[11] Vgl. z. B. Andersen, *Der Reisekamerad*; im Traum hatte der mitleidige Johannes eine solche Schönheit mit langen Haaren und einer Krone auf dem Kopf gesehen.

[12] Vgl. Kretschmer, S. 171f. zum Stichwort „Haar" (blonde Haare) unter Hinweis auf biblische Bezüge.

[13] Böschenstein sieht (S. 93) den Zusammenhang mit Teufel und Hermes, dem Seelenführer in das Reich der Unterwelt, und Dionysos.

[14] Giardina, S. 26 u. f. (Rot, eine unglückbringende Farbe)

[15] Langes, offenes Haar war im Mittelalter Kennzeichen von luxuria und superbia; Kretschmer, S. 172

[16] S. o. S. 108f. die Ausführungen zum Struwwelpeter u. zu der politischen Dimension sowie Bolt, S. 94f.

[17] Vgl. Giardina, S. 115

Literaturverzeichnis

Hans Christian Andersen, Die schönsten Märchen. Aus dem Dänischen von Mathilde Mann. Frankfurt/M. u. Leipzig (Insel) 2000

Kim Bagus und Franz-Josef Görtz (Hg.), Glatze, Zopf und Dauerwelle. Ein haariges Lesebuch. Leipzig (Reclam) 1996

Ben Becker, Bruno. Der Junge mit den grünen Haaren. 2. Aufl. Hamburg (Rowohlt) 2009

Wolf Biermann, Das Märchen vom kleinen Herrn Moritz, der eine Glatze kriegte. Aus: Das Einhorn sagt zum Zweihorn. Hg. v. G. Loschütz u. G. Middelhauve. München (Middelhauve) 1977

Bernhard Böschenstein, Exzentrische Polarität. Zum Tod in Venedig. In: Thomas Mann, Romane und Erzählungen. Hg. von Volkmar Hansen. Stuttgart (Reclam) 1993, S. 89-S. 120

Nina Bolt, Haare. Eine Kulturgeschichte der wichtigsten Hauptsache der Welt. Dt. Übersetzung. Bergisch Gladbach (Bastei Lübbe) 2001

Dagmar Chidolue, Lady Punk. Roman. Weinheim und Basel (Beltz & Gelberg) 1992

Carlo Collodi, Pinocchios Abenteuer. Aus dem Italienischen übertragen … von Heinz Riedt. München (dtv) 1982

Ulf Diederichs, Who's who im Märchen. München (dtv) 1995

Roald Dahl, Hexen hexen. Deutsch von Sybil Gräfin Schönfeldt. 19. Aufl. Hamburg (Rowohlt) 2006

Annette von Droste-Hülshoff, Die Judenbuche. Stuttgart (Reclam) 2001

Friedrich Dürrenmatt, Der Besuch der alten Dame. Eine tragische Komödie. Neufassung. Zürich (Diogenes) 1980
· Das Versprechen. Roman. 7. Aufl. München (dtv) 1983

Michael Ende, Die unendliche Geschichte. Stuttgart (Thienemann) 1979
· Der Wunschpunsch. Stuttgart (Thienemann) 1989
· Momo … Ein Märchen-Roman. Stuttgart (Thienemann) Schulausgabe 1993

Theodor Fontane, Grete Minde. Nach einer altmärkischen Chronik. Stuttgart (Reclam) 1976
· Stine. Fontane Bibliothek Bd. 13, Frankfurt/M., Wien, Berlin (Ullstein) 1986
· Irrungen, Wirrungen. Roman. Stuttgart (Reclam) 1996
· Mathilde Möhring. Stuttgart (Reclam) 1973
· Frau Jenny Treibel. Roman aus der Berliner Gesellschaft. Hg. von Joseph Kiermeier-Debre. München (dtv) 2007

Cornelia Funke, Die Wilden Hühner. Hamburg (Oetinger) 2011

Roberto Giardina, Lob der Rothaarigen. Aus dem Italienischen von Ulrich Keyl. München (dtv) 1999

Ralph Giordano, Die Bertinis. Frankfurt/M. (Fischer) 1985

Johann Wolfgang von Goethe, Der Mann von fünfzig Jahren. Aus: Wilhelm Meisters Wanderjahre, zweites Buch. In: Hamburger Ausgabe 6. Aufl. 1964, Bd. 8, S. 167-S. 224

Christian Grawe, Führer durch Fontanes Romane. Stuttgart (Reclam) 1996

Gernot Gricksch, Die Paulis außer Rand und Band. Hamburg (Oetinger) 2012

Katharina Hagena, Der Geschmack von Apfelkernen. Roman. 19. Aufl. Köln (Kiepenheuer & Witsch) 2011

Hauffs Märchen. Düsseldorf (Hoch) 1953

Gerhart Hauptmann, Bahnwärter Thiel. Novellistische Studie. Stuttgart (Reclam) 1988

Ellis Kaut, Pumuckl und das Schloßgespenst. Bayreuth (Loewe) 1981

Gottfried Keller, Sämtliche Novellen. Hamburg (Bertelsmann) o.J.; darin: Kleider machen Leute. S. 512-S. 548; Pankraz, der Schmoller. S. 297-S. 399; Der Schmied seines Glückes. S. 549-S. 573

Hildegard Kretschmer, Lexikon der Symbole und Attribute in der Kunst. Stuttgart (Reclam) 2011

Selma Lagerlöf, Wunderbare Reise des kleinen Nils Holgersson mit den Wildgänsen. Vollst. Ausgabe. München (Nymphenburg) Neuauflage 1990

Astrid Lindgren, Michel in der Suppenschüssel, Hamburg (Oetinger) 1964
· Madita und Pims. Hamburg (Oetinger) 1976
· Madita. Hamburg (Oetinger) 1978
· Rasmus und der Landstreicher. Hamburg (Oetinger) 1983
· Ronja Räubertochter. Hamburg (Oetinger) 2012
· Pippi Langstrumpf. Hamburg (Oetinger) 1986

Paul Maar, Eine Woche voller Samstage. 2. Aufl. Hamburg (Oetinger) 2011

Thomas Mann, Erzählungen. Stockholmer Gesamtausgabe. Oldenburg (Fischer) 1960; darin: Luischen. S. 168-S. 186; Der Weg zum Friedhof. S. 187-S. 196; Tristan. S. 216-S. 262; Die Hungernden. S. 263-S. 270; Tonio Kröger. S. 271-S. 338; Das Wunderkind. S. 339-S. 348; Der Tod in Venedig. S. 444-S. 525; Mario und der Zauberer. Ein tragisches Reiseerlebnis. S. 658-S. 711
· Der Zauberberg. Roman. Frankfurt/M. (Fischer) 1991
· Buddenbrooks. Verfall einer Familie. Lizenzausg. für den Bertelsmann Lesering, Frankfurt o.J.
· Doktor Faustus. Roman. Frankfurt/M., Hamburg (Fischer) 1973
· Königliche Hoheit. Roman. Frankfurt/M., Hamburg (Fischer) 1967

Christine Nöstlinger, Am Montag ist alles ganz anders Roman. Weinheim, Basel (Beltz & Gelberg) 1993
· Die feuerrote Friederike. 12. Aufl. München (dtv junior) 1986

Friedrich Panzer (Hg.), Die Kinder-und Hausmärchen der Brüder Grimm. Vollst. Urfassung. Wiesbaden (Vollmer) o.J.

Alan Pauls, Geschichte der Haare. Roman. Aus dem Spanischen von Christian Hansen. Stuttgart (Klett-Cotta) 2012

Otfried Preussler, Die kleine Hexe. 38. Aufl. Stuttgart (Thienemann) 1978

Bjarne Reuter, So einen wie mich kann man nicht von den Bäumen pflücken, sagt Buster. Aus dem Dänischen von Sigrid Daub. Hamburg (Carlsen) 2003

Joanne K. Rowling, Harry Potter und der Stein der Weisen. Aus dem Englischen von Klaus Fritz. Hamburg (Carlsen) 2012

Wolfdietrich Schnurre, Als Vaters Bart noch rot war. Vater-Sohn-Geschichten. Hg. von Marina Schnurre, 2. Aufl. Berlin (BvT) 2008

Andreas Steinhöfel, Paul Vier und die Schröders. 6. Aufl. München (dtv) 1999

Theodor Storm, Der Schimmelreiter. Lesehefte für den Unterricht. Stuttgart, München u.a. (Klett) o.J.

Patrick Süskind, Das Parfüm. Die Geschichte eines Mörders. Zürich (Diogenes) 1994

Ludwig Tieck, Märchen und Novellen. Frankfurt/M. (Insel) 1988; darin: Der blonde Eckbert. S.9-S. 30; Der Runenberg. S. 31-S. 56
· Franz Sternbalds Wanderungen. Studienausgabe. Hg. von Alfred Anger. Stuttgart (Reclam) 2007

Ludwig Uhland, Der blinde König. In: Echtermeyer, Deutsche Gedichte. Neugestaltet von Benno von Wiese, Düsseldorf (Bagel) 1963, S. 397-S. 400

Else Ury, Nesthäkchen. München (Tosa) Sonderausgabe 1983

Heute keine Termine!

Friseurgeschäfte gibt es überall – und viele mit phantastischen Namen.
Hier können weitere Eintragungen erfolgen.

Immer wieder Bücher –
und immer wieder interessante Personen mit
und ohne Lockenkopf. Bitte vermerken!

Reinildis Hartmann und Barbara Maurmann,

seit dem Studium befreundet, promovierte Germanistinnen. Nach dreieinhalb Jahrzehnten im gymnasialen Schuldienst haben sie nun die Muße, sich mit haarigen Angelegenheiten zu beschäftigen.

Abbildungsnachweis

Beboy, Fotolia.com	S. 144/145
Hannelore Butz, Frankfurt/M.	S. 19
Margarete Hartmann	S. 47, 59, 61, 78, 83, 90, 91, 97, 105, 109, 118
Reinildis Hartmann	alle weiteren Fotografien
Barbara Maurmann	S. 30, 56, 142, 161
Dorothee Maurmann	S. 54
Karl Heinz Maurmann	S. 70
Susanne Maurmann	S. 128/129
tournee, Fotolia.com	S. 152
xiquence, Fotolia.com	S. 8/9, S. 134/135

Wir bedanken uns für die Fotogenehmigung beim Liebieghaus, Frankfurt/M., vor allem auch bei allen Friseurinnen und Friseuren, die uns gestatteten, das Foto ihres Salons zu veröffentlichen.

Impressum

Die Deutsche Bibliothek

Detaillierte bibliografische Daten sind im Internet unter http://dnb.ddb.de abrufbar.

1. Auflage 2012

ISBN 978-3-937787-30-5

Autorinnen
Reinildis Hartmann, Barbara Maurmann

Grafikdesign
Stefanie Kordus

Copyright
Verlag hellblau. GmbH & Co. KG, Essen
www.verlag-hellblau.de